中国博士后科学基金第59批面上资助
"技术效率、技术进步与中国生物农业
（编号：2016M592102）

江西推进新旧动能转换的

季凯文 等◎著

实践与探索

PRACTICE AND EXPLORATION OF
PROMOTING THE TRANSFORMATION
OF NEW AND OLD KINETIC ENERGY
IN JIANGXI PROVINCE

经济管理出版社
ECONOMY & MANAGEMENT PUBLISHING HOUSE

图书在版编目（CIP）数据

江西推进新旧动能转换的实践与探索/季凯文等著.—北京：经济管理出版社，
2018.9
ISBN 978 – 7 – 5096 – 6013 – 3

Ⅰ.①江…　Ⅱ.①季…　Ⅲ.①区域经济发展—研究—江西　Ⅳ.①F127.56

中国版本图书馆 CIP 数据核字（2018）第 208226 号

组稿编辑：杜　菲
责任编辑：杜　菲　王　洋
责任印制：司东翔
责任校对：王淑卿

出版发行：经济管理出版社
　　　　　（北京市海淀区北蜂窝 8 号中雅大厦 A 座 11 层　100038）
网　　址：www.E – mp.com.cn
电　　话：（010）51915602
印　　刷：北京玺诚印务有限公司
经　　销：新华书店
开　　本：720mm×1000mm/16
印　　张：18.25
字　　数：281 千字
版　　次：2018 年 11 月第 1 版　　2018 年 11 月第 1 次印刷
书　　号：ISBN 978 – 7 – 5096 – 6013 – 3
定　　价：68.00 元

前　言

当前，世界经济仍处于国际金融危机后的深度调整期，中国也处在新旧产业和发展动能交替的关键期。从国际看，面对新一轮科技革命和产业变革的孕育兴起，世界经济增长模式和增长动力正在发生重大变化，互联网、大数据、智能制造、3D 打印等新技术正在改变"发达国家技术 + 发展中国家劳动力 + 高收入国家市场"的传统分工格局。从国内看，原有主要依靠要素投入、外需拉动、投资拉动、规模扩张的增长模式难以为继，经济发展从过去的"GDP 争霸赛"进入"不看总量看质量、不重速度重效益"的新阶段，以新技术、新产业、新业态、新模式为核心的新动能不断增强，成为推动经济平稳增长和转型升级的重要力量，有效弥补了传统动能减弱所带来的影响和冲击。

习近平总书记在党的十九大报告中明确指出，中国经济已由高速增长阶段转向高质量发展阶段，必须坚持质量第一、效益优先，以供给侧结构性改革为主线，推动经济发展质量变革、效率变革、动力变革。加快推进新旧动能转换，是统领经济发展的重大工程，也是深化供给侧结构性改革的重要抓手，同时还是实现高质量发展的关键选择。江西作为中部欠发达省份，在推动高质量发展的新时代，既面临做大经济总量、决胜同步小康的任务，也面临推进结构调整、加快转型升级的压力。2017 年 2 月，江西在全国率先出台《关于加快发展新经济培育新动能的意见》（赣发〔2017〕6 号），进一步明确了江西推进新旧动能转换的时间表和路线图，为新技术加速成长、新产业加速发展、新业态新模式加速涌现提供了重要支撑。

推进新旧动能转换，既要大力培育新技术、新产业、新业态、新模式，实现"无中生有"，又要加快传统产业转型升级，实现"有中出新"。本书紧紧围绕"创新、协调、绿色、开放、共享"五大发展理念，紧扣国家及江西推进新旧动能转换的重大战略部署，着眼于旧动能转型升级和新动能持续发力，聚焦新制造经济、新服务经济、绿色经济、智慧经济、分享经济五大主攻方向，对江西新旧动能转换问题进行了深入系统研究，着重突出了研究的针对性和可操作性，着重强化了政策措施的细化和落地化。具体而言，本书共分为七章，每章的主要内容及观点如下：

第一章新旧动能转换的提出及实践。本章从中国经济发展进入新常态的大逻辑出发，系统梳理了习近平总书记和李克强总理关于新旧动能转换的重要论述，并对中国新旧动能转换的阶段性特征进行了剖析。同时，通过对广东、上海、浙江等发达省份推进新旧动能转换的实践经验进行总结，指出新动能既来自新兴产业的成长，也来自传统产业的优化升级，具有生产要素高端化、社会生产智慧化、创新创业大众化、企业组织平台化、产业链接网络化五大特征。在此基础上，阐述了江西推进新旧动能转换的重大意义、现实基础及未来路线图。

第二章新制造经济：重塑"江西制造"辉煌的重要突破口。对处于工业化中后期的江西而言，大力发展新制造经济是推进新旧动能转换的重中之重。本章结合江西制造业发展实际，对标《中国制造2025》，重点从以下六个方面探讨了江西如何培育新制造经济：一是借鉴西安"硬科技"发展经验，着力补齐"硬科技"发展短板，加快构建以"硬科技"为导向的创新链和产业链；二是把握智能装备产业发展的重要"窗口期"，大力培育发展智能装备产业，助推"江西制造"迈向"江西智造"；三是在提升发展传统汽车和新能源汽车的同时，抓紧布局发展智能网联汽车，加速推进汽车产业创新崛起；四是策应国家军民融合发展战略，推动无人机产业健康快速有序发展，助推通航产业发展；五是抢抓国家支持集成电路产业发展的政策机遇，促进集成电路产业快速做大做强，助力电子信息产业提档升级；六是面对报废汽车回收政策即将作出重大调整，积极谋划汽车零部件再制造发展，努力将其培育成为汽车产业新的增长点。

第三章新服务经济：新业态新模式加速融合发展。服务业一头连着生产、一头连着消费，在推进新旧动能转换中具有承前启后的作用。本章结合江西服务业发展实际，把握服务业发展的新动向，重点从以下五个方面探讨了江西如何培育新服务经济：一是实施平台化发展战略，促进平台企业、平台模式和平台基地发展，以平台经济引领新服务经济发展；二是借鉴发达省份经验，大力提升工业设计发展水平，助推"江西制造"转型升级；三是以服务型制造为抓手，推动"江西制造"从加工组装为主向"制造＋服务"转型，从生产型制造向服务型制造转型；四是紧紧围绕"医、养、健、管、食、游"六大要素，着力推动大健康产业发展，不断释放"三产融合"新动能；五是以赣江新区绿色金融改革创新试验区建设为契机，积极探索绿色金融发展模式，推动绿色金融成为金融发展新支点。

第四章绿色经济：为新旧动能转换注入绿色动力。绿色生态是江西最大的财富、最大的优势、最大的品牌，将绿色经济作为培育新动能的重要支点，本质上就是构建低耗能、低污染、高附加值的新发展模式。本章立足江西优越的自然生态禀赋，把握绿色经济发展的新趋势，重点从以下四个方面探讨了江西如何培育绿色经济：一是坚持生态经济化、经济生态化，着力推动绿色生态优势转化为新经济发展优势，努力实现"生态变绿、生产变富、生活变美"；二是依托丰富的农业资源、悠久的农耕传统和广阔的乡村村落，大力推进田园综合体建设，助推美丽乡村建设"再升级"；三是依托独特的丹霞地貌，大力推广铁皮石斛仿野生种植，推动铁皮石斛绿色精深加工，努力做响"龙虎山铁皮石斛甲天下"品牌；四是大力引入智慧环保的新理念和新技术，全面提升生态环境在线监测、实时监控和联动预警水平，为打好长江经济带"共抓大保护"攻坚战提供强有力的支撑。

第五章智慧经济：推进产业智慧化和智慧产业化。基于新一代信息技术应用的智慧经济，不仅有助于改造提升传统优势产业，而且本身也是一种新型经济形态,在推进新旧动能转换中具有十分重要的牵引作用。本章结合新一代信息技术发展,立足产业智慧化和智慧产业化,重点从以下三个方面探讨了江西如何培育智慧经济:一是抢抓国家人工智能发展的战略机遇,把人工智能作为科技创新的优先领域,加快布局和发展人工智能;二是借鉴贵州发展大数据的成功模式及经验,着力打造全球移动物联网产业及应用高地,推动移动物联网成为江西走向世界的"新名片";三是面对大数据发展的时代机遇,加快推进信息化进程和实现信息化"弯道超车",让信息化拥抱大数据时代。

第六章分享经济:供给侧结构性改革的"新经济"方案。当前,分享经济作为一种新型经济业态,具有强大的驱动力,正在渗透到生产和生活的各个方面。本章顺应分享经济发展趋势,着力促进供需有效匹配,打造新的经济增长点,重点从以下两个方面探讨了江西如何培育分享经济:一是围绕去产能、去库存、去杠杆、降成本、补短板,引入分享经济新思维,推动分享经济成为供给侧结构性改革的新引擎;二是依托大数据、移动互联网等先进信息技术,大力推进生产能力分享、创新资源分享、空间分享、生活服务分享、资金分享,充分发挥分享经济在经济转型升级、创新驱动发展中的重要作用。

第七章构建新旧动能转换保障体系。良好的要素支撑和政策环境,是新旧动能转换落实到具体产业、具体企业、具体项目的重要保障。本章围绕实现新旧动能接续转换,重点从以下四个方面探讨了江西如何构建新旧动能转换保障体系:一是面对科技创新成本居高不下的问题,努力打好降低科技创新成本的"组合拳",打通创新创业要素对接通道;二是聚焦全国新一轮"人才争夺战",着力完善人才新政,强化人才对新旧动能转换的支撑作用;三是持续从供需两端推进结构性改革,以创新供给带动需求扩展,以扩大有效需求倒逼供给升级;四是紧紧抓住"六大领域"消费扩大与升级的战略机遇,充分挖掘释放消费潜力,培育新的消费增长点。

总之,推进新旧动能转换是涉及各领域、多方面的系统性工程,需要从战略和全局高度统筹谋划。同时,推进新旧动能转换也是一个伴随阵痛的调整过程，需要付出长期努力。站在新起点、面对新时代，只有以新技术、新产业、新业态、新模式为核心，以知识、技术、信息、数据等新生产要素为支撑，牢牢抓住新旧动能转换这个"牛鼻子"，充分用好新旧动能转换这一具体抓手，努力做好新旧动能转换这篇大文章，才能有效构建实体经济、科技创新、现代金融、人力资源协同发展的现代化经济体系，推动质量变革、效率变革、动力变革，进而实现经济的高质量发展。

目　录

第一章 新旧动能转换的提出及实践

"新旧动能"概念从2015年提出到2016年内涵丰富，再到2017年"新旧动能转换"具体工作推进，引起了政府和学术界的广泛关注。国家层面已经对"新旧动能转换"做出部署安排，发达省、市以及江西的实践探索，为理解和把握"新旧动能转换"提供了具体案例。

第一节 国家层面的决策部署

"新旧动能"自2015年开始出现在中央领导讲话和文件中，2016年在互联网出现的频率不断提升。2016年底，特别是进入2017年以来，"新旧动能"更是频繁出现在政府相关文件中，内涵也不断丰富和完善。

一、中国经济发展进入新常态

中国经济发展进入新常态，是党中央综合分析世界经济长周期和中国发展阶段性特征及其相互作用作出的重大战略判断，是对中国当前经济社会发展阶段呈现出来的新变化、新特点的深刻把握，是发展向形态更高级、分工更复杂、结构更合理阶段演化的必然过程。经济发展进入新常态的基本特征是速度变化、结构优化、动力转换。认识、把握、引领经济发展新常态,是当前和今后一个时期做好经济工作的大逻辑。把握这个大逻辑,需要深入理解当前中国经济发展呈现的速度变化、结构优化、动力转换三大特点。

(一)从增长速度看,从高速增长转向中高速增长

改革开放以来,中国连续30多年保持近两位数的高增长。在国际国内复杂的经济形势下,2015～2017年中国GDP增长速度分别为6.9%、6.7%和6.9%,保持在6.5%～7%的增长区间,表明速度转轨换挡已经进入常态。中高速不仅是与经济潜在增长率相符合的合理增速,而且是全球主要经济体中最高的增速。党的十八届五中全会提出,到2020年实现国内生产总值和城乡居民人均收入比2010年翻一番,经测算2016～2020年经济年均增长必须保持在6.5%以上,才能如期完成全面建成小康社会的任务。这就要求既要尊重规律,保持战略定力,不追求过高的增速,又要积极作为,培育新的动力,推动经济社会平稳健康较快发展。

(二)从经济结构看,从增量扩张为主转向调整存量和做优增量

随着中国经济发展进入新常态,要素约束明显增强,对转方式、调结构提出了新要求。中国制造业规模虽然位居全球首位,但传统产业产能严重过剩,大量关键装备、核心技术、高端产品依赖进口。供需结构错配成为当前经济运行中的突出矛盾,矛盾的主要方面在供给侧,主要表现为过剩产能处置缓慢,多样化、个性化、高端化需求难以得到满足。需求管理政策重在解决总量问题,注重短期调控,难以从根本上解决供需结构性矛盾,也难以从根本上扭转经济潜在产出水平下行趋势。当前,只有加快转方式、调结构,出清过剩产能,处置"僵尸企业",建立有利于供给侧结构性改革的体制机制,才能实现更高水平的供需平衡,推动产业从中低端向中高端迈进。

(三)从发展动力看,从更多依靠要素投入转向更多依靠创新驱动

推动经济发展的直接因素有两个方面,一是增加资本、劳动力和土地等生产要素的投入;二是提高生产要素配置的效率,后者又主要取决于科技创新。当前,中国科技创新能力不断提高,一些重要领域跻身世界先进

行列，正由"跟跑者"向"并行者""领跑者"转变，但是科技发展水平总体不高，科技对经济增长的贡献率远低于发达国家水平。2016年，全国规模以上工业企业的研发强度只有0.76%，远远低于发达国家2.5%~4%的水平，有研发机构的企业只有23%，拥有自主知识产权核心技术的企业占比仅有0.3‰。这就要求通过科技创新，持续提高全要素生产率，让创新成为驱动发展的新引擎。

二、"新动能"是对应"新常态"提出的

当前，中国经济结构优化和动力转换正处在关键阶段，需要把握大逻辑，按照适应经济发展新常态的要求，调整经济政策框架和经济工作思路，推动经济结构调整和转型升级，努力实现新旧动能转换的大目标。

（一）习近平总书记关于"新旧动能转换"的重要思想

2015年3月28日，习近平总书记出席博鳌亚洲论坛开幕式并演讲，在描述新常态经济增长时首次使用"动能"一词。习近平总书记指出，我们看中国经济，不能只看增长率，中国经济体量不断增大，现在增长7%左右的经济增量已相当可观，聚集的动能是过去两位数的增长都达不到的。2015年7月16~18日，习近平总书记在吉林调研时首次使用"新动能"一词。习近平总书记强调，在适应经济发展新常态中寻求新突破，在振兴老工业基地中积聚新动能，在提高社会治理能力中取得新进展，不断朝着振兴发展的目标迈进。2016年4月26日，习近平总书记视察中国科技大学时讲话谈到"新动能"与"创新"的关系，在与先进技术研究院的科技人员交谈时强调，中国经济发展进入新常态，必须用新动能推动新发展。2017年10月18日，习近平总书记在党的十九大报告中首次提出"建设现代化经济体系"，并明确指出中国经济已由高速增长阶段转向高质量发展阶段，建设现代化经济体系是跨越关口的迫切要求。2018年3月7日，习近平同志在参加十三届全国人大一次会议广东代表团审议时，从国家"真正强大起来"的高度强调新旧动能转换的重要性，指出中国如果不走创新驱动发展道路，新旧动能不能顺利转换，就不能真正强大起来。

2018 年 4 月 24～28 日，习近平总书记在湖北考察时强调，要在"破"和"立"上同时发力，加快传统产业改造升级，加快发展新兴产业，增强经济发展新动能。这为当前和今后一个时期走创新驱动发展道路，推动新旧动能顺利转换，指明了方向和路径。

（二）李克强总理关于"新旧动能转换"的重要论述

2015 年 10 月 17 日，李克强总理在主持召开部分省（区、市）负责人经济形势座谈会时指出，中国经济正处在新旧动能转换的艰难进程中。2015 年 10 月 31 日，李克强总理在主持学习贯彻党的十八届五中全会精神时指出，只有迈向中高端水平，才能既扩大需求、又创造供给，培育发展新动能，实现可持续的中高速增长。2016 年 3 月 5 日，李克强总理所作的政府工作报告有三处提及"新旧动能"，强调做好"十三五"时期经济社会发展工作，要加快新旧发展动能接续转换，指出经济发展过程必然伴随着"新旧动能迭代更替"的过程，并对国内经济形势进行了初步判断：长期积累的矛盾和风险进一步显现，经济增速换挡、结构调整阵痛、新旧动能转换相互交织，经济下行压力加大。2016 年 10 月 12～13 日，李克强总理在广东东莞考察时要求，让新动能逐步挑起大梁，旧动能不断焕发生机。2017 年 3 月 5 日，李克强总理所做的政府工作报告有两处提及"新旧动能转换"，并提出做好 2017 年政府工作中要"依靠创新推动新旧动能转换和结构优化升级"，"双创"是推动新旧动能转换和经济结构升级的重要力量。2017 年 4 月 18 日，李克强总理在贯彻新发展理念培育发展新动能座谈会上强调，实现经济结构转型升级，必须加快新旧动能转换，这种转换既来自"无中生有"的新技术、新业态、新模式，也来自"有中出新"的传统产业改造升级。

三、中国正处于新旧动能转换的关键阶段

经济进入新常态后，传统动能有持续减弱的态势，新动能的增长速度明显高于传统产业，但新动能的增量尚不足以抵消旧动能的减量，中国经济正处于新旧动能相互交织、逐步交替的过程中。

（一）新技术、新产业、新业态、新模式不断孕育成长

近年来，创新驱动战略深入实施，创新引领作用不断强化，科技创新步伐不断加快，大众创业、万众创新蓬勃发展，新技术、新产业、新业态、新模式不断涌现并茁壮成长，为经济持续健康发展注入新的强劲动力。具体表现为：一是重大科技成果不断涌现。"天舟一号"货运飞船完成发射并与"天宫二号"空间实验室成功对接，具有自主知识产权的C919成功首飞，世界首台光量子计算机在中国问世，全球首次试开采可燃冰成功，成为世界第一个实现稳定开采海洋超级能源的国家。二是科技成果产业化效果明显。集成电路、人工智能、生物技术等工程产业化步伐明显加快，战略性新兴产业、高技术产业和装备制造业增加值增速明显快于规模以上工业。三是新业态、新模式茁壮成长。"互联网＋"行动计划推动线上线下加快融合，以网络销售和快递业为代表的互联网经济快速增长。互联网金融、移动支付等新模式不断涌现，正逐步成为新的经济增长点。四是新产品、新服务快速增长。旅游、文化、体育、健康、养老等幸福产业快速发展，分享经济广泛渗透，跨境电商、在线医疗、共享单车等新服务模式层出不穷。

（二）新动能的增量尚不足以抵消旧动能的减量

由于中国经济的多层次、复合性特征，既有新动能的蓬勃发展，也有量大面广的传统动能；既有"工业4.0"的新领域，还有大量的"工业2.0""工业3.0"，甚至还有"工业1.0"。总的来看，"新动能"上行的增量还不能完全抵消"旧动能"向下调整的减量，也难以独自承担稳增长的重任，"新动能"还有很大的发展空间。财新智库莫尼塔研究机构和BBD公司联合发布的新经济指数显示，"新经济"占全国整个经济中的比重约为30％。全国经济增长呈现"三个1/3"的格局，即大约有1/3的经济已经进入或逼近衰退（即负增长），这部分经济主要是传统经济，主要为制造业的上游、房地产；大约有1/3的新经济（包括高端制造业和部分消费、服务业）仍然保持两位数的正增长；剩下1/3的经济保持个位数的增长，主要为制造业中下游、部分消费和服务业。

第二节　发达省份的实践探索

随着中国特色社会主义进入新时代，中国经济发展也进入了新时代，由高速增长阶段转向高质量发展阶段。高质量发展就是体现新发展理念的发展，是经济发展从"有没有"转向"好不好"。高质量发展的竞赛实质上是新旧动能转换的比拼，沿海发达省份已经走在了前列。

一、广东：以创新驱动引领新旧动能转换

广东作为经济第一大省，面对国际金融危机的倒逼压力，见识早、行动快，搭上了转方式、调结构的头班车。面对土地、资源、人口、环境四个"难以为继"，加之一些企业迫于市场压力，已零星开始自发转移，广东顺势提出"双转移"（产业转移和劳动力转移）战略，使之成为转方式、调结构的切入点。仅用了一个月的时间，广东相继出台《关于推进产业转移和劳动力转移的决定》及七个配套文件，广东省财政 5 年拿出了400 亿元资金扶持"双转移"，4 年共转出低端企业 5983 家。实施完"双转移"后，广东又率先建设现代产业体系、发展战略性新兴产业，在全国率先发展八大产业，并确定以新能源汽车、高端新型电子信息和半导体照明三大产业为突破口。同时，在全国率先出台支持创新驱动发展系列突破性举措，连续打出政策"组合拳"，其中支持企业建立研发准备金制度、科技企业孵化器创业投资及信贷风险补偿、创新产品与服务远期约定政府购买、经营性领域技术入股改革等政策措施均属国内首创。继 2015 年研发投入强度首次超过 2.5%，越过"拐点"指标迈进创新型地区行列后，2017 年广东研发投入强度达 2.65%，技术自给率达 72.5%，国家高新技术企业数量增加到 3.3 万家，区域创新能力首次超过江苏，跃居全国首

位。如果说"双转移"是新旧动能转换 1.0 版的话,那么广东经历了建设现代产业体系 2.0 版、发展战略性新兴产业 3.0 版,现在正向自主创新 4.0 版跃进。

二、上海:"四新经济"成为发展新亮点

上海着眼于建设具有全球影响力的科技创新中心,率先提出发展"四新经济",以响应并实践国家创新驱动发展战略。"四新经济"是上海推进新旧动能转换的具体表现,主要指的是新技术、新产业、新业态和新模式。上海"四新经济"发展势头很快,不同领域展现出各具特色的创新模式。具体体现为:一是"从制造到智造",新技术、新模式推动制造业升级。面对世界新一轮产业结构加快调整、发达国家"再工业化"等新挑战,上海积极打造全球高端"智造"中心。从制造到智造,利用新技术、新模式推动上海制造业转型升级,是上海"四新经济"发展的起点。上海在智能机器人、新型显示、3D 打印和再制造等领域涌现出一批新兴企业,成为推动上海制造业转型升级的先行者。二是"从制造到制造 + 服务",制造业与服务业融合开拓新领域。加快形成以服务经济为主的产业结构,是上海近年来经济发展的重点战略。不少传统制造企业逐渐从单一的生产制造,向生产性服务业转型。制造业与服务业融合的新态势,成为引领上海产业结构升级的重要力量。三是"从服务到服务融合",跨界融合催生服务新形态。"四新经济"本身代表着产业相互融合、渗透的趋势,没有一个固定的框框。服务业的跨界融合催生服务新形态,是带动上海"四新经济"发展的重要推动要素。百联集团集成网站、APP、微信平台,整合线下 4800 家实体门店,推出全国首个"全渠道、全业态、全客群、全品类、全时段"商业生态。

三、浙江:"四换三名"推动经济转型升级

浙江为了加快经济转型升级,作出"四换三名"的重大决策部署,即加快腾笼换鸟、机器换人、空间换地、电商换市的步伐,大力培育名企、

名品、名家。"腾笼换鸟",即淘汰高能耗、高排放、低产出的产业和企业,集中力量扶持高科技、高附加值的产业和产品。"机器换人",即通过技术改造和设备更新,实现减员增效,适应高端制造业发展,优化劳动力结构。"空间换地",即通过集约用地,提高土地资源利用效益,将"以亩均论英雄"作为产业结构调整的重要风向标。"电商换市",即通过大力发展电子商务,实现商业模式的创新和提升,实现有形市场大省向无形市场大省转变。"三名",即加快培育一批知名企业、知名品牌和知名企业家,打造行业龙头,形成以大企业为主体、大中小企业协作配套的产业组织架构。"四换三名"涵盖产业创新、技术创新、要素利用方式创新、商业模式创新、产业组织方式创新等各方面,集制度供给和创新驱动于一体,是从增量调整和存量调整两个方位推动经济转型升级的重大举措。在增量调整方面,"四换三名"强调以大企业为主体发展信息、环保、健康、金融、旅游、时尚、高端装备等七大产业,实现产业的腾笼换鸟;在存量调整方面,"四换三名"强调要围绕机器换人、空间换地、电商换市推进大规模技术改造,实现技术装备自动化、要素使用集约化、经营管理信息化,不断提升浙江制造的质量、档次,在全球打响"浙江制造"品牌。

从发达省市实践看,新动能既来自新产业、新产品、新业态等新兴产业的成长,也来自传统产业的优化升级。因此,新动能既包括各种新兴经济活动,也包括新技术向传统产业渗透、改造形成新的经济活动。从广义角度看,新动能是基于新一轮科技革命,大众创业、万众创新带来的一切经济活动的总和;从具体形式看,新动能一般归纳为新技术、新产业、新业态、新模式。总的来看,新动能具有五大特征:一是生产要素高端化。人力资本、数据、新技术等高端生产要素,逐渐取代劳动力、土地、资本等传统生产要素,成为经济发展的基础,特别是人才、科技成为企业、地区的核心竞争力。二是社会生产智慧化。在大数据、云计算、物联网、移动互联等新一代信息技术带动下,社会化大生产全过程向智慧化迈进,极大地提升了生产效率和服务质量。三是创新创业大众化。当前,创新创业活动从企业内部行为向社会开放协同转变,创新创业群体从"小众"向

"大众"转变，全社会的智慧和创造力成为发展新经济的坚实基础。四是企业组织平台化。以苹果、谷歌、阿里巴巴等企业为代表的平台型企业，利用现代信息技术，与不同领域不同类型企业组建大规模协作平台，促进资源整合、协作竞争。五是产业链接网络化。部分企业内部不同业务板块相互渗透融合，打破传统的产业链条上下游形式，整合设计、生产、销售、服务资源，构建"硬件＋内容＋服务＋……"的产品服务网络，形成复合盈利模式。

第三节　江西层面的主动作为

对正处于爬坡过坎期的江西而言，推进新旧动能转换，既有利于保持经济中高速增长，促进产业迈向中高端水平，实现经济总量质量双提升，又有利于发挥绿色生态优势，加快形成低能耗、低污染、高附加值的新发展模式，走出一条具有江西特色的绿色发展新路。

一、欠发达的基本省情没有根本改变，要求江西加快推进新旧动能转换

近年来，面对持续的经济下行压力，江西主动适应经济发展新常态，统筹推进供给侧结构性改革，以新理念引领发展行动，经济发展呈现"总体平稳、稳中有进、稳中向好"的良好态势，综合经济实力实现历史性跃升。通过实施项目滚动投资计划、六大领域消费工程、扩大消费十大行动、外贸出口提升工程，促进"三驾马车"共同发力，2012～2017年江西固定资产投资、社会消费品零售总额、外贸出口年均分别增长17%、12.6%和7%。相比2012年而言，2017年江西主要经济指标实现"2个翻番""4个突破""8个前移"，即固定资产投资、金融机构本外币贷款余

额比 2012 年翻一番；地区生产总值突破 2 万亿元，人均 GDP 突破 6000 美元，金融机构本外币存款余额突破 3 万亿元，城镇居民人均可支配收入突破 3 万元；科技进步综合水平、地区生产总值、一般公共预算收入、规模以上工业增加值、固定资产投资、外贸出口、城镇和农村居民人均可支配收入在全国位次前移。通过推动"众创业、个升企、企入规、规转股、股上市、育龙头、聚集群"，促进实体经济健康成长，2012～2017 年江西净增规模以上工业企业 4981 户、新增国家高新技术企业 1775 家。

尽管 2017 年江西地区生产总值突破 2 万亿元大关，在全国的位次有所前移，但 GDP 总量仍处于全国中下游的位置（位居全国第 17），特别是占全国的比重仅为 2.5%，低于人口占全国的比重（3.3%），人均 GDP 位列全国第 23。经济总量小、人均水平低、经济欠发达依然是江西的基本省情，发展不足依然是江西面临的主要矛盾。根据《中国省域经济综合竞争力发展报告（2016～2017）》，在 2016 年全国省域经济综合竞争力排名中，江西位列全国第 18，在全国处于中下游地位。从未来发展的要求看，在今后相当长的时期内，对江西经济发展起决定性作用的将是新旧动能转换，其地位和作用将日益突出。对正处于爬坡过坎关键时期的江西而言，新旧动能转换是否顺利，事关江西综合经济实力增强、核心竞争力提升、财政收入增加、扩大就业、改善民生、发展各项社会事业等关键问题。

二、新一轮科技和产业变革进程加快，为江西培育新动能提供了重要契机

新一代信息技术，无疑是当今世界创新最活跃、渗透性最强、影响力最广的领域，正在全球范围内引发新一轮的科技革命，并以前所未有的速度转化为现实生产力，引领科技、经济和社会日新月异。智能软件、新型材料、3D 打印技术及基于网络的服务模式，将推动制造业向数字化、网络化、智能化方向发展。在生产过程中，可以通过网络获取生产所需的各类协作服务，使生产要素成本降到最低；在销售过程中，可借助互联网把最新产品在短时间内销售至全球各地。不同产业领域相互渗透和融合，必

定催生出全新的服务业态，"互联网＋"、大数据、云计算等领域表现得最为明显。当前，"互联网＋"已渗透到金融、教育、商业、医疗、交通、旅游等领域，几乎所有的传统行业都受到互联网侵蚀，并接受互联网的改变，互联网企业本身具有客户数据资源的优势，也在积极开拓线上、线下一体化服务，涵盖行业领域迅猛拓展。

随着新一轮科技革命和产业变革蓄势待发，大众创业、万众创新蓬勃兴起，以新技术、新产业、新业态、新模式为核心的新动能日益成为区域竞争的关键所在。以新技术、新产业、新业态、新模式为核心的新动能，打破了对传统发展路径的依赖，为江西后发赶超和先发引领提供了难得的机遇，对江西实现新旧动能转换、加快跨越式发展具有至关重要的意义，同时也是决胜全面小康、建设富裕美丽幸福现代化江西的强力支撑。必须准确把握新一轮科技革命和产业变革的新趋势，立足省情实际、特色优势，聚焦重点精准发力，加快发展新技术、新产业、新业态、新模式，培育新的经济增长点。

三、新动能初步孕育、快速成长，但规模小、层次低、竞争力弱

近年来，江西深入实施创新驱动战略，大力推进"大众创新、万众创业"，从一些关键指标看，以新技术、新产业、新业态、新模式为代表的新动能初步孕育、快速成长。一是新技术快速发展。2016 年，江西 R&D 经费支出增加 25 亿元，总量占 GDP 比重为 1.1%；专利申请量连续跨过 4 万件、5 万件、6 万件三个大关，在全国排名第 15，比 2015 年前进 4 位，特别是专利申请量同比增长 63.8%，增幅居全国首位，专利授权同比增长 30.3%，达全国平均增幅的 3 倍。二是新产业初具规模。2016 年，江西高新技术产业增加值同比增长 10.8%，增速高于规模以上工业 1.8 个百分点，占规模以上工业增加值比重首次突破 30%，达到 30.1%，同比提高 4.4 个百分点，占 GDP 的比重达到 12.8%，同比提高 1.6 个百分点；战略性新兴产业增加值同比增长 10.7%，占规模以上工业增加值比重为

14.9%，同比提高 1.9 个百分点；智能手机、新能源汽车等高附加值、高技术含量的新产品产量倍增。三是新业态、新模式蓬勃发展。2016 年，江西电子商务销售额达到 4361.2 亿元，同比增长 51.88%；P2P 网贷成交额为 57.56 亿元，同比增长 61.7%；限额以上单位通过网络实现的零售额同比增长 32.5%，高出社会消费品零售总额增速 20.5 个百分点。分享经济广泛渗透，共享单车、共享雨伞、共享充电宝等加速布局；房屋短租、长租公寓、联合办公悄然兴起；建成了大型科研食品管理、分析测试服务平台。

但是，江西新动能尚处于培育阶段，规模小、层次低、竞争力弱，新旧动能平稳接续转换尚需时日。2016 年，江西高新技术产业增加值 2346.5 亿元，仅相当于湖南的 34.2%、湖北的 42.1% 和安徽的 57.3%；电子商务销售额位列中部第 5，仅为湖北的 31%、河南的 43%、安徽的 54% 和湖南的 72%。尽管近年来江西经济保持稳中有进、稳中提质、稳中向好态势，主要经济指标增速位居全国"第一方阵"，但当前工业增长主要依赖大宗商品价格上涨带来的传统产业回暖，传统动能"大而不强"与新动能"势强量弱"交织并存。另外，新动能培育还面临不少困难，如去杠杆和加大金融、债务监管力度叠加，市场资金面趋紧，部分企业反映获得贷款的成本和难度上升；企业普遍反映熟练普工和高素质技工较为缺乏，技术、人才等要素向新兴产业领域集聚不足。

四、面对传统动能"大而不强"与新动能"势强量弱"，江西制定出台新旧动能转换的时间表和路线图

2017 年 2 月，江西省委、省政府出台《关于加快发展新经济培育新动能的意见》，制定了新旧动能转换的时间表、路线图，吹响了新旧动能转换的集结号。根据部署安排，江西新旧动能转换重点聚焦五大主攻方向、夯实五大要素支撑、强化八大扶持措施，为新技术加速成长、新产业加速发展、新业态新模式加速涌现提供重要支撑。新制造经济领域，重点做大做强大航空、新能源及智能汽车、新型电子、智能装备、新材料等产业，

变"江西制造"为"江西智造";新服务经济领域,加快培育壮大工业设计、现代物流、总集成总承包、现代金融等生产性服务业及全域旅游、文化创意等生活性服务业新业态、新模式;绿色经济领域,积极发展绿色智慧农业、大健康、节能环保、新能源等产业,切实把绿色发展优势转化为新经济发展优势;智慧经济领域,大力发展"互联网+",积极培育大数据及云计算、物联网、电子商务、移动互联网、数字视听等智慧产业;分享经济领域,充分运用现代信息技术,整合、分享闲置资源,大力发展生产能力、创新资源、生活服务等分享经济。同时,围绕推动五大主攻方向落地发展,江西着力强化人才支撑、科技支撑、平台支撑、数据支撑、金融支撑,全面优化市场准入政策、知识产权保护政策、市场主体信用奖惩政策、人才吸引激励政策、科技成果转化政策、财税扶持政策、政府采购政策、土地支持政策,为发展新旧动能转换聚合各方面资源和要素。

第二章 新制造经济：重塑"江西制造" 辉煌的重要突破口

以新制造经济为突破口，全面对标《中国制造2025》，促进制造业结构优化和发展升级，推动江西制造向江西创造转变、江西速度向江西质量转变、江西产品向江西品牌转变，重塑"江西制造"辉煌。

第一节 着力补齐"硬科技"发展短板

"硬科技"是以航空航天、光电芯片、人工智能、基因技术、新材料等为代表的高精尖原创技术，是一个国家和地区"硬实力"的真正体现。区别于由互联网模式创新构成的虚拟世界，"硬科技"属于由科技创新构成的物理世界，需要长期研发投入、持续积累才能形成的原创技术，具有极高技术门槛和技术壁垒，难以被复制和模仿。随着中国经济发展进入新时代，全国各地纷纷把"硬科技"作为重点布局方向，力争抢占新一轮科技创新的制高点。江西不仅经济欠发达，而且科技欠发达，面对创新发展、动能转换的窗口期，更要牢牢抓住"硬科技"这个牛鼻子，集聚各类资源和要素，加快构建以"硬科技"为导向的创新链和产业链。

一、发展"硬科技"才是硬道理

（一）从国际看，创新版图正在加速重构，"硬科技"日益成为新一轮竞争的焦点

一是大国之间的竞争归根结底是"硬科技"的比拼。近年来，基于互联网的商业模式创新，短时间造就了一批高市值企业，但离不开光纤通信、光电芯片等"硬科技"的率先突破。大国之间的竞争绝不是商业模式的竞争，比拼的一定是"硬科技"。二是主要发达国家纷纷将"硬科技"纳入科技创新的优先重点领域。美国再工业化战略、德国工业4.0战略、日本科学技术创新综合战略、韩国创造经济行动计划等，都不同程度地明确对航空航天、光电芯片、人工智能、基因技术、新材料等"硬科技"领域进行大力支持和优先发展。三是全球主要科技巨头和投资机构都在布局发展"硬科技"。苹果、亚马逊、谷歌、微软等全球第一梯队的科技公司开始集体布局人工智能。巴菲特旗下的伯克希尔哈撒韦公司斥资372亿美元收购飞机零部件以及能源生产设备制造商——美国精密机件公司。日本软银集团连抛100亿美元阿里巴巴股票，并花费310亿美元收购全球最大的移动芯片设计商ARM。

（二）从国内看，互联网模式创新趋于饱和，"硬科技"将掀起新一轮创新创业浪潮

一是以流量红利为核心的互联网模式创新进入"深水区"。当前，全国移动互联网用户占比超过96%，依靠海量用户增长所带来的流量红利正在消退，互联网行业面临加速整合。2016年，超过40家互联网创业公司在获得天使轮或者两轮融资后宣告"死亡"。二是互联网核心技术和硬件设备严重依赖国外。在全球十大互联网企业中，中国占据了4家，分别为阿里巴巴、腾讯、百度、京东。但是，互联网核心技术尤其是芯片技术受制于人，各种硬件、网络设备、服务器等严重依赖国外进口，关键部件和元器件依靠国外厂商提供，且面临重大安全隐患。三是"硬科技"正在成为创新创业的"新蓝海"。随着互联网领域投资逐渐回归理性，加之"硬

科技"所涵盖的领域与"中国制造2025"重点领域一致，国内大型企业和创业投资机构纷纷在"硬科技"领域展开布局。科技部火炬中心发布的报告显示，2016年全国131家独角兽企业中，"硬科技"企业有14家，占比为10.7%。

（三）从江西看，"硬科技"是制约科技创新的最大短板，亟须从"硬科技"突围

近年来，江西科技创新取得长足进步，科技部发布的数据显示，2016年江西科技进步综合水平位列全国第20，首次进入全国"第二方阵"。但与全国及周边省份相比，江西科技创新水平仍然偏低，2016年江西科技进步综合水平指数比全国平均水平低17.5，比湖北、安徽、湖南、山西分别低15.7、8.2、5.6和1.8。特别是"硬科技"一直是制约江西科技创新的最大短板，主要体现在：一是"硬科技"实力和影响力明显不足。根据中国科协发布的《2017年中国城市硬科技发展指数报告》，南昌未入选全国24个重要"硬科技"城市，而同为中部省会城市的武汉、合肥、长沙均入选，并且分别位列第5、第14和第16。二是"硬科技"重大创新平台明显不足。目前，江西国家级研发平台主要集中在有色、陶瓷、中医药、农业等传统领域，航空、人工智能、基因技术、集成电路等"硬科技"领域尚处于空白状态。三是"硬科技"领军人才明显不足。在2013～2017年科技部公布的创新人才推进计划中，江西只有10人入选中青年科技创新领军人才，18人入选科技创新创业人才，占全国的比重分别仅为0.7%和1.9%。

二、全国"硬科技"发展看西安

作为"硬科技"理念的发源地，近年来西安高举"硬科技"大旗，打造全球"硬科技"之都，实现"硬科技"从概念向行动、从研发向应用、从技术向产业的跨越，"硬科技看西安"正在成为全国共识。

（一）抢抓先发优势，"硬科技"成就硬实力

一是聚焦优势超前布局。无论是从科教资源还是军工资源看，西安都

具备发展"硬科技"的优势。自 2017 年 6 月提出"硬科技在西安"的愿景，到 10 月提出"打造硬科技之都"，短短 4 个多月时间，西安就将"硬科技"从概念落实为具体行动。二是依托"硬科技"提升硬实力。全球 100 多家世界 500 强企业落户西安，仅西安高新区就聚集了世界 500 强研发机构 48 家。《2017 年中国城市硬科技发展指数报告》显示，西安"硬科技"综合实力位列第 6。三是着力打造"硬科技"城市品牌。通过举办"2017 全球硬科技创新大会"，把"硬科技"资源对接到西安，为西安注入了"硬科技"的时代基因，"硬科技"已经成为西安的新名片。

（二）瞄准重点领域，"硬科技"催生大产业

一是明确"硬科技"产业发展重点。经过梳理和调研，西安提出硬科技"八路军"，认为当前最核心的"硬科技"集中在航空航天、光电芯片、新能源、新材料、智能制造、信息技术、生命科学、人工智能等八大领域。二是培育引进一批"硬科技"骨干企业。通过策划全产业链项目及招商活动，强化硬科技"八路军"产业招商，同时引导"硬科技"企业通过兼并重组、投资合作等方式做大做强。陕西科技控股集团、陕西稀有金属科工集团成功组建，西安交大科技创新港、西安光机所光电产业园建设顺利推进，中兴通讯最大的智能终端生产基地落户西安。三是打造一批千亿级"硬科技"产业。西安紧紧围绕"硬科技"发展，聚焦新一代信息技术、生物医药、新材料、高端装备制造、航空航天、节能与新能源汽车，着力培育 6 个千亿元级"硬科技"产业，让千年古城迈入"创新之都"。

（三）对接特色小镇，"硬科技"孕育新平台

一是推进建设"硬科技"小镇。总投资 40 亿元，总面积 70 万平方米，为国内首个以"硬科技"为布局导向的特色小镇，2018 年将全面投入使用。建成后，将成为全国"硬科技"产业园区标杆，预计到 2020 年实现年产值 300 亿~500 亿元。二是布局建设"翱翔小镇"。总投资 350 亿元，占地 5 平方公里，由西北工业大学、西咸新区、西安科为航天集团联合打造，为国内首个无人系统特色小镇。建成后，将形成以"空、天、地、海"无人系统产业为核心的"科教产融"创新示范小镇。三是规划建

设3D打印小镇。目前,西安正以国家增材制造创新中心落户为契机,着手建设3D打印技术及创新设计特色小镇,并已聚集西安铂力特、中科梅曼、必盛激光、智熔金属、非凡士等10余家企业。

(四) 打造环境高地,"硬科技"筑起创业梦

一是出台支持"硬科技"发展的"硬措施"。西安将设立1000亿元"硬科技"产业发展基金,对初创期"硬科技"企业按投资额的70%抵扣应纳税所得额,并给予10%~30%的投资损失风险补偿。西安高新区将设立每年5亿元的"硬科技"产业发展资金和总规模500亿元的"硬科技"产业基金。二是搭建"硬科技"创业孵化平台。西安光机所成立了国内首个专注于"硬科技"的创业孵化平台——中科创星,已孵化近200家"硬科技"企业,涉及人工智能、光子制造、航空航天等多个领域,预计到2020年孵化企业将超过1000家。三是构建"硬科技"全链条创新创业服务体系。西北有色金属研究院"三位一体、母体控股、股权激励、资本运作"和西安光机所"开放办所、专业孵化、择机退出、创业生态"的创新模式,成为全国范例。

三、着力补齐江西"硬科技"发展短板的对策建议

(一) 把"硬科技"摆在优先发展的位置,强化政策和要素支撑

一要加大对"硬科技"的资金支持。聚焦航空制造、高端装备制造、人工智能、光电芯片、新能源、新材料等重点领域,引导省级"中国制造2025"专项资金加大对"硬科技"的支持,并通过市场化运作吸引社会资本和金融机构投资"硬科技"。二要强化面向"硬科技"的创业孵化服务。加大"硬科技"企业孵化器的建设力度,引导现有孵化器向"硬科技"企业孵化器转型,提供全方位的"硬科技"创业孵化服务。支持"硬科技"企业孵化器建立种子资金或天使投资基金,通过孵化贷、成长贷等方式扶持"硬科技"企业发展。三要加快"硬科技"成果的转化应用。大力推进"硬科技"技术认证和价值评估,布局建设一批省级"硬科技"技术转移机构,分领域发布"硬科技"技术指导目录,实现与市场需求的有

效对接。

（二）集聚骨干企业和领军人才，助推"硬科技"产业发展

一要强化"硬科技"产业招商。瞄准国内外知名"硬科技"企业，以航空制造、高端装备制造、人工智能、光电芯片、新能源、新材料等为主攻方向，有针对性地开展精准招商，引进一批"硬科技"骨干企业，推动各细分领域实现集聚集群发展。二要支持本土"硬科技"企业实施技术改造。支持本土"硬科技"企业瞄准世界前沿技术，引进国外先进技术设备，加快装备升级改造，优先推荐申报国家重点技改项目，促进本土"硬科技"企业技术升级。三要引进"硬科技"创新创业领军人才。以省"双千计划"启动实施为契机，依托江西驻外招商机构，面向海内外开展"硬科技"引才引智工作，力争做到引进一批人才，培育一批团队，带动一批项目，形成一批新兴产业。

（三）大力推动"硬科技+"，实现"硬科技"与各行业融合创新

一要探索"硬科技+特色小镇"。借鉴西安成功经验，发挥各地优势与特色，加强与中科创星等知名企业的对接合作，着力打造以通航小镇、机器人小镇、智能光电小镇、智慧小镇等为代表的"硬科技"小镇，探索创新驱动的特色小镇建设模式。二要推动"硬科技+军民融合"。立足军工比较优势，将航空、船舶、卫星应用、汽车等"硬科技"领域内的技术研究和产业化成果，与军工企业进行对接，谋划实施一批"硬科技+军民融合"项目。三要促进"硬科技+实体经济"。整合"硬科技"资源，孵化行业颠覆性技术，推动新一代信息技术、先进制造技术、人工智能技术等与实体经济深度融合，培育行业领跑型企业。

（四）构筑"一核三区多基地"，促进"硬科技"产业集群化发展

一要把南昌打造成为江西"硬科技"产业核心区。以航空、LED、虚拟现实、新能源汽车、工业机器人、3D打印等产业为重点，发挥南昌对"硬科技"的磁场效应，汇聚高端"硬科技"成果及人才，不断推动"硬科技"企业落地，做强做响南昌"硬科技"品牌。二要把赣州、上饶、鹰潭打造成为江西"硬科技"产业优势区。赣州重点发展新材料、新能源汽

车、无人机、3D 打印、工业机器人等，上饶重点发展大数据、光伏、新能源汽车等，鹰潭重点发展窄带物联网、新材料等。三要推进一批"硬科技"特色产业基地建设。围绕航空、LED、新材料、新能源汽车、智能电网、工业机器人、云计算等细分领域，打造一批主导产业突出、特色鲜明的"硬科技"产业基地。

第二节　以智能装备产业引领"江西制造"迈向"江西智造"

在"中国制造 2025"大战略下，国家制定出台《智能制造发展规划》，标志着智能制造正式上升为国家战略。作为先进制造技术、智能技术和信息技术的集成和深度融合，智能装备产业代表高端装备制造业的发展方向，体现了制造业数字化、网络化和智能化的发展要求，其发展水平已经成为当今衡量一个国家和地区工业化水平的重要标志。江西经济欠发达，归根结底是工业欠发达，与发达地区、兄弟省份有差距，归根结底是工业水平有差距。今后几年被认为是智能装备产业发展的重要"窗口期"，大力培育和发展智能装备产业，既是江西提升装备制造业核心竞争力、实现制造业由大变强的必然要求，也是缩小与先进省份发展差距、打好欠发达地区跨越发展"主动仗"的战略选择。

一、智能装备产业市场供求状况及发展空间

近年来，借助国家重点工程和重大科技专项的实施，智能装备产业发展势头迅猛，数控机床、工业与服务机器人、自动化生产线、智能电网、智能仪器仪表、智能可穿戴设备、智能环保设备等智能装备和产品的应用不断拓展，需求规模呈现快速扩大的态势。2010～2015 年，中国智能装备

产业规模从 3400 亿元增加到 10000 亿元以上，年均增长率达到 24.1%。根据国家智能装备产业规划，"十三五"中国智能装备产业规模年均增长率将达到 24.6%，预计到 2020 年，产业规模将突破 30000 亿元。

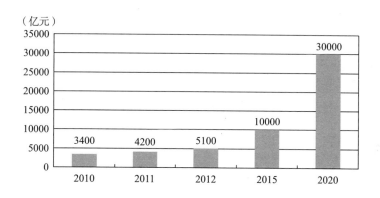

图 2-1　中国智能装备制造业产值规模及规划目标

资料来源：《智能制造装备产业"十二五"发展规划》。

（一）数控机床：对中高档机床的需求超过低档机床

近几年，由于宏观经济放缓、机械行业整体处于下滑状态，中国机床行业受到较大影响，数控机床在经历 2014 年 35% 的高速增长后，2015 年产量降至 25.91 万台，同比下滑 17.2%，2016 年又小幅上升至 26.88 万台。虽然数控机床总体出现一定幅度下滑，但年产量基本在 20 万~30 万台，中高档机床产业化进程加快，进口额和进口量持续减少。2016 年，中国数控机床进口额为 26.12 亿美元，同比下降 24.3%，进口量为 1.14 万台，同比下降 16.1%。

作为世界第一大机床消费国，随着制造业向数字化、智能化转型，中国机床市场需求进入结构换挡升级期，国内对中高档数控机床的需求无论在消费量还是消费金额方面都已超过低档数控机床。目前，中国数控金切机床市场上高、中、低档机床的比例，在消费量上约为 5%∶50%∶45%，在消费额上约为 15%∶70%∶15%。但是，国产中高档数控机床的市场占有率仍很低，数控机床行业高端市场一直由欧、美、日、韩等发达经济体占据。目前，在高端数控机床方面，国内产品仅占2%，而在普及型数控机床中，虽然国产化率达到70%左右，但国产数控机床中大约80%使用国外数控系统，特别是高端装备制造业亟须的高档数控机床。

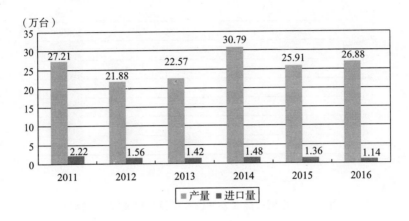

图2-2　2011～2016年中国数控机床产量及进口量

资料来源：艾而特发布的《2016年中国数控机床市场行业报告》。

（二）机器人：工业机器人发展较快、服务机器人相对弱势

自2013年首次超越日本成为全球第一大工业机器人销售国以来，2014～2016年中国工业机器人销量分别为5.71万台、6.6万台和7.24万台，全球占比持续提升至24.9%、26.7%和28.0%，连续4年稳居全球销售量第一。据国际机器人联合会（IFR）预测，2017年中国工业机器人销量将达到10万台。与此同时，国产工业机器人销售规模持续扩张，市场占有率不断提升。2013～2015年，国产工业机器人销量分别为0.96万台、1.7万台和2.23万台，占工业机器人总销量比重分别为26.3%、29.8%和33.7%，国产品牌已逐步打开市场。但是，国内自主品牌与发达国家相比仍有较大的差距，国际工业机器人企业第一梯队主要由欧、日、美、韩组成，德国库卡，瑞士ABB，日本发那科、安川电机等国外品牌占据国内近70%的市场份额。

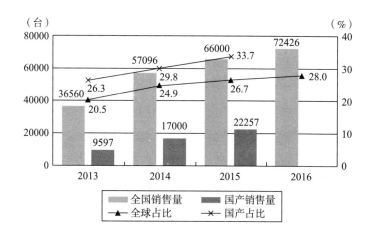

图 2 - 3　2013~2016 年中国工业机器人市场及国产情况

资料来源：中国产业信息网发布的《2016 年中国工业机器人行业市场现状及发展前景预测》。

相比之下，中国服务机器人尚处于产业化发展初期，缺乏大型支柱企业和有影响力的品牌，占全球服务机器人市场比重小，且 40% 以上是清洁机器人。2013~2015 年，中国服务机器人总销量分别为 18.09 万台、21.26 万台和 25.88 万台，占全球份额均在 4.5% 左右，远低于工业机器人。其中，个人/家用服务机器人销售量分别为 18 万台、21.15 万台和25.69 万台，专业服务机器人销售量分别是 945 台、1089 台和 1906 台，占全球份额也均在 4.5% 左右。随着技术进步、老龄化趋势和劳动力不足等因素推动，未来服务机器人产业将进入快速增长期。

（三）自动化生产线：市场缺口很大但缺口率逐渐缩小

欧美发达国家制造业自动化改造进程较早，整体自动化程度较高，而近年来中国装备智能化投资力度不断加大，国内自动化生产线市场发展较快。2011~2016 年，国内自动化生产线的产量从 0.47 万条增加到 1.1 万条，需求量从 1.35 万条上升到 2.47 万条，市场缺口数量从 0.88 万条扩大到 1.37万条。尽管国内自动化生产线产量保持了 18.6% 的年均增长速度，但国内厂商依然无法满足旺盛的市场需求，较大的市场份额被国外厂商占据。值得注意的是，2011~2016 年，国内自动化生产线的市场缺口率从 65.1% 下

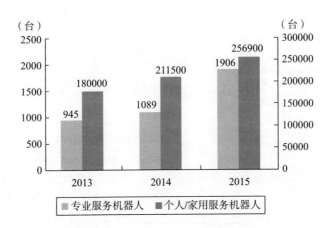

图 2 - 4　2013～2015 年中国服务机器人销售量

资料来源：中国产业信息网发布的《2016 年中国服务机器人行业市场现状及发展前景分析》。

降到 55.4% ，呈现逐渐缩小的趋势。随着中国传统产业智能化改造的推进以及自动化设备核心技术水平的提升，自动化生产线行业仍具有巨大的成长空间。

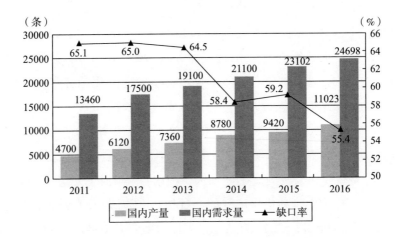

图 2 - 5　2011～2016 年中国自动化生产线市场供求状况

资料来源：智研数据中心整理发布的《中国自动化生产线行业需求量预测分析》。

（四）智能专用设备：整体进入快速扩张阶段

智能电网方面，根据国家电网公司规划，2016～2020 年中国智能电网投资为 1750 亿元，占总投资的 12.5%，同时随着特高压、数字化变电站的大力建设，对智能电表的需求不断增长，"十三五"期间将基本实现智能电表全覆盖。智能可穿戴设备方面，2016 年中国可穿戴设备市场出货量为 3876 万台，占全球总出货量的 43.8%，是美国市场的 1.6 倍，成为仅次于智能手机的第二大移动智能消费终端设备。智能仪器仪表方面，变送器、执行器、测绘仪器、金属材料试验机等产品的产量居世界前列，越来越多的生产工艺需要高精度的智能仪表参与到自动生产及自动控制的过程中，广泛应用于各个领域的智能仪器仪表将迎来大发展。智能环保设备方面，在相关政策的带动下，已经形成一定的规模和体系，除尘设备、燃煤烟气脱硫设备、城市污水处理设备持续热销，生活垃圾处理设备、脱销设备高速增长。

二、江西智能装备产业发展现状及其存在的主要问题

近年来，江西主动对接国家制造业发展战略，大力培育发展智能装备产业，智能装备制造技术取得一定突破，智能装备产业初具规模。一是以数控机床、工业机器人、自动化生产线、智能交通设备、智能环保设备、智能电网为主的智能装备产业体系初步形成；二是涌现出江西宝群电子科技有限公司、江西明匠智能系统有限公司、博硕科技（江西）有限公司、江西佳时特数控技术有限公司、江西瑞曼增材科技有限公司、江西九维科技有限公司等一批优秀骨干企业；三是初步形成以南昌高新技术产业开发区为核心的智能装备产业集群；四是依托骨干企业和科研院所，组建了机器人与智能制造装备产业联盟；五是在汽车及零部件、石化、电子信息、食品、医药、轻工业等领域，智能装备应用有不同程度的突破。但是，与国内外先进地区相比，江西智能装备产业仍处于起步阶段，产业规模小，技术创新不足，整体实力和竞争力较弱。

（一）产业链关键环节缺失，尚未形成规模效应和竞争优势

目前，江西智能装备产业主要涉及数控机床、机器人、自动化生产

线、智能专用设备等领域的部分环节，多数产品技术含量、附加值较低，而附加值较高的智能成套装备、智能仪器仪表与控制系统、可穿戴设备及智能传感器、3D打印等领域基础薄弱，造成产业整体规模偏小。2016年，江西智能装备产业实现主营业务收入约为150亿元，位列中部倒数第2，仅为上年度湖北的17.6%、安徽的18.7%和湖南的45%，特别是机器人产业主营业务收入不到1亿元。尽管南昌大学、南昌航空大学、洪都集团自主研制的焊接机器人、割草机器人达到国内领先水平，但基本上还处于样机阶段，尚未形成规模化生产能力。

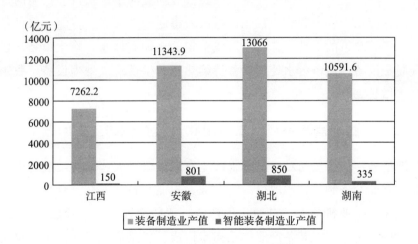

图 2-6 中部省份装备制造业及智能装备制造业产值对比

注：江西智能装备产值为2016年数据，中部其他省份均为2015年数据。

（二）关键零部件和核心技术不足，系统集成水平有待提升

由于缺少高端复合型人才以及支撑企业创新的孵化器、实验室等公共服务平台，江西智能装备关键核心技术创新能力薄弱，芯片、传感器、伺服电机、测控元器件等关键核心部件主要依赖进口，多数企业以组装和集成模式为主。少数企业虽拥有部分核心技术和相应产品，但稳定性、精度不高，市场认可度不高，导致自主品牌产品不能尽快投入市场。另外，江西智能制造装备单机应用居多、成套装备较少，能够提供智能制造整体解

决方案的制造型服务企业，以及在模块设计制造、系统安装调试等领域竞争力强的专业化企业缺乏，系统集成能力较弱。

（三）大型骨干企业数量偏少，专业性产业园区建设滞后

江西现有智能装备企业 80 余家，企业规模小、数量少，总体竞争力不强，缺乏龙头骨干企业及关键零部件的生产企业，多数是从传统装备制造企业转型发展而来，技术积累薄弱，发展水平较低。在 2015 年中国装备制造业 100 强中，仅有江西铜业集团公司、江铃汽车集团公司 2 家企业入选，且都不是真正意义上的智能装备企业。同时，现有智能装备企业零星分布在各类产业园区中，专业性产业园区建设滞后，仅南昌高新技术产业开发区规划建设了机器人与智能装备产业园。另外，产业布局未实现有效的区域集中，呈现赣州、吉安、抚州、上饶、宜春、鹰潭、新余等地点状分布。

表 2-1　江西主要智能装备企业所属区域及行业分布

所属区域	企业名称	涉及行业
南昌	江西宝群电子科技有限公司、江西战斧智能科技有限公司、江西丹巴赫机器人股份有限公司、江西奇星机器人科技有限公司	工业与服务机器人
	江西奈尔斯西蒙斯赫根赛特中机有限公司、江西兴鼎丰机械科技有限公司、江西佳时特数控技术有限公司	数控机床
	南昌康业制衣有限公司、南昌三丰自动化有限公司、江西明匠智能系统有限公司、博硕科技（江西）有限公司	自动化生产线
	江西怡杉环保股份有限公司、江西四联节能环保股份有限公司	智能环保设备
	江西百胜智能科技股份有限公司、江西众加利高科技有限公司	智能控制系统
	江西日月明铁道设备开发有限公司、江西联胜智能设备有限公司	智能交通设备
	江西瑞曼增材科技有限公司	3D 打印
	泰豪科技股份有限公司、江西变压器科技股份有限公司	智能电网

续表

所属区域	企业名称	涉及行业
赣州	赣州金环磁选设备有限公司、江西绿萌科技控股有限公司	智能控制系统
	赣州群星机器人有限公司	自动化生产线
	赣州天力电子科技有限公司	工业机器人
	江西九维科技有限公司	3D 打印
	龙南恋伊工业有限公司	智能晾衣架
九江	中信重工开诚（共青城）机器人有限公司	特种机器人
	九江远能智能设备有限公司、瑞智（九江）精密机电有限公司	智能控制系统
吉安	江西杰克机床有限公司、吉安鑫昌机床有限公司、江西协鸿机床有限公司	数控机床
	江西龙展机械制造有限公司	自动化生产线
抚州	江西亚珀电气有限公司	智能电网
	江西书源科技有限公司	智能净水机
上饶	中洲传动科技（江西）有限公司	智能控制系统
	上饶江旺数控机床有限公司	数控机床
宜春	江西工埠机械有限责任公司	智能起重机
	江西华士科技股份有限公司	工业机器人
	江西斯迳智能装备有限公司	自动化生产线
	江西广迪智能钢艺集团有限公司	智能交通设备
鹰潭	三川智慧科技有限公司	智能水表
新余	新余银龙机电科技有限公司	数控机床

（四）企业现有融资渠道较窄，智能装备应用不够广泛

一方面，智能装备企业在产品研发和应用初期需要大量资金投入，而江西智能装备企业大多是中小企业，既缺乏相关的种子基金、天使基金和风险投资，也缺乏抵押、评估等专业的科技金融中介机构。另一方面，江西多数企业由于其产品在精密度、稳定性等指标方面要求不高，自主实施智能化技术改造的意愿不强，部分企业虽有更换智能装备的需求，但无力承担相应的成本。另外，江西大型企业使用的高档数控机床多采购美国、

瑞士、日本等国家的设备，工业机器人多采用瑞士 ABB、德国库卡、日本安川等企业的产品，本地生产的智能装备产品的应用几乎空白。

三、江西做大做强智能装备产业的对策建议

根据智能装备产业发展趋势，立足现有产业基础，集聚各类资源要素，引导产业链整合、配套分工和价值提升，尽快形成智能装备制造业核心竞争力。

（一）实施"强链、扩链、补链"工程，突破智能装备产业关键领域和薄弱环节

一是做强数控机床、工业机器人和自动化生产线。依托江西杰克机床有限公司、江西奈尔斯西蒙斯赫根赛特中机有限公司、江西兴鼎丰机械科技有限公司等，提升高精度复合数控金切机床、大型数控成型冲压设备等高档数控机床及关键零部件的制造水平。发挥江西宝群电子科技有限公司、江西战斧智能科技有限公司、江西明匠智能系统有限公司的龙头带动作用，加快发展石化、钢铁、有色、汽车及零部件、食品、医药、建材、纺织服装等领域自动化生产线以及应用于装配、焊接、喷涂、搬运、包装、打磨等的工业机器人。

二是做大智能交通设备、智能环保设备和智能电网。依托江西日月明铁道设备开发有限公司、江西联胜智能设备有限公司，大力发展现代轨道交通装备、数字化轨道检测设备和智能停车场系统。发挥节能环保产业特色，大力发展燃煤烟气脱硫脱硝、污水及生活垃圾处理、余压余热利用领域的智能环保设备。面向工业自动化、汽车电子、环境监测等领域，加强研发高灵敏度、高适应性、高可靠性的智能仪器仪表。依托泰豪科技股份有限公司、江西变压器科技股份有限公司、江西亚珀电气有限公司，大力发展中低压成套设备、智能型箱式变压站、智能型户外缆化设备及特种变压器远程运维系统。

三是培育服务机器人、可穿戴设备、3D 打印和精密制造核心部件。依托医院、养老院、社区等服务应用平台，开发扫地机器人、烹饪机器人、

代步机器人、康复护理机器人、家政服务机器人等产品。围绕信息娱乐、运动健身、医疗健康等应用领域，研发具有规模商业应用的可穿戴产品及其他特种用途可穿戴产品。依托江西瑞曼增材科技有限公司、江西九维科技有限公司，结合国家、省级科技专项，开发激光 3D 打印设备、医疗教育 3D 打印设备以及 3D 打印服务。积极发展高参数、高精度、高可靠性的轴承、液压及气动元件、密封元件、齿轮传动装置以及精密复杂模具等精密制造核心部件。

（二）突出协同创新、成套集成、示范应用"三位一体"，加快核心技术突破及产业化发展

一要突破制约智能装备产业发展的关键核心技术。将智能装备产业列入省科技创新优先支持领域，引导企业建立数控机床、工业机器人、自动化生产线等工程技术中心、企业技术中心、工业设计中心、重点实验室、院士工作站，全面搭建企业研发平台。围绕智能装备产品全生命周期和全制造流程的智能化需求，对接国家科技重大专项、智能制造专项，定期发布智能装备产业共性关键技术目录。依托机器人与智能制造装备产业联盟以及与中国科学院、清华大学、北京大学、北京航空航天大学等建立的战略合作关系，集中力量推进数控系统、自动化控制、伺服驱动、无人直升机、新型传感器、精密制造核心部件、数字化设计等领域技术取得突破。

二要大力推进智能装备系统集成及成套开发。加快推进集团管控、系统集成、业务协同和流程再造，增强"数字化工厂"构建能力，培育具备整体设计能力和解决方案提供能力的智能装备系统集成企业。在数控机床、工业机器人及部分智能化专用装备领域，以整机制造（集成）企业为龙头，推进从技术研发、产品设计，到核心部件制造、控制软件开发，再到智能集成、推广应用的全产业链建设。对接石化、钢铁、有色、汽车及零部件、食品、医药、建材、纺织服装等传统优势产业，依托用户需求，通过集成创新，大力开发智能化成形和加工成套设备。

三要大力推广应用智能装备产品。将智能装备产品列入政府采购自主创新产品目录，制定发布机器人及智能装备产品推荐目录，选择部分重点

行业、重点企业实施智能装备产品应用示范工程。推动传统优势企业通过生产线智能化改造和信息化集成，建设数字化生产线和数字化车间，提升自动化和智能化水平。加强江西智能装备产品供需对接，分阶段推进企业采用本地产智能装备进行改造，促进智能装备产业加快发展。加大民用产品与军用产品在生产工艺、设备通配、产品提升、功能开发等方面的融合发展，促进智能装备产业提升技术和档次。

（三）按照"一核、两区、多基地"规划布局，推动智能装备产业集群化发展

一是建设以南昌为核心的机器人与智能装备产业引领区。以建设南昌航空城国家级"两化"融合创新产业园为契机，以南昌高新技术产业开发区为主体，以机器人与智能装备产业园为核心，推动形成以高档数控机床、智能测控装置、集成智能装备、工业和服务型机器人、3D打印等为代表的主导产品和产业，尽快集聚一批机器人与智能装备骨干企业，并发挥示范引领效应。

二是建设以赣州、吉安为重点的特色智能装备产业集聚区。以赣州经济技术开发区为主体，以军民融合航空航天装备制造示范基地建设为契机，重点发展通用飞机装备制造、工业机器人、智能控制系统，并通过优惠政策吸引航空零部件制造、工程机械核心零部件企业入驻，尽快形成产业集聚效应。以吉泰走廊为主体，以通用机床为基础，以专用数控机床为突破口，规划建设以数控机床为主的特色智能装备产业园区，打造全国知名的数控机床产业基地。

三是推进一批智能装备特色产业基地建设。选择九江、上饶、鹰潭、新余、抚州等有基础的区域，围绕机器人、无人直升机、智能交通设备、智能环保设备、智能电网、智能仪器仪表等领域，打造多个重点明确、特点突出、优势互补的智能装备特色产业基地，支持创建国家级智能制造示范基地。引导智能装备特色产业基地与南昌形成上下游企业协同合作，推进智能装备产业链整合延伸、配套分工，提升零部件配套关联水平。

（四）强化骨干企业、高端人才、配套环境支撑，促进智能装备产业做大做强

一要尽快打造一批智能装备骨干企业。以机器人与智能制造装备产业联盟为平台，围绕高档数控机床、工业机器人、3D 打印、智能传感器、控制系统、关键零部件等智能装备领域，推进与日本安川、瑞士 ABB、德国库卡等世界 500 强智能装备企业以及武汉华中数控、广州数控、沈阳新松、安徽埃夫特等国内知名企业进行对接。加强与长三角、珠三角、京津冀、长江中游城市群等区域合作，探索建立智能装备产业"飞地经济"模式，引进培育一批成套整机制造、系统集成和零部件制造龙头骨干企业。

二要大力加强智能装备产业人才队伍建设。结合智能装备产业发展需求，在数控机床、机器人、3D 打印、智能控制系统、智能仪表等智能装备领域，加快引进相关专业高层次人才和领军人才，完善人才引进配套服务体系。建立多层次的智能装备产业人才培养体系，引导高等院校设立智能装备和机器人相关专业学科，支持骨干企业与职业院校联合建立高技能人才培育基地。

三要加大对智能装备产业的政策支持力度。尽快制定智能装备产业发展规划，进一步明确发展方向和具体目标，规划产业布局与发展路径。设立智能装备产业专项扶持资金，用于支持核心技术攻关、集成应用、重点企业发展、公共服务平台建设。主动对接国家智能制造相关战略、规划，积极争取国家智能制造专项、智能制造试点示范、首台（套）重大技术装备保险补偿等政策支持。加大对智能装备企业的信贷支持，创新产品和业务，通过建立科技成果转化贷款风险补偿机制，设立知识产权质押融资风险补偿基金，积极探索智能装备产业投贷联动试点。

第三节 推动汽车产业向智能化、 网联化方向发展

智能网联汽车是具备复杂的环境感知、智能决策、协同控制和执行等功能，可实现安全、舒适、节能、高效行驶，并最终可替代人来操作的新一代汽车。随着移动互联网、物联网、大数据等技术与汽车产业深度融合，汽车产品加速向智能化、网联化方向发展，智能网联汽车日益成为未来汽车产业的发展方向和战略制高点。汽车产业作为江西的支柱产业之一，尽管具有一定规模和技术基础，但 2016 年江西汽车整车产量仅为53.58 万辆，占全国比重仅为 1.9%，江铃汽车集团公司和江西昌河汽车有限责任公司在全国汽车工业中的地位也出现下滑。要改变这种局面，必须在提升发展传统汽车和新能源汽车的同时，抓紧时机、集中资源、加大力度，布局发展智能网联汽车，加速推进江西汽车产业创新崛起。

一、智能网联汽车迎来重大发展机遇

（一）智能网联汽车释放出巨大的市场潜力

从国际看，近年来随着车联网和自动驾驶技术的发展，智能汽车催生出巨大的市场空间，美国、德国、日本等发达国家的智能汽车产业进入快速发展阶段。根据前瞻产业研究院发布的《智能汽车行业发展研究与投资前景分析报告》，2015 年全球智能汽车市场规模约为 1900 亿元，其中自主驾驶和安全系统占据优势地位，预计到 2020 年自主驾驶份额将翻 5 倍、安全系统份额将翻 4 倍，市场规模将突破 7000 亿元。从国内看，尽管中国智能网联汽车产业仍处于起步发展阶段，但中国作为全球最大的汽车消

费市场，为智能网联汽车发展提供了广阔空间，特别是随着各项政策、标准的制定和出台，智能网联汽车产业化进程将不断加快。易观智库的数据显示，2015年中国智能驾驶市场规模达到350亿元，预计到2020年将突破1000亿元。

（二）智能网联汽车进入实用化竞争发展阶段

随着政策的推进和技术的发展，汽车智能化已经不再是一个单纯的目标和概念，而是已经落实到了实际应用领域。国外的戴姆勒公司、大陆集团、博世集团等，国内的长安、上汽、广汽、北汽、东风、比亚迪、奇瑞、吉利、长城等，都在着手布局智能汽车发展战略，谷歌、英特尔、乐视、百度、腾讯等互联网企业也纷纷推出汽车智能化技术和产品。目前，国内汽车企业多数已经掌握了远程遥控泊车、自动巡航、自动跟车、车道保持、换道行驶、自主超车等功能。同时，根据国家分类标准，智能网联汽车分为驾驶辅助（DA）、部分自动驾驶（PA）、有条件自动驾驶（CA）、高度自动驾驶（HA）和完全自动驾驶（FA）五个等级。易观智库的数据显示，2015年中国智能驾驶乘用车渗透率达到15%，但大量智能驾驶乘用车处于驾驶辅助（DA）—部分自动驾驶（PA）水平，预计到2020年智能驾驶乘用车渗透率将超过50%，且处于有条件自动驾驶（CA）—高度自动驾驶（HA）水平的智能驾驶汽车占比将大幅提升。

（三）支持智能网联汽车发展的政策密集出台

2015年5月，国务院印发的《中国制造2025》，首次把智能网联汽车提升至与节能汽车、新能源汽车同等重要的战略高度，并提出到2020年掌握智能辅助驾驶总体技术及各项关键技术，初步建立智能网联汽车自主研发体系及生产配套体系。2017年4月，国家工信部、发改委和科技部联合印发的《汽车产业中长期发展规划》提出，要以智能网联汽车为突破口，引领汽车产业转型升级，重点攻克环境感知、智能决策、协同控制等核心关键技术，促进传感器、车载终端、操作系统等研发与产业化应用，分阶段、有步骤地推进智能网联汽车应用示范。2017年6月，国家工信部进一步发布《国家车联网产业标准体系建设指南（智能网联汽车）（2017）》，确立了以汽车为重点和以智能化为主、兼顾网联化的智能网联汽车发展思路，要求根据智能网联汽车技术现状、产业应用需要及未来发展趋势，分阶段建立适应中国国情并与国际接轨的智能网联汽车标准体系。另外，《智能网联汽车产业发展总体推进方案》《智能网联汽车公共道路测试规范》等政策文件也将制定出台。

二、江西具备发展智能网联汽车的基础条件

（一）支撑智能网联汽车发展的汽车工业体系较为健全

纵观江西汽车产业发展，拥有汽车、专用汽车（民用改装车）及零部件生产企业200多家，形成了商用车与乘用车并举、节能汽车与新能源汽车并重、整车与零部件协同的发展格局，为智能网联汽车发展奠定了良好基础。传统汽车方面，以轻型汽车、微型汽车、客车为主，拥有江铃轻型载货车、江铃全顺轻型客车、江铃陆风SUV、昌河北斗星、利亚纳、爱迪尔微轿、昌河微型面包车等10余个知名品牌；节能与新能源汽车方面，形成以南昌为核心，九江、赣州、上饶、萍乡四大片区为重点的五大新能源汽车产业基地，共有101款车型进入了国家节能与新能源汽车推广应用示范工程推荐目录，特别是纯电动汽车的整车控制系统，能实时集成、分析、处理车辆信息，为接入智能网提供了先天优势；汽车零部件方面，以南昌小蓝经济技术开发区、南昌经济技术开发区、抚州高新技术产业开发区为重点，集聚了格特拉克、江铃底盘、五十铃发动机、宝江钢材、李尔内饰等一批优势企业。

（二）支撑智能网联汽车发展的车联网技术快速渗透

车联网是以车内网、车际网和车载移动互联网为基础，在车与车、车与路、车与人之间，进行无线通信和信息交换的大系统网络。目前，在大数据、云计算等技术的支撑下，江西在车联网领域集聚了多家优势企业，在市场占据一定的份额。例如，江西车联投资集团有限公司作为国内车联网行业的领军企业，拥有完整的车联网系统解决方案及全国汽车公共信息

服务平台，正全力打造全国汽车大数据中心，与江铃汽车集团公司等整车企业在车联网业务方面已开展深度合作；航天领域龙头企业中国航天科技集团公司在江西设立的车联网子公司——江西航天运安科技有限公司，将借助航天科技的基于北斗定位 GPS 导航技术和汽车行驶记录仪、车身传感器做感知终端的综合车联网解决方案，实现江西商业车辆的联网联控，并逐步扩展应用到江西的校车、公交、工程路政车辆等特殊车辆管理；世界500 强富士康科技集团与江西企业高创安邦的全资子公司——江西高创保安服务技术有限公司开展合作，成功将移动互联网技术和大数据引入安保领域，率先研发了全球唯一的开放性"车联网"大数据系统平台，并成功在北汽、吉利、江铃等多品牌车型完成全面测试。

（三）本土企业围绕智能网联汽车积极展开布局

江铃改装车公司对现有救护车进行全新设计，利用物联网技术、智能传感技术，自主研发了"四化一体"的救护车，实现结构一体化、电气自动化、系统网络化、信息智能化，同时搭载有江铃改装车公司自主研发的"车辆信息管理系统"，可对车辆进行全方位的智能管理；面对车联网和互联网营销服务的发展趋势，江铃汽车股份有限公司与联通智网科技有限公司、钛马车联网（上海）网络技术有限公司、北京经纬恒润科技有限公司，联合建立了江铃专属的"互联网＋"云平台，打造了整合汽车行业多种业务应用的汽车生态圈，计划分步应用于江铃股份的全系列车型产品，从而促使江铃汽车股份有限公司从汽车生产销售商向新一代出行服务综合运营商升级；作为江铃汽车集团公司中成立时间最短的整车企业，江铃新能源汽车公司在智能网联方面展现出巨大的发展潜力，提出到 2018 年完成包括自适应巡航和自动泊车辅助驾驶功能研发，到 2020 年达到半自动化的研发水平；江西昌河汽车有限责任公司在车联网平台、智能行车系统、车载通信设备等方面加大研发力度，手机智能互联系统在昌河 Q25、北斗星 X5、利亚纳 A6 等车型中得到应用；江西汉腾汽车有限公司全系车型标配车联网设备，先后荣获 2017 年车联网技术创新奖和车联网最具成长性企业奖。

三、江西加快布局发展智能网联汽车的对策建议

（一）推动智能网联汽车关键及共性技术研发

一要集中力量突破智能网联汽车关键技术。发挥江铃汽车集团公司、江西昌河汽车有限责任公司、江西汉腾汽车有限公司等整车企业的主体作用，着力突破机器视觉、激光雷达等环境感知技术，人工智能、操作系统等智能决策技术，智能车载平台、车路协同通信、辅助安全驾驶等融合应用技术，加快传感器、芯片、执行器、智能信息终端等产品的研发生产。

二要大力推动车联网技术研发。以江西车联投资集团有限公司、江西航天运安科技有限公司、江西高创保安服务技术有限公司等企业为依托，加大政策扶持力度，大力推动车联网技术的发展，建设安全、泛在、智能的云网端一体化车联网体系。加速车联网与物联网、云计算、大数据等的融合，积极开展车联网试点、基于5G技术的车联网示范，逐步实现车与路、车与车、车与人、车与城市之间的信息互联互通。

三要加快智能网联汽车技术创新产业化。积极推动手机智能互联系统、高精度定位系统、高精度导航地图、人机交互引擎等技术在智能网联汽车中的应用，支持核心处理器、网络通信芯片、北斗导航芯片、传感器芯片等的工程化和产业化，促进智能网联汽车技术创新产业化，满足智能网联汽车产业化发展需求。

四要加强智能网联汽车技术创新平台建设。整合产业链上下游资源，依托大型企业、高等院校及科研院所，建设一批智能网联汽车仿真实验室、信息安全实验室、综合交通数据中心。支持大型企业、产业园区建设以智能网联汽车为特色的双创平台，建设智能网联汽车前瞻共性技术研发平台、产品技术测试认证平台、数据与信息安全评测平台等功能性服务平台。

（二）明确智能网联汽车产品发展重点

一要优先发展驾驶辅助型智能网联汽车。依托江西汽车和电子信息产业发展优势，选择最有基础、最有条件的驾驶辅助型智能网联汽车作为优

先发展方向，集中优势资源加快布局。重点发展配备自适应巡航控制系统、车道偏离预警系统、驾驶员疲劳预警系统、预测性紧急制动系统等驾驶辅助系统的智能网联汽车。

二要超前布局发展部分自动驾驶和有条件自动驾驶的智能网联汽车。从智能网联汽车发展趋势来看，由于现存技术的局限性以及一些不确定的安全隐患，高度自动驾驶和完全自动驾驶车难以在短时间内推广。当前，应结合国家智能网联汽车技术路线图，超前布局发展部分自动驾驶和有条件自动驾驶的智能网联汽车，同时制定差异化发展策略，明确发展时序和空间布局，推动从驾驶辅助逐渐向部分自动驾驶、有条件自动驾驶方向发展。

三要着力发展智能车载信息服务系统。在现有汽车零部件产品的基础上，拓展发展集车辆导航、通信、移动办公、多媒体娱乐、安防辅助驾驶和远程故障诊断等功能为一体的智能车载信息服务系统，包括全图形化数字仪表、GPS导航、车载多媒体影音娱乐、整车状态显示、无线通信、信息处理、智能辅助驾驶等。

（三）统筹推进智能网联汽车与新能源汽车、智慧交通、信息通信联动发展

一要提升新能源汽车智能网联化水平。瞄准智能化、网络化和电动化发展趋势，以新能源汽车为载体，以南昌、九江、赣州、上饶、萍乡五大新能源汽车产业基地为重点，大力开发新能源汽车智能化平台技术，加强智能网联技术在新能源汽车中的应用，通过行业应用和项目示范的优化提升，推动新能源汽车产业升级。

二要大力发展智慧交通。以南昌、新余、鹰潭、萍乡等11个国家试点智慧城市建设为契机，大力发展与智能网联汽车发展相配套的智慧交通，推广智慧路网、车路协同、便捷停车和智慧管理，建设智慧公路感知网络、智能交通诱导系统、智能巡查系统。构建智能汽车与智慧交通大数据中心，强化对车辆状态、车辆定位、交通流量、危险信息、紧急救援等数据的采集、存储和分析。

三要建设面向智能网联汽车的网络通信系统。以"宽带中国"江西工程实施为抓手，建设面向智能网联汽车的 4.5G/5G 网络通信及位置定位系统，逐步实现车车、车路、人路、路云平台等短距离、远距离通信网络全覆盖，推动人、车、路、云等在规定时间内发送和接收信息，实时进行数据传输和信息交换。

（四）加大智能网联汽车企业引培、示范应用和政策聚焦力度

一要加大智能网联汽车企业引培力度。瞄准国内外智能网联汽车领域的知名企业及互联网企业，围绕传感器、控制芯片、车载通信、操作系统、人机交互等智能网联汽车产业链关键薄弱环节，积极引入国内外优秀创新团队和企业，推动一批"补链""强链"项目落地和建设。支持江铃汽车集团公司、江西昌河汽车有限责任公司、江西汉腾汽车有限公司等本地优势企业并购一批具有核心技术的关键零部件企业、平台软件集成商、应用软件开发商、位置信息服务商和第三方大数据公司，同时引进一批研发及产业化项目落户。

二要加大智能网联汽车示范应用力度。在江铃集团南昌小蓝生产基地、昌河汽车景德镇洪源生产基地、汉腾汽车上饶经济技术开发区生产基地，建设智能网联汽车试点示范区，开展模拟城市道路、高速公路、城镇道路、乡镇道路、高架与立交桥路、桥梁、隧道等开放交通场景的辅助安全驾驶。推进基于特定区域、特定道路的智能网联汽车公共道路测试，并逐步拓展测试范围，丰富测试环境。以公交、市政、出租等为主要推广领域，加快通信互联终端整车装备的应用与智能网联汽车的示范推广。

三要加大智能网联汽车政策聚焦力度。推动省级"中国制造 2025"专项、重点创新产业化升级工程、战略性新兴产业发展专项、重大科技计划专项等现有政策向智能网联汽车聚焦，对重大技术研发、平台建设和示范应用等予以重点支持。研究制定智能网联汽车产业专项扶持政策，积极探索和实施多元化扶持政策，整合资本、服务、市场等资源，加快推进技术创新及产业化。

第四节　无人机产业既要"热"更要"实"

无人机最早被应用于军工领域，近年来随着新一轮军民融合发展浪潮的蓬勃兴起，无人机产业取得突破式发展，特别是民用无人机由于技术难度比较小、进入门槛比较低、造价成本相对低廉，其不断拓展的应用需求正在催生带动一批相关产业的发展。值得注意的是，民用无人机明显不同于航模，与航模相比，民用无人机可通过视频系统超视距飞行，而航模都是依靠肉眼操作，飞行距离不会超过操作者的视线范围。作为策应通航产业发展的重要举措，在国家军民融合发展战略的推动下，从研发到生产，从产业到应用，从军用到民用，江西无人机产业都取得突破式发展。但快速发展的背后存在诸多隐忧和问题，全球无人机行业面临洗牌重组，国内无人机市场呈现"两极分化"，江西无人机产业整体处于起步阶段，产业层次、行业应用和安全监管都有待进一步提升，迫切需要多方共同努力、采取有效措施，推动无人机产业健康快速有序发展。

一、江西无人机产业与市场应用"齐头并进"

（一）具备良好的无人机研发及生产制造基础

江西是新中国第一架飞机的诞生地，也是中国航空工业的摇篮，同时还是全国唯一拥有固定翼飞机和旋翼机研制生产能力的省份。经过60多年的发展，江西已经成为中国重要的通航产业研发和生产基地，涉及航空制造及配套、航空运营与服务、航空培训和教育等通航产业链的各个方面，其中航空制造实力位居全国前四，为无人机产业的快速发展和技术攻关奠定了良好的基础。特别是2005年3月，江西洪都航空工业集团公司设计制造的无人驾驶飞机首飞成功，标志着江西实现从有人机生产向无人机生产的迈进。

（二）无人机企业逐步从军用向民用领域渗透

历经十余年的发展，江西军用和民用无人机产业链逐步完善，无论是本土企业，还是外来资本，纷纷进驻江西无人机市场。江西无人机企业不仅在军用领域大显身手，在民用领域也取得显著成绩。军用领域方面，由江西洪都航空工业集团公司与中航工业沈阳飞机设计研究所联合研制的"利剑"无人攻击机 2013 年成功首飞，昌河飞机工业（集团）有限责任公司研发的 SW6 无人机可实现武装直升机翼下挂载，602 所研制的 U8 无人直升机将进入产业化阶段。民用领域方面，涌现出南昌白龙马航空科技有限公司、南昌华梦达航空科技发展有限公司、江西新和莱特科技协同创新有限公司、江西海空行直升机科技有限公司、中航天信（南昌）航空科技有限公司、北京通用航空江西直升机有限公司等一批骨干企业。

表 2 - 2　江西主要无人机生产及服务供应企业

企业类型	企业名称	所处区域	产品范围
军用无人机生产企业	江西洪都航空工业集团公司	南昌高新技术产业开发区	"利剑"无人攻击机
	中国直升机设计研究所（602 所）	景德镇高新技术产业开发区	U8 无人直升机
	昌河飞机工业（集团）有限责任公司	景德镇高新技术产业开发区	SW6 无人机
民用无人机生产企业	南昌白龙马航空科技有限公司	南昌小蓝经济技术开发区	工业无人机
	南昌华梦达航空科技发展有限公司	南昌高新技术产业开发区	农业植保无人机
	江西新和莱特科技协同创新有限公司	南昌高新技术产业开发区	农业植保无人机
	江西海空行直升机科技有限公司	南昌高新技术产业开发区	农业植保无人机
	中航天信（南昌）航空科技有限公司	南昌高新技术产业开发区	农业植保无人机

续表

企业类型	企业名称	所处区域	产品范围
民用无人机生产企业	江西翼云汇疆科技有限公司	南昌昌北经济开发区	警用安防无人机
	北京通用航空江西直升机有限公司	景德镇高新技术产业开发区	专业级无人直升机
	江西九江飞翔航空科技有限公司	九江经济技术开发区	农业植保无人机
	江西天鹰兄弟航空科技有限公司	吉安青原区	农业植保无人机
	江西黑蜻蜓无人机科技有限公司	高安工业园区	农业植保无人机
	江西兴航智控航空工业有限公司	余江工业园区	农业植保无人机
	江西中航金泰航空工业有限公司	余江工业园区	农业植保无人机
	江西顶翔智控科技有限公司	丰城高新园区	工业智能无人飞行器
无人机相关服务企业	江西亿发姆农业发展有限公司	南昌东湖区	无人机植保服务
	江西大雁科技有限公司	南昌红谷滩新区	无人机航摄服务
	江西旭飞科技有限公司	赣州章贡区	无人机航摄服务
	江西杰安农业科技发展有限公司	抚州临川区	无人机植保服务
	江西嗨森无人机智能科技有限公司	南昌青山湖区	无人机航模产品技术服务
	江西汉农科技有限公司	南昌高新技术产业开发区	无人机植保服务及驾驶培训
	江西昌久世纪病虫害飞机防控有限公司	九江庐山区	农作物病虫害飞机防控
	江西空联航教育咨询服务有限公司	南昌青山湖区	无人机岗前培训
	江西金头盔航空科技有限公司	南昌青山湖区	无人机驾驶培训

（三）"江西造"无人机已经进入商业化进程

伴随民用无人机产业链的不断完善，"江西造"的无人机产品逐步推向市场，受到了国内外客户的青睐。例如，江西海空行直升机科技有限公司在2014年就已获得国内航空植保公司订单5架、意向订单15架，率先叩开中型无人机市场之门；南昌白龙马航空科技有限公司研制的固定翼无人机最远可以飞行1500公里，先后获得美国12架订单合同，出口创汇达120万美金；南昌华梦达航空科技发展有限公司2016年底仅与珀尔农作物工程公司就签订了280架多旋翼植保无人订单合同；北京通用航空江西直升机有限公司研制的"小青龙"500公斤级无人直升机，为国内最大吨位的民用无人机；中航天信（南昌）航空科技有限公司自主研发的电动四旋翼和电动六旋翼农业植保无人机，已在省内外多个地区投入试点。

（四）植保无人机市场呈现快速发展态势

自2014年以来，江西无人机市场逐渐升温，无人机特别是植保无人机数量呈现快速增长。根据省农业厅的初步统计，江西植保无人机保有量从2014年的62架发展到2015年的135架，而2016年，江西植保无人机保有量达到523架。江西作为农业大省，随着植保无人机的大力推广以及土地流转规模的不断扩大，对植保无人机的需求潜力也将持续释放。"十三五"时期，江西基本农田面积不低于3693万亩，而植保无人机可覆盖约20%的农田，即可覆盖约740万亩的农田。按照每2000亩农田需要1架无人机，江西植保无人机潜在需求量约为3700架。

（五）无人机行业配套政策走在全国前列

行业标准方面，为加强对植保无人机的管理，保障其作业水平，2017年3月，江西在全国率先发布并实施农业植保无人机地方标准。行业管理方面，江西成立了全国首个无人机飞防植保协会、省级无人机产业技术创新战略联盟，九江、吉安、抚州等地区成立了多家专门提供无人机植保服务的农业专业合作社，实现无人机企业、农药生产企业、农资经销商和农户之间的抱团发展。政策扶持方面，2016年11月，江西首次将购置植保无人机纳入补贴范围，对新型经农业营主体所购买设备资金的50%予以补助，单个经营主体本项目最高补贴可达 20 万元。服务配套方面，南昌航空大学无人机培训基地、南昌华梦达无人机培训学院成为经中国 AOPA（中国航空器拥有者及驾驶员协会）审定合格并颁证的培训机构。

二、江西无人机产业大热的背后隐忧重重

（一）从全球看，无人机行业面临洗牌重组，转型升级步伐亟须加快

近年来，全球无人机产业发展迅猛，特别是民用无人机市场呈现爆发式增长，大量资本涌入民用无人机行业。根据 EVTank、中投顾问等机构发布的数据，2013～2015 年，全球民用无人机的市场销量分别为 15 万架、38 万架和 57 万架，企业融资次数分别为 15 次、35 次和 74 次，融资额分别为 0.6 亿美元、1.1 亿美元和 4.5 亿美元。在资本的过度追捧下，导致全球无人机产品良莠不齐，市场陷入无序竞争，整个行业在初创期就出现大量泡沫。随着初创期的泡沫渐褪后，资本逐渐回归理性，全球无人机产业出现"降温"和洗牌重组。2016 年，全球无人机企业共融资 36 次，同

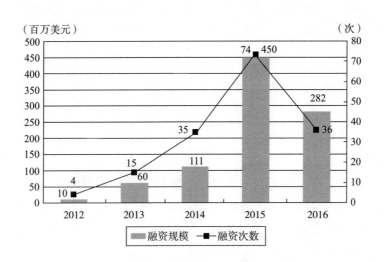

图 2-7　2012～2016 年全球无人机企业融资次数及融资额

资料来源：前瞻产业研究院发布的《2017～2022 年中国无人机行业市场需求预测及投资战略规划分析报告》。

比减少51.4%，融资额仅为2.82亿美元，同比减少37.3%。全球知名无人机制造商Yuneec、GoPro、Parrot、Autel纷纷裁员，Zano、Lily Robotics等企业先后破产。在资本遇冷、竞争加剧的大环境下，不少无人机企业正加速转型升级步伐，深挖农业、电力、运输、气象等行业细分市场，推动应用领域由消费级（航拍、影视、娱乐、广告等）向专业级（农林植保、电力巡线、安防等）拓展，未来发展机遇和前景依然广阔。

（二）从国内看，无人机市场呈现"两极分化"，安全监管难题并存

目前，中国已经成为全球最大的无人机生产基地，从事无人机研发、生产和销售的企业达1200多家，全球70%的民用无人机企业来自中国。互联网数据中心（IDC）数据显示，2014～2016年，全国无人机销量分别为2万架、10万架和39万架，企业融资次数分别为4次、24次和14次，融资额分别为2.06亿元、17.1亿元和8.5亿元。迈入2017年，之前火热的无人机市场出现"两极分化"情况，一方面消费级无人机市场遇冷，零

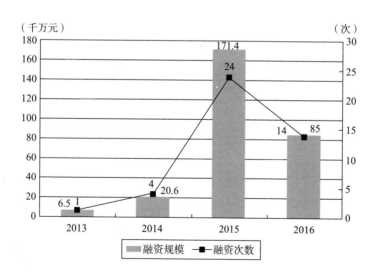

图2-8　2013～2016年全国无人机企业融资次数及融资额

资料来源：前瞻产业研究院发布的《2017～2022年中国无人机行业市场需求预测及投资战略规划分析报告》。

度智控（北京）智能科技有限公司、广州亿航智能技术有限公司大幅裁员，深圳雷柏科技股份有限公司业务明显收缩，西安斯凯智能科技有限公司破产倒闭；另一方面行业应用无人机市场形势大好，农业植保、森林防火、河道巡查、输电线路巡检等领域开始大规模采用无人机。另外，国内民用无人机产业技术门槛低，其安全性、可靠性难以保证，尽管无人机监管举措正在抓紧制定，但无人机"黑飞"事件仍时有发生，从市场准入、行业标准，到适航证认证、飞行资质认证，再到飞行管制，都尚待规范和完善。

（三）从江西看，无人机产业处于起步发展阶段，整体层次有待于进一步提升

江西虽为全国重要的航空产业研发和生产基地，具备发展无人机产业的良好条件，但无人机产业仍处于起步发展阶段，整体层次有待于进一步提升。一是尚无一家成规模、在全国有影响的无人机制造企业。目前，江西涉足无人机的企业和创业者不少，但均没有形成批量生产规模。江西洪都航空工业集团公司、中国直升机设计研究所（602 所）、昌河飞机工业（集团）有限责任公司的制造能力较强，但主要生产军用无人机，量产规模不大。二是绝大多数企业以组装生产为主，缺乏自主核心技术，无人机产品同质化严重，亟须提升制造水准。南昌白龙马航空科技有限公司为江西唯一一家具有整机生产制造能力的民用无人机企业。三是无人机的市场应用明显不足。从全省范围看，无人机在农业植保、森林防火、防汛抗洪、地质测绘、电力巡线等领域得到不同程度应用，但专业操作和服务人员数量不足，大面积推广面临较大困难，且无人机还是以租赁为主。四是无人机监管不到位。江西尚无明确的单位对无人机进行监管，也无明文规定要持证才能操作无人机，加之培训费用在万元以上，江西暂无人员取得无人机飞行驾照，基本是自学成才的"黑飞户"。

三、江西推动无人机产业健康快速有序发展的对策建议

（一）以"军民深度融合"为路径，推动军用与民用无人机产业互促发展

一要大力发展军用无人机。瞄准高空、高速、长航时、隐身化的发展

方向，发挥江西在军机领域的研发制造优势，大力发展无人侦察机、无人攻击机，积极研制小型可挂载无人机。重点以江西洪都航空工业集团公司为龙头，深化与中航工业沈阳飞机设计研究所的技术合作，扩大"利剑"无人攻击机生产规模；依托中国直升机设计研究所（602 所）和昌河飞机工业（集团）有限责任公司的技术优势，加大 U8 无人直升机、SW6 无人机研发力度，加快推进产业化进程。

二要提升发展民用无人机。以低空空域开放为契机，整合航空、电子信息、机械制造等方面的优势，面向民用领域，大力开发固定翼、旋翼、柔翼无人机，发展微型无人机、智能无人机和高端航模等系列产品。着力扶持壮大南昌白龙马航空科技有限公司、南昌华梦达航空科技发展有限公司、江西新和莱特科技协同创新有限公司、江西海空行直升机科技有限公司、中航天信（南昌）航空科技有限公司、北京通用航空江西直升机有限公司等骨干企业，积极推进民用无人机产业化，进一步做大产业规模，尽快培育形成新的经济增长点。

三要推动军用和民用无人机对接发展。引导洪都集团、602 所、昌飞公司等企业按照"以军为主、军民结合"的方针，拓展生产各种不同的民用无人机。支持南昌白龙马航空科技有限公司、南昌华梦达航空科技发展有限公司、江西新和莱特科技协同创新有限公司、江西海空行直升机科技有限公司、中航天信（南昌）航空科技有限公司等民营企业参与军用无人机的研制生产，积极发展军民两用无人机，引导本地传统制造企业利用现有机械加工能力和相应基础条件，进入军用无人机配套领域。

（二）以"三中心一基地"建设为依托，促进无人机研发及快速产业化

一是建设无人机研发中心。密切跟踪无人机产业技术发展趋势，围绕市场发展需求，推动北航江西通航研究院、南昌航空大学等科研院所、高校与本地无人机生产企业开展产学研合作，共同组建无人机研发中心，重点突破无人机设计测试、总装集成、动力系统、飞行控制系统、通信及导航系统等关键核心技术。

二是建设无人机检测认证中心。依托南昌、景德镇、九江的大型航空央企的技术资源，搭建无人机测试检测平台，保障提升无人机产品质量可靠性。积极开展无人机适航取证技术研究，参与国内适航规章和相关标准规范的制定，借助和引入第三方社会力量，进行无人机的认证审定工作，规范无人机应用服务。

三是建设无人机人才培训中心。在南昌航空大学无人机培训基地、南昌华梦达无人机培训学院的基础上，加强与国内外知名民航大学、无人机企业的对接，合作建立无人机飞行员培训机构，培养专业飞行人才。支持南昌航空大学、江西航空职业技术学院、江西工程学院创新培养模式，开展无人机应用技术培训，培养无人机专业技术人才。

四是建设无人机产业基地。以南昌高新技术产业开发区、南昌小蓝经济技术开发区、景德镇高新技术产业开发区为重点，推动无人机研发制造企业、零部件及航材供应商、精密制造装备及技术提供商等企业入驻，促进产业集聚发展，构建无人机研发、设计、测试、总装集成全产业链。在鄱阳无人直升机试飞基地的基础上，加快无人直升机试验试飞、维修保障、客服培训与托管、国际合作等项目建设，积极发展配套服务产业。

（三）以"无人机+"战略为抓手，多层次开发无人机应用市场

一是推进"无人机+农业植保"。着眼于江西精准农业、智慧农业建设，选择农机大户、专业合作社、家庭农场、专业植保公司等，加大植保无人机的推广应用，进一步扩大植保无人机的作业面积。支持本地无人机企业创新经营模式，通过低成本租用、设备融资租赁等方式，满足农民"买得起、用得起"的植保需求。

二是推进"无人机+森林防火"。针对江西森林覆盖率高、林区面积大、防火任务重的实际情况，以森林防火日常巡查、森林火灾火情监控为主，将无人机技术综合应用于森林资源管理，全面加强森林防火工作，严防发生重特大森林火灾，全力维护森林资源安全。

三是推进"无人机+遥感测绘"。针对南方地区航空影像获取困难的问题，结合江西空间信息产业发展优势，大力促进无人机在鄱阳湖监测、

江河水系监测、主城区面积变化监测、灾害应急侦察、电力和道路巡线等方面的应用，提升地理信息获取及遥感监控水平。

四是推进"无人机+旅游警务"。在庐山、三清山、龙虎山、井冈山、武功山、三百山等地形地貌复杂的景区中，大力推进无人机在旅游安保、野外搜救中的应用，构建"空地一体、人机联动"的巡防格局，树立"智慧警察"新形象，助力江西旅游新发展。

（四）以"政策、资金、人才"为保障，营造良好的无人机产业发展环境

一要加强对无人机产业的政策引导。统筹规划江西无人机产业发展，支持无人机新产品研发及产业化、标准制修订、商业模式创新和试点示范等项目，落实研发费用加计扣除、新产品奖励、首台套补贴等优惠政策。加强对无人机的监管，严格执行无人机实名登记、飞行申报、频率使用、空域管理等国家有关规定，明确无人机的分类标准与监管部门，规范无人机的使用环境。

二要加大对无人机产业的资金扶持。统筹运用省级工业产业发展专项资金、省发展升级引导基金、工业创业投资引导基金、"中国制造2025"专项基金，促进无人机产业快速发展。采取风险投资、股权投资、银行融资等方式，拓宽无人机企业融资渠道，同时警惕行业热钱过度涌入，引导无人机产业良性健康发展。

三要加大对无人机企业和人才的引进力度。瞄准深圳大疆创新科技有限公司、零度智控（北京）智能科技有限公司、美国3D Robotics公司、法国Parrot公司等国内外知名无人机企业，大力引进无人机整机及关键零部件生产、系统集成和检测企业落户江西。支持无人机企业通过技术管理团队引进、行业领军人才引进、项目合作开发引进等方式，吸引和招聘海内外高端人才。

第五节　以集成电路产业带动电子信息产业提档升级

集成电路是电子信息产业的基础和核心，今年省政府工作报告明确提出，要加快培育集成电路等重点产业。自2014年以来，国家出台集成电路产业发展推进纲要，各地相继出台集成电路产业配套措施，特别是国家集成电路产业投资基金的设立以及地方投资基金的跟进，集成电路产业迎来重大政策利好。电子信息产业已经成为江西最具发展潜力的特色优势产业，面对电子信息产品更新换代快、产业转型升级要求高的挑战，江西必须抢抓国家支持集成电路产业发展的政策机遇，促进集成电路产业快速做大做强，助力电子信息产业提档升级。

一、集成电路产业对江西电子信息产业的瓶颈制约明显

（一）整体尚在孕育过程中，制造产能严重不足

近年来，江西电子信息产业呈现规模快速扩张、结构不断优化的发展态势，特别是半导体照明、通信终端、数字视听产业强势发展，对集成电

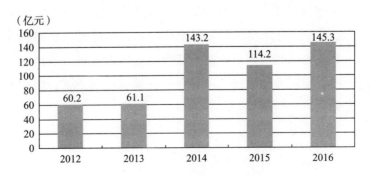

图2-9　2012~2016年江西集成电路进口额

路的需求日益增长。但是，由于起步晚、起点低、扶持小，江西集成电路产业发展滞后，产量十分有限，特别是与江苏、上海、广东、甘肃、北京、浙江等集成电路产量大省存在很大差距，支撑江西电子信息产业的集成电路基本依赖进口。2016 年，江西集成电路进口数量达 25.65 亿块，同比增长 20.8%，进口金额为 145.3 亿元，同比增长 27.3%，集成电路首次成为继机电产品、高新技术产品之后的第三大进口商品。

（二）各环节企业数量少，难以支撑集成电路产业发展

近年来，通过招商引资和产业链延伸等方式，江西集成电路产业从无到有，逐步引进培育了集成电路设计、芯片制造、封装测试等企业。目前，江西真正涉及集成电路的企业主要有 10 家，其中，芯片设计企业 1 家、芯片制造企业 6 家、封装测试企业 3 家，分布在南昌、赣州、吉安等地。总的来看，江西既缺乏可以高效整合产业链各环节的领导型龙头企业，还没有一家经国家认定的集成电路企业，又缺少与之配套的"专、精、特、新"型中小企业，芯片与整机联动机制尚未形成，专用设备、仪器和关键材料等产业链配套环节比较薄弱，对集成电路产业发展的支撑明显不足。

表 2－3 江西主要集成电路企业及分布

企业名称	涉及领域	所在区域
江西英瑞尔微电子有限公司	芯片设计	南昌高新技术产业开发区
江西联智集成电路有限公司	芯片制造	南昌高新技术产业开发区
南昌海平微系统有限公司	芯片制造	南昌高新技术产业开发区
瑞能半导体有限公司	芯片制造	南昌小蓝经济技术开发区
江西德瑞光电技术有限责任公司	芯片制造	南昌小蓝经济技术开发区
北京思比科微电子技术股份有限公司	芯片制造	南昌小蓝经济技术开发区
睿宁高技术材料（赣州）有限公司	芯片制造	赣州经济技术开发区
江西芯诚微电子有限公司	封装测试	南昌临空经济区
江西创成微电子有限公司	封装测试	井冈山经济技术开发区
江西芯创光电有限公司	封装测试	井冈山经济技术开发区

（三）高端专业人才短缺，本土孕育成长的企业少

目前，国家分别支持了 9 所高校建设示范性微电子学院、17 所高校筹建示范性微电子学院，而江西没有一家高校入选支持名单，也没有一家高校开设集成电路专业。由于缺乏科研院所和高端人才支撑，江西在通用集成电路和高端专用电路上仍有很多技术空白，且江西集成电路企业基本为中外合资设立或者省外引进，本土孕育成长的集成电路企业少。例如，江西英瑞尔微电子有限公司为武汉英瑞尔公司联合境内外多家企业共同筹建，江西联智集成电路有限公司为联创电子与韩国美法思合资成立，睿宁高技术材料（赣州）有限公司由宝美国际投资设立，江西芯诚微电子有限公司为美国硅谷集成电路设计带头人肖国庆博士团队创立。

表 2-4　国家支持建设的示范性微电子学院

支持范围	高校名称
建设示范性微电子学院（9 所）	北京大学、清华大学、中国科学院大学、复旦大学、上海交通大学、东南大学、浙江大学、电子科技大学、西安电子科技大学
筹建示范性微电子学院（17 所）	北京航空航天大学、北京理工大学、北京工业大学、天津大学、大连理工大学、同济大学、南京大学、中国科学技术大学、合肥工业大学、福州大学、山东大学、华中科技大学、国防科学技术大学、中山大学、华南理工大学、西安交通大学、西北工业大学

（四）产业专项基金规模小，支持强度和持续度亟须提升

从国家层面看，截止到 2016 年底，国家集成电路产业投资基金累计项目承诺投资额 818 亿元，实际出资超过 560 亿元，项目覆盖集成电路产业各环节。从地方层面看，先后有 15 个省市设立了规模不等的集成电路产业投资基金，总计规模超过 3000 亿元，且大部分采取省、市、县三级联动的产业基金体系。其中，上海基金规模为 500 亿元，北京、湖北、陕西为 300 亿元，深圳为 200 亿元，辽宁、合肥为 100 亿元，湖南为 50 亿元。就江西而言，对集成电路产业的扶持以省级"中国制造 2025"专项资金为主，省级、市级层面尚未设立专门的集成电路产业投资基金，仅南

昌成立了江西首家 30 亿元的集成电路产业基金。

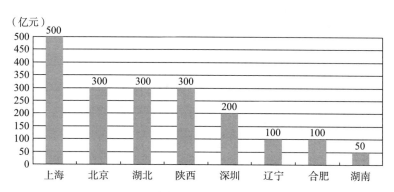

图 2-10　兄弟省市集成电路产业投资基金规模

二、未来五年中国集成电路产业处于发展机遇期

（一）全球集成电路产业重心持续向中国转移

近年来，在国家集成电路产业发展推进纲要、集成电路产业投资基金等的支持下，在移动智能终端、平板电脑、消费类电子、汽车电子产品等

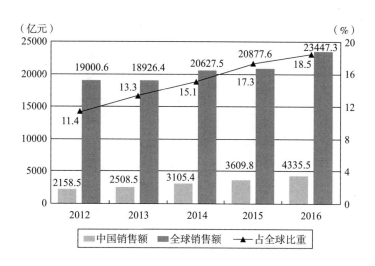

图 2-11　中国集成电路销售额及其占全球比重

市场需求的推动下，英特尔、三星、台积电、SK 海力士、高通、美光、联电等知名厂商纷纷在中国布局，全球集成电路产业重心持续向中国转移。根据中国半导体行业协会统计，2012~2016 年，全国集成电路销售额从 2158.5 亿元增加到 4335.5 亿元，占全球比重由 11.4% 提高到 18.5%。除环渤海、长三角和珠三角三大传统集成电路产业集聚区外，中西部省市纷纷将集成电路产业作为"十三五"期间重点发展产业，为国内集成电路产业发展注入了新的动力。

（二）IC 设计业与芯片制造业所占比重快速上升

随着 IC 设计、芯片制造和封装测试的发展，国内集成电路产业的内部结构也逐渐发生变化，其趋势是 IC 设计和芯片制造业所占比重快速上升，封装测试业所占比重则逐步下降。全球 IC 设计、芯片制造和封装测试业销售额比例约为 30%:50%:20%。2015 年，全国 IC 设计业销售额占集成电路产业比重为 36.7%，芯片制造业所占比重为 25.0%，封装测试业所占比重为 38.3%，封装测试业仍是集成电路产业的主要部分。2016 年，全国 IC 设计、芯片制造和封装测试业销售额占比分别为 37.9%、26.0% 和 36.1%，IC 设计业首次超过封装测试业，位列第 1。

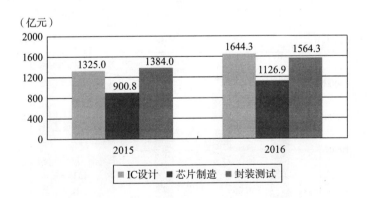

图 2-12　2015~2016 年中国集成电路产业各环节规模

（三）芯片主要依赖进口的局面短期难以改变

作为全球最大的手机、平板电脑、电视、PC 生产基地，中国也是全球最大、增长最快的集成电路市场，但集成电路产量占全球比重仅为7%，市场需求却接近全球1/3。2016年，中国集成电路进口量为3424.5亿块，进口额高达2270.3亿美元，连续4年进口额超过2000亿美元，与原油并列为最大进口产品。特别是高端芯片自给率不足10%，高额利润被海外巨头继续垄断，国内存在着巨大的进口替代需求，市场空间很大。

三、以集成电路产业带动江西电子信息产业提档升级的对策建议

（一）加大省级统筹力度，引导集成电路产业快速发展

一要尽快制定江西集成电路产业发展规划。目前，上海、江苏、山东、湖北、湖南、安徽、四川等省份均出台了集成电路产业发展规划或实施意见。为抢抓国家支持集成电路产业发展的政策机遇，江西应尽快制定江西集成电路产业发展规划，明确集成电路产业发展目标、发展方向和主要举措，科学引导江西集成电路产业发展。二要单独设立省集成电路产业投资基金。采取省、市、县三级联动的模式，发挥省级"中国制造2025"专项资金的引导作用，整合市、县两级相关专项资金，并通过与社会资本、金融资本的充分结合，设立省集成电路产业投资基金，重点用于支持重大技术创新与产业化、产业园区和公共服务平台建设。三要从省级层面建立领导机制和工作机制。成立江西省集成电路产业发展工作领导小组，建立由江西省工信委牵头，省直相关部门、南昌市、赣州市、吉安市等参加的省推进集成电路产业发展联席会议制度，统筹推进集成电路产业发展。

（二）推动上下游联动发展，打造集成电路大产业链

一要大力发展集成电路设计。以南昌高新技术产业开发区为重点，面向物联网、云计算、智能装备、智能交通、消费电子等重点应用领域，加快推进英瑞尔集成电路项目建设，大力开发量大面广的集成电路产品。二要突破特色集成电路制造。以南昌高新技术产业开发区、南昌小蓝经济技术开发区、赣州经济技术开发区等为重点，以特色晶圆制造为切入点，大力发展无线电充电芯片、通信用激光芯片、射频滤波芯片、半导体芯片电

子新材料，推动具有国际先进水平的集成电路生产线建设，不断增强芯片制造综合能力。三要提升封装测试发展水平。以南昌临空经济区为依托，充分发挥江西硅衬底 LED 的技术与产业优势，打造中国最大的 LED 驱动产业化基地，助推"南昌光谷"建设。发挥井冈山经济技术开发区电子信息产业集聚优势，积极引进和建设针对各领域芯片产品的封装、测试生产线，完善产业链条，提高封装测试技术、能力和水平。四要增强集成电路产业配套能力。充分利用铜、陶瓷、有机硅等领域的基础条件，重点发展铜箔、覆铜板、电子陶瓷基片、硅晶体、碳化硅材料及其深加工等，大力发展集成电路制造用高密度封装基板、引线框架等，打造国内重要的集成电路材料生产加工基地。

（三）外引内联与本地化改造并举，培育集聚龙头骨干企业

一要加大集成电路产业外引内联力度。瞄准美国、韩国、日本、中国台湾等重点区域，推进台积电、SK 海力士、高通、美光、联电等知名企业在江西落户，通过龙头企业的入驻快速扩大产业规模。大力推进与北京、上海、深圳、南京、厦门等地的合作，探索"产业飞地""异地共建"等发展模式，共建集成电路产业园区。二要推动本地企业向集成电路领域拓展。以国际集成电路产业战略性调整和重组为契机，以资本为纽带，支持江西上规模、有实力的企业通过收购、参股、控股等方式，参与国内外集成电路企业兼并重组。引导红板（江西）有限公司、合力泰科技股份有限公司等企业拓展产业领域，大力开发半导体芯片产品，集中突破集成电路关键技术和材料，加快本地产业化进程。

（四）全力推进平台建设，精心打造发展载体

一要打造集成电路产业孵化园。以南昌、赣州、吉安为重点，采取"园中园"的方式，通过"孵小、扶强、引外"，打造 LED 恒流电源驱动芯片、汽车电子芯片、智能终端芯片等特色集成电路产业孵化园。着力提升集成电路产业孵化园的专业化服务水平，不断增强对集成电路设计、制造、封装测试核心企业的孵化能力。二要构建集成电路产业创新平台。依托信息产业电子第十一设计研究院江西分院、南昌大学、华东交通大学、

江西理工大学等科研院所和高校，推进省级集成电路设计中心建设，促进芯片自主研发和产业化。引导企业建立国家级和省级集成电路重点实验室、工程研究中心、企业技术中心，积极参与"核高基"等国家重大科技专项，开展集成电路重大关键技术研发。三要建设微电子人才培养基地。支持南昌大学、华东交通大学、江西理工大学等院校设立微电子学科，联合江西优势企业申报成立国家示范性微电子学院，采取多种形式培养集成电路领域专业人才。主动对接国家支持建设或筹建的 26 所示范性微电子学院，联合建立微电子领域人才培养和实训基地，重点开展集成电路制造、封测领域的人才培养。将集成电路产业高端人才引进列为江西紧缺人才需求目录，单列指标，加大引进及服务力度。

第六节　把汽车零部件再制造培育成为
汽车产业新的增长点

作为再制造产业的重点领域，汽车零部件再制造大有可为，但是受政策、市场等因素制约，一直处于"雷声大雨点小"的状态。汽车及零部件产业在江西制造业中的地位举足轻重，面对报废汽车回收政策即将作出重大调整，汽车拆解及零部件再制造迎来新的发展"风口"，迫切需要在新的政策环境下重新审视和谋划汽车零部件再制造产业，努力将其培育成为江西汽车产业新的增长点。

一、对当前汽车零部件再制造发展形势的再审视

（一）汽车产业从产品竞争转向后市场竞争，零部件再制造日益成为关注焦点

随着全球汽车产销增长放缓，汽车产业由"增量时代"进入"存量时

代"，以零部件再制造为代表的汽车后市场迎来新一轮资本角逐。一是发达国家非常重视废旧汽车回收再利用。美、日、德等国家分别制定并实施相应的政策法规，推动废旧汽车回收拆解与再利用，形成较为健全的废旧汽车回收处理体系，汽车零部件回收利用率均达到90%以上。二是国际著名汽车企业纷纷开展零部件再制造。福特、通用、大众等全球知名汽车制造商都拥有自己的发动机再制造厂，再制造发动机占企业维修配件市场的85%以上。三是汽车零部件再制造已经发展成为新型节能环保产业。与传统废金属回收利用方式相比，汽车零部件再制造能够回收报废产品所蕴含附加值的70%左右。与原始制造相比，汽车零部件再制造可节约能源消耗80%，节约材料70%以上，降低制造成本30%~50%。

（二）报废汽车回收管理办法修订进入最后阶段，汽车拆解千亿市场即将开启

现行管理办法下，报废汽车拆解回收行业准入严格，拆解的"五大总成"只能作为废金属强制回炉冶炼，造成报废汽车正规回收率低，大量流入"黑市"，行业发展缓慢。为适应行业发展需要，国务院启动了报废汽车回收管理办法的修订，目前修订工作全面完成，即将提请全国人大常委会审议，其中重要修订内容包括：一是对报废汽车回收企业实行资格认定制度，不再实行特种行业管理；二是允许拆解回用件进入市场流通，鼓励拆解企业将"五大总成"交给有资质的再制造企业进行再制造；三是废除报废机动车的收购价格参照废旧金属价格计价的规定，改为市场主体自主协商定价。随着政策的松绑和行业的放开，预计2020年报废汽车拆解量将达到1200万~1700万辆，汽车拆解市场规模有望超过1000亿元。

（三）国家层面持续深化细化试点政策，汽车零部件再制造将迎来规模化推广

国家先后出台系列政策措施支持开展汽车零部件再制造试点并取得良好效果，汽车零部件再制造将由试点式发展向规模化推广迈进。一是国家发改委启动的汽车零部件再制造试点工作，先后批复两批汽车零部件再制造试点单位，包括42家企业和3个再制造基地。二是国家工信部开展的

机电产品再制造试点工作，先后批复两批机电产品再制造试点单位，包括86家企业和5个再制造基地，涉及多家整车生产及汽车零部件企业。三是国家发改委等五部委启动的再制造产品"以旧换再"试点工作，选择汽车零部件等再制造产品，通过"以旧换再"的方式开展补贴推广试点。四是国家发改委发布的《战略性新兴产业重点产品和服务指导目录》，将报废汽车拆解和再生利用、汽车零部件再制造列入重点发展对象。

二、对江西汽车零部件再制造发展现状的再审视

（一）现实基础

江西具备发展汽车零部件再制造的良好基础和条件。一是汽车及零部件产业在全国有优势。江西已建立从研发设计到整车生产、零部件配套的完整产业链，2017年整车产量突破60万辆，拥有规上零部件企业270余家，涵盖整车关键系统和零部件，为发展零部件再制造提供了重要支撑。二是报废汽车回收拆解在行业有影响。江西批准设立20余家报废汽车回收拆解企业，2017年共回收拆解报废汽车25570辆，其中江西格林美资源循环有限公司的报废汽车拆解量位居江西第一、电子废弃物处理量位居全国第一。三是零部件再制造在技术上有突破。作为全国第二批再制造试点企业，江铃汽车集团公司突破发动机再制造技术，严格按照新机标准进行装配、检测和型式试验，并顺利通过国家验收。四是再制造产品在市场上有销路。江铃汽车集团公司再制造的发动机销售价格仅为新机的60%～70%，通过江铃汽车销售总公司的600余家维修网点，快速、低成本进入全国维修市场实现销售。

（二）存在的主要问题

虽然江西汽车零部件再制造发展取得一定进展，但总体还处于初级阶段。一是再制造企业数量少，产业形态尚未形成。目前，江西仅江铃集团开展汽车零部件再制造，且再制造产品种类少，仅涉及发动机再制造，尚未形成真正意义上的产业形态。二是报废汽车正规回收率低，拆解企业普遍"吃不饱"。由于回收价格低，江西每年进入正规回收渠道的报废

车占比只有30%左右，大量报废汽车流向地下市场，正规企业拆解设备经常处于闲置状态，这也是全国普遍存在的问题。三是再制造技术基础薄弱，关键核心技术缺失。除江铃汽车集团公司外，江西开展汽车零部件再制造技术研发的机构非常少，尚无一家企业入选国家机电产品再制造试点，高层次、高技能再制造人才明显短缺。四是产品检测困难，质量难以评估。由于缺乏科学和可操作的评估标准，加之废旧零部件的剩余寿命存在较大差异，导致再制造产品的质量检测和使用寿命评估困难。五是社会认可度亟待提升，政策扶持仍需加强。公众往往会把"再制造"等同于"翻新"，真正流通到消费者手中的再制造零部件十分有限。同时，省级层面奖补力度也不够，企业发展零部件再制造的积极性不高。

三、对江西汽车零部件再制造发展思路的再谋划

（一）以龙头骨干企业引培为关键，尽快形成批量化再制造能力和产业规模

一要培育一批关键零部件再制造企业。以江铃汽车集团公司、江西昌河汽车有限责任公司等为依托，重点发展发动机、底盘、变速箱等关键零部件再制造，推动有条件的维修服务企业改造升级为零部件再制造企业，争取更多的企业列入国家汽车零部件及机电产品再制造试点。二要引进一批关键零部件再制造企业。以南昌为重点，采取股权招商、价值链招商等方式，大力引进一批国内外同行业领先的关键零部件再制造企业，加快形成产业集聚效应，力争将南昌打造成为国家再制造产业示范基地。三要发展一批再制造专业技术服务企业。引导钢铁、冶金、机械等行业企业向清洗、喷涂、镀覆、堆焊等专业技术服务企业转型，支持零部件再制造企业提供表面修复、激光修复等再制造服务。

（二）以逆向物流体系建设为重点，着力提高废旧汽车回收利用率

一要推动再制造企业建立逆向物流体系。引导江铃汽车集团公司、江西昌河汽车有限责任公司等依托自有销售及售后服务网络，加强与专业回

收及物流企业的合作，构建与零部件再制造产业相匹配的废旧汽车回收体系。二要提高报废汽车集中拆解及规模化水平。以报废汽车回收拆解行业升级改造为契机，根据汽车保有量、汽车报废量等情况，对江西报废汽车回收拆解企业的数量及其分布进行统筹规划、合理布局。全面整顿报废汽车回收拆解企业，坚决杜绝报废汽车及其"五大总成"流向地下市场。三要推进"互联网＋废旧汽车回收"。利用大数据、云计算、物联网等现代信息技术手段，对江西报废汽车的数量及其回收利用情况进行实时跟踪，形成线上与线下有机统一的新型回收模式。

（三）以重大创新平台建设为抓手，集中突破一批再制造关键共性技术

一要加快重大研发平台建设。将汽车零部件再制造纳入创新驱动"5511"工程倍增计划，在汽车零部件再制造领域组建一批省级重点实验室、工程技术研究中心，努力提升拆解、清洗、加工、装配、检测等再制造环节的技术和装备水平。二要推进院士工作站建设。重点支持江铃汽车集团公司围绕汽车零部件再制造建设院士工作站，通过产学研合作，吸引聚集一批以院士为代表的高层次人才和创新人才，联合攻关一批再制造表面修复技术、无损检测技术、寿命预测技术等。三要推动公共服务平台建设。积极开展废旧零部件及再制造产品质量检测，建设一批具有国家资质的第三方检测机构。通过校企合作、订单式培训等模式，建立一批汽车零部件再制造人才实训基地。

（四）以产业发展环境营造为导向，进一步加大政策支持和市场推广力度

一要在项目安排、财税政策上给予大力支持。在江西范围内遴选一批汽车零部件再制造重大项目，引导省级"中国制造2025"专项资金、省级循环经济专项资金加大对汽车零部件再制造的支持力度。制定发布江西汽车零部件再制造产品目录，对列入目录的再制造产品给予减免税优惠政策。二要重视再制造销售及售后服务体系建设。在江西定点维修网点及"4S"店设立汽车零部件再制造产品专柜，待汽车零部件再制造产业形

成一定规模后，再着手建立一批再制造产品连锁店和售后服务点。三要广泛宣传推广汽车零部件再制造产品。面向终端用户、经销商，积极举办汽车零部件再制造工艺、技术及产品展览会，实地测试和检验再制造汽车零部件的性能质量，不断提高江西汽车零部件再制造产品的市场认可度。

第三章　新服务经济：新业态新模式加速融合发展

服务业在江西经济中的主导地位正在逐步确立。2016 年，江西第三产业增加值占 GDP 的比重自 2001 年以来首次突破 40％，并且对 GDP 增长的贡献率首次超过第二产业。同时，服务业与制造业等之间的关系越来越密切，在融合与互动中加速发展，服务业新业态、新模式、新产业不断涌现。

第一节　推动平台经济成为新服务经济的"引爆点"

随着新一代信息技术的发展，各种平台由此迅速建立并不断扩张，平台经济作为一种颠覆式商业创新模式，正在掀起一场无声的产业革命。全球最大的 100 家企业中，有 60 家企业的大部分收入来自平台类业务。目前，北京、上海、江苏、湖北等省市均出台了加快平台经济发展的指导意见。顺应平台化发展趋势，通过实施平台化发展战略，促进平台企业、平台模式和平台基地发展，以平台经济引领新服务经济发展，对于江西培育壮大新动能和推动经济平稳健康发展具有重要意义。

一、平台经济的内涵特征

平台经济是新经济时代最重要的产业组织形式。从基本内涵看，平台经济是基于移动互联网、云计算、大数据等进行资源分配、生产和消费的一种新型经济形态；从具体形式看，平台经济主要包括软件应用平台、电子商务平台、金融支付平台以及云计算服务平台等。国际上的苹果、谷歌、脸书，以及国内的阿里巴巴、百度、腾讯、京东等近些年受到广泛瞩目的企业都是典型的平台型企业。

综合分析，平台经济具有五大特征：

（1）集聚性。平台经济突破了地理空间对人力、土地、资金等基本生产要素的硬性约束，通过虚拟空间实现生产要素跨地理空间聚合。

（2）融合性。平台经济打破了传统产业的界限，由单一产业链方向上的价值流动，转向多产业链上的价值链交错，实现第一、第二、第三产业融合发展。

（3）创新性。通过平台经济的发展，不仅产生了许多新的消费方式、经营方式，如个性化定制、智能制造等，还带动了第三方支付等业态创新。

（4）开放性。平台经济自身并不产生商品，而是通过吸引参与方之间进行信息交换或物品、服务交易，并收取佣金或开展增值服务。

（5）高效性。借助信息网络技术，平台经济大大扩展了市场范围，重新整合了生产要素与市场力量，使得交易的成本更低、效率更高。

二、江西平台经济发展现状

（一）平台经济快速成长，但尚处于起步发展阶段

随着江西"互联网＋"行动计划的大力实施，线上与线下加速融合，以电子商务、互联网金融为代表的平台经济快速成长。2016 年，江西电子商务销售额达到 4361.2 亿元，同比增长 51.88%；P2P 网贷成交额为 57.56 亿元，同比增长 61.7%。但无论是从全国范围还是从中部省份看，

江西平台经济发展仍处于起步阶段，整体规模偏小。2016年，江西电子商务销售额位列中部省份第5，仅为湖北的31%、河南的43%、安徽的54%和湖南的72%；网贷成交额在全国位列第17，占全国总成交额的比重仅为0.2%。

（二）平台企业崭露头角，但整体实力和竞争力较弱

在电子商务、互联网金融快速发展的同时，南方粮食交易市场、大江直购网、金利达药品交易网、优玖网、乐美电商、博金贷、融通资产、赣商贷等一批本土培养的平台型企业崭露头角，综合服务能力与行业影响力初显。但是相比全国发展态势，江西平台型企业发展较慢，整体实力和竞争力较弱。目前，江西尚无一家规模上亿元的电子商务企业，真正具有独立电子商务平台的企业不到100家，自建平台交易额偏少，江西企业主要通过阿里巴巴、中国制造网、慧聪网、淘宝、天猫、京东商城等第三方平台开展电子商务交易。2015年，江西纳入全国P2P网贷指数统计的网贷平台为39家，占全国的比重仅为1.1%，注册资本合计8.4亿元，占全国的比重仅为0.62%。

（三）平台领域不断拓展，但应用水平有待进一步提高

近年来，在"互联网＋"行动计划的支撑下，移动互联网、云计算、大数据、物联网等新一代信息技术，加速向工业、农业、旅游、金融、物流、养老等领域渗透，江西航天云网、农业数据云、智慧旅游云、云按揭、天合物流云、"守护云"等一批大型平台相继建立。但是从江西实际看，平台经济如何与各行业、各企业进行深度融合，还缺少成功的案例，致使一些企业处在观望之中，平台应用水平普遍偏低，特别是中小企业对平台经济的认识还有待深入。2015年，江西互联网普及率仅为38.7%，在全国位列第29，企业互联网化指数、工业电子商务应用普及率、开展在线销售的企业比例均低于全国平均水平，没有一家企业入选"中国互联网企业100强"。

（四）平台模式持续创新，但单一化格局短期难以改变

随着平台经济的快速发展，以及网上交易、电子支付方式的不断完

善，江西形成了支撑平台经济发展的多种商业模式，如 B2B（企业对企业）、B2C（企业对消费者）、C2C（消费者对消费者）、O2O（线上对线下）、P2P（点对点）、P2C（产品对消费者）等。但是在电商平台经济中，2016 年江西 B2B 交易额达到 3372.6 亿元，占整个电子商务销售额的比重达 77.3%，而 B2C 和 C2C 交易额仅为 988.6 亿元，占整个电子商务销售额的比重仅为 22.7%；在互联网金融平台经济中，江西 P2P 企业平台数量和网贷成交额占绝对主导地位。

（五）平台支撑日益完善，但发展环境亟须进一步优化

江西出台了推进"互联网＋"行动、电子商务、互联网金融、制造业与互联网融合发展等一系列政策措施，建立了安全、信用、认证、支付、物流等配套体系，为平台经济发展提供了重要支撑。但是江西有关部门和多数企业对平台经济重视不足，支撑平台经济发展的操作系统、数据库、办公软件、应用软件等掌握在国外软件商手中，操作技能型、运营管理型人才明显不足，与平台经济发展相适应的信贷和融资制度尚未建立，严重制约了江西平台经济的深入发展。另外，江西省工商行政管理局 2016 年发布的网络商品信息监测报告显示，江西网络交易暗藏诸多"陷阱"，其中虚假或引人误解的内容占比最高，达到 34.8%。

三、发达省份培育发展平台经济的经验借鉴

（一）上海：打造"大网络、大平台、大产业"格局

2014 年，上海在全国率先发布《加快推动平台经济发展的指导意见》，推动大平台、大市场、大流通建设，逐步形成"万商云集、万亿能级"的现代市场格局。一是通过融合线上线下，发展"大网络"。2015 年，上海通过互联网达成交易额 8984.4 亿元，同比增长 16.2%，占平台交易额的 56%。二是通过拓展广度深度，发展"大平台"。在大宗商品交易额增速放缓的形势下，消费品和服务交易、专业配套服务交易、跨境电商平台交易有力支撑了平台经济的快速增长。2015 年，上海平台经济完成交易额 1.6 万亿元，同比增长 11.4%。三是通过区县示范带动，发展"大

产业"。2015 年，普陀、长宁、浦东和宝山四个平台经济示范区的交易总额达到 1.29 万亿元，占全市平台交易总额的 80%，示范带动作用明显。

（二）北京：构建"产业＋互联网＋金融"平台

北京以移动互联网、云计算、大数据、物联网等技术为支撑，通过"产业＋互联网＋金融"的创新模式，形成以平台型企业为龙头的新兴产业链、价值链。一是"云计算"支撑新型产业链。以祥云工程 3.0 为核心，打造全国领先的基础公共云平台，带动整合千家软件和信息服务企业。2015 年，信息产业实现增加值 2372.7 亿元，同比增长 12%，高于第三产业 3.9 个百分点。二是支持电子商务为主的平台企业发展。依靠技术、人才和首都区位优势，吸引优秀平台企业特别是电商企业集聚，在北京经开区逐步建成电商集聚新区。2015 年，电子商务交易规模达到 1.8 万亿元，同比增长 20.6%，占全国的 8.4%。三是大力发展互联网金融平台。北京互联网金融平台企业有 21 家企业入选"中国互联网金融 50"榜单，位居全国第一。上榜的企业包括百度理财、积木盒子、京东众筹、九次方、融 360 等。

（三）江苏：实施互联网平台经济"百千万"工程

2016 年，江苏启动实施互联网平台经济"百千万"工程，提出培育壮大 100 家互联网重点平台企业，实现千亿元利税收入水平，形成万亿元级产业发展规模。一是建立平台企业培育机制。在大宗商品贸易、个人消费交易、专业服务支撑等领域，涌现出以苏宁易购、中国制造网、途牛旅游网、365 房产网等为代表的一大批平台型企业。二是推动平台企业向垂直细分领域渗透。以大型平台企业为重点，强化线上线下平台、供应链体系和物流网络融合，大力发展线上采购、在线教育和移动医疗等新兴业务，实现交易额与利税同步增长。三是以电子商务为重点，壮大产业规模。截至 2015 年底，江苏电子商务交易额超过 1.8 万亿元，B2B 电子商务交易额超过 1.3 万亿元，网络交易平台总交易额达到 4939.45 亿元。

四、江西推动平台经济发展的对策建议

（一）聚焦大宗商品、新兴消费、互联网金融、智能制造"四大领域"，促进网络交易和服务平台发展

一要建设大宗商品现货交易平台。以铜、钨、稀土、农产品、陶瓷等传统产业和 LED、航空、新能源汽车、新材料等新兴产业为重点，以重点产业集群和特色产业基地为依托，着力打造一批集网上信息发布、交易支付、商品体验展示、售后服务、品牌推广等功能为一体的跨区域商品现货交易平台。支持生产企业通过第三方平台开设网络销售终端，推动有条件的企业自建网上销售平台，培育发展第三方跨境电商平台。支持南方粮食交易市场、鹰潭铜现货交易中心等大宗商品交易市场，加强与其他全国性现货市场的对接，推出符合市场需求的交易品种，探索非标准化的中远期交易、回购交易、掉期交易等。

二要培育新兴消费服务平台。聚焦信息消费、旅游消费、文化消费、健康养老消费、体育消费、住房消费等新兴消费领域，培育面向百姓生活需求的细分服务平台，为城乡居民提供快速、精准、多样化、本地化服务。推进电子商务在旅游、文化、教育、医疗、体育、智能家居等领域的应用，支持数字出版、数字音乐、网络艺术品、动漫游戏利用电子商务开拓市场，培育壮大一批行业性和区域性新兴消费服务平台。发挥体验式消费与口碑营销的作用，构建中小企业网上营销平台。

三要提升互联网金融平台。支持银行机构、支付机构与互联网企业开展多元化合作，培育新型互联网金融业态。支持金融企业与云计算技术提供商合作开展金融公共云服务，提供多样化、个性化、精准化的金融产品。支持博金贷、融通资产、赣商贷等互联网投融资平台进一步拓展业务领域，开展众筹、第三方支付、保险、创投等金融服务。加快金融大数据服务中心、云计算中心、互联网金融创新中心建设，促进互联网金融与电子商务、现代物流、跨境贸易等领域融合发展。

四要打造智能制造创新平台。以互联网和云计算、大数据技术为基

础，集成工业领域智力、知识和工具资源，打造能有效满足企业创新需求、具有较强专业化服务能力的新型创新服务平台，推动跨领域、跨行业协同。重点以航空、汽车及零部件、生物医药、电子信息、新材料等产业为突破口，以中国电信江西云计算基地、江西航天云网、中华工业云等为依托，聚集产品研发设计、生产、销售、使用等全生命周期制造资源，加快建设工业云服务平台，大力推广"智能工厂""机联网""厂联网"等试点的示范作用，推动互联网与制造业融合。

（二）实施平台企业培育、本土品牌提升、平台基地建设"三大工程"，增强平台经济载体功能

一要实施"平台企业培育"工程。瞄准欧美发达国家以及沿海发达地区，转变招商引资方式与重点，加强与苹果、谷歌、脸书、阿里巴巴、百度、腾讯、京东等知名企业的对接，大力引进一批行业龙头旗舰型平台企业和基地型项目。顺应平台化发展趋势，支持龙头骨干企业大力实施平台化发展战略，重点推动制造企业内部贸易平台发展成为具有总集成服务能力的平台，加快实现平台化转型。支持中小型企业利用互联网技术，建立开放式、互动式开发平台。

二要实施"本土品牌提升"工程。依托农产品、有色金属、中药材、陶瓷、家居等特色行业，大力支持南方粮食交易市场、鹰潭铜现货交易中心、大江直购网、金利达药品交易网、乐美电商等本土有综合实力、有发展潜能的平台企业跨地区、跨行业、跨所有制整合资源做大做强。推动平台企业围绕品牌创建、品牌开发和品牌运营，实施品牌一体化项目，培育形成一批拥有核心关键技术及自主品牌的平台企业。

三要实施"平台基地建设"工程。通过资源整合、项目优化和功能拓展，将有条件的电子商务产业园、电子信息产业园、智能装备制造产业基地、商贸物流产业园、健康养老产业园等改造提升为区域性平台经济基地。结合重点区域和重点领域的专业平台建设，打造一批具有较强研发设计、融资担保、人才培训、物流仓储、孵化培育功能的特色平台经济基地，推动平台经济在有条件的地区率先突破。以特色小镇建设为契机，挖

掘资源，找准定位，创建一批平台经济特色小镇。

（三）推进商业模式、运营模式和业务模式"三大创新"，激发平台经济发展内生动力

一要加快商业模式创新。发挥江西产业集群、品牌、专业市场等线下优势资源，引导企业导入 C2B（消费者对企业）、O2O（线上到线下）、P2C（产品对消费者）等模式，实现线上与线下、体验店与网店互动共赢。推广"VR＋电商""AR＋电商""视频＋电商""直播＋电商"等购买体验模式，探索电视剧、短视频植入产品推广的植入式购物。支持大江直购网等拥有内容制作能力的购物平台，探索"平台＋内容制作"的营销模式，通过"文化绑定产品"的方式赋予产品文化生命力。

二要推动运营模式创新。支持传统企业运用先进适用信息技术，对产品设计、品牌推广、营销方式、渠道物流、支付结算、售后服务等环节进行重构，促进多个价值链环节整合集成，打造全流程综合性网络服务平台。引导拥有制造能力的企业开展反向定制化生产，探索个性化服务、定制化服务的新型互联网服务模式，培养高黏度用户群体。通过投资、相互持股等方式，推动平台企业联动结合，衍生新的运营模式。联合线下实体企业商户，将线上精准营销和便捷支付与线下体验式交易和高效用户反馈联结构成完整闭环。

三要促进业务模式创新。支持拥有一定资本运营能力的平台企业通过收购、兼并、投资等方式拓展业务范围，打造企业内部价值链闭环。推动有条件的平台企业利用自身优势，多业态、多功能、多业务融合发展。引导有条件的平台企业发展互联网金融业务，支持智能装备制造企业建设面向行业装备、制造管理的服务平台，在细分领域和行业解决方案方面形成特色，服务实体经济，促进产业转型升级。

（四）夯实信息网络、技术创新、专业配套、人才队伍"四大支撑"，聚合平台经济发展要素

一要构建泛在高效安全的信息网络。深入推进"宽带中国"江西工程，加快全光网城市、无线城市建设，大力实施"宽带乡村"、宽带网络

光纤化改造工程，提升江西骨干网络容量和网间互联互通能力。积极布局下一代互联网工程，推进下一代互联网规模商用，支持互联网数据中心（IDC）、大数据处理分析中心、后台呼叫中心、云计算中心等重点平台建设，全力提升信息数据存储和服务能力。加快推进第四代移动通信网络建设，在重点城市适时推进第五代移动通信网络建设，积极探索建设互联网环境下的信息资讯服务平台。

二要开展面向平台经济的技术创新。以打造全国性和区域性信息交换枢纽和信息存储中心为目标，以中国电信中部云计算基地、航天"鄱湖云"、上饶大数据中心等项目建设为依托，加快推进移动互联网、云计算、大数据等技术集成及其在平台经济中的应用，提升数据分析处理、数据挖掘、结算等后台信息技术服务能力。对接江西创新驱动"5511"工程，在大宗商品现货交易平台、新兴消费服务平台、互联网金融平台、智能制造创新平台等领域，开展产学研用合作，集中力量突破一批关键技术、共性技术，为平台运营提供技术支持。

三要推动专业配套服务体系建设。培育和引进一批与平台经济发展相配套的策划、培训、信用、检测、认证等服务机构，形成便捷高效的第三方服务体系。加快建设与平台经济相配套的物流体系，建设区域性共同配送系统。加强平台经济标准体系建设，推动平台企业按国际化标准建设平台和开展相关服务，增强技术系统的开放性和兼容性。

四要增强平台经济人才支撑。加强与国家"千人计划""万人计划"等的对接，制定引进专门政策，重点引进一批融通互联网思维和实体经济规律的复合型人才。将平台经济人才引进纳入江西人才创新创业工程，支持平台企业开展技能人才引育，柔性引进一批高层次平台经济人才。加强培育平台经济应用型人才，支持高校和职业院校积极开展学科融合布局调整，培养平台企业所需技术应用型人才。

（五）强化财税政策、金融政策、营商环境、行业标准、工作机制"五大保障"，营造平台经济发展环境

一要强化政策对平台企业的分类引导。对于初创期的平台企业，加大

财税支持力度，开辟绿色通道，提供资金支持、减免税费等。对于发展势头较好的平台企业，纳入高新技术企业、技术先进型服务企业，加大政府采购服务的落实力度，支持跨地区、跨行业、跨所有制整合资源，尽快做大做强。对于基础性和战略性平台企业，可采用市场化方式，通过引入社会资本组建产业投资基金，引导各级政府和园区设立各类引导基金，推动平台重点突破和跨越发展。

二要改善平台企业融资环境。制定促进平台经济发展的金融支持政策，支持创新型、成长型平台企业以多种途径上市融资，鼓励金融机构针对平台企业特点创新金融产品和服务方式，有针对性地开展产业链融资、商业圈融资、企业圈融资、知识产权质押融资等融资方式。构建平台经济创业投资载体，对处于种子期和初创期的平台企业给予支持，引导各类创业投资机构和股权投资基金参与平台企业项目投融资。

三要优化平台经济营商环境。完善网上交易在线投诉及售后维权机制，防范网络市场违法行为，保护经营者和消费者合法权益。完善知识产权制度和市场环境，增强平台企业知识产权保护意识，加大对平台企业创新成果的保护力度。规范平台日常运营，支持平台经济企业组建信用自律组织，探索形成适应平台经济发展的管理模式。

四要推进行业组织和标准体系建设。推动成立平台经济的相关行业组织，制订行规行约，加强行业自律，提高行业的自我监督管理能力。推动平台企业按国家标准建设平台和开展技术服务，增强技术系统的开放性和兼容性。逐步规范完善平台企业服务标准、管理制度和示范推广，在重点行业领域深入推动平台经济商业模式和技术标准应用。

五要建立平台经济联合推进机制。平台经济打破了传统的产业边界、区域边界，其监督管理并非单由一个部门即可完成，相关部门应建立联合推进机制，加强部门协同，共同制定促进平台经济发展的政策措施，同时引导各部门建立上下无缝对接、区域高效联动的工作机制，加大引导和工作推进力度，推动平台经济健康有序发展。

第二节　以工业设计助推"江西制造"转型升级

党的十九大报告强调，创新是引领发展的第一动力，是建设现代化经济体系的战略支撑。工业设计处在制造业创新链的起点、价值链的源头，抓工业设计就是抓制造业转型升级、抓创新驱动发展战略实施、抓现代化经济体系建设。当前，江西正处于深入实施工业强省和质量强省战略、推进创新型省份建设的关键时期，如何大力提升工业设计发展水平，助推"江西制造"转型升级，是江西亟须解决的重大问题。

一、工业设计制约"江西制造"转型升级的症结所在

（一）工业设计发展滞后，产业业态尚未形成

一是工业设计有形态，但尚未形成业态。截至2017年底，江西省工信委认定的三批共28家省级工业设计中心，全部设立在制造业企业内部，尚无一家独立的专业工业设计企业。同时，江西工业设计中心数量少、覆盖率低，省级以上工业设计中心占全国的比重约为1.5%，对规模以上工业企业的覆盖率仅为0.3%。

二是创意设计及工业设计所占比重明显偏低。2016年，江西以"创意、设计"为主要形式的文化创意和设计服务业实现主营业务收入183.8亿元，占整个文化产业的比重仅为6.7%，且工业设计在文化创意和设计服务业中处于绝对劣势。相比之下，浙江、江苏创意设计产业占文化产业的比重均在20%左右，工业设计在创意设计产业中占据主导地位。

三是工业设计滞后成为制约制造水准提升的重要瓶颈。由于工业设计发展滞后，江西制造业产品中仍有较大比例的不合格品，影响了产品的整

体竞争力。根据国家质检总局发布的数据,2016年江西制造业产品质量合格率仅为90.55%,比全国平均水平低2.87个百分点,连续三年低于全国平均水平。

(二) 工业设计领军企业缺失,整体设计能力较弱

一是尚无一家本土培育的国家级工业设计中心。截至2017年底,根据国家工信部认定的三批共113家国家级工业设计中心,江西仅江铃汽车集团公司一家企业工业设计中心入选,其数量不仅低于沿海发达省份山东的16家、广东的15家、浙江的12家、福建的11家和江苏的8家,而且在中部省份也处于劣势,安徽有6家、湖北有3家、湖南有2家。

二是自主技术原型对工业设计的支撑薄弱。除少数大型企业外,绝大多数企业的设计开发仍停留在模仿改进阶段,大部分是实用新型和外观设计,技术含量高的发明专利占比明显偏小。2016年,江西实用新型、外观设计专利授权量分别为17944件和11614件,所占比重分别为57.0%和36.9%,而发明专利授权量仅为1914件,所占比重仅为6.1%。

三是缺少以工业设计为核心的制造业品牌。江西制造业企业普遍存在"重技术轻设计"的倾向,商标注册的积极性不高,品牌建设明显不足。2016年,江西商标有效注册量为162765件,占全国比重仅为1.5%,位列全国第18、中部第5;中国驰名商标共155件,位列中部第5,远低于湖南的393件、湖北的341件、安徽的264件和河南的224件。

(三) 工业设计投入不足,设计人才不够用与不受用并存

一是工业设计投入明显不足。根据景德镇瓷器产业发展局对该市1693家企业、作坊和工作室的调查,年设计花费超过5万元的只有39家。由于江西多数企业对工业设计缺乏专门的资金投入,导致产品设计仅停留在外观、样式等较浅层面,产品功能、用户体验等深层次设计薄弱。

二是本地工业设计人才受用率低。江西多数本科院校开设了工业设计或产品设计专业,但工业设计在制造业企业中处于边缘地位,对工业设计人才的需求有限,本地工业设计人才转行和外流现象较为普遍。根据全国招聘网站发布的招聘信息,江西招聘工业设计或产品设计人员的企业不到

100 家，且大部分企业招聘人数为 1～2 人。

三是工业设计高级人才紧缺。江西绝大多数工业设计人员为刚从学校毕业的本专科生，工业设计高级人才明显不足，特别是对于江铃汽车集团公司、华意压缩机股份有限公司等有较高工业设计需求的企业而言，资深设计师的招聘难度比较大，"招不来、养不起"成为大型制造业企业面临的现实难题。

（四）工业设计服务体系有待健全，政策激励作用不明显

一是工业设计服务体系不完善。江西能够承担外包服务的专业工业设计企业数量少，工业设计公共服务平台不健全，中介服务机构欠缺，社会培训体系不完善。同时，工业设计企业的无形资产所占比重较大，在现有金融制度设计安排下，往往面临融资难的问题。

二是工业设计政策激励不明显。尽管江西先后出台《加快工业设计产业发展的实施意见》《工业设计发展专项资金操作办法》《工业设计创新券管理暂行办法》等政策文件，但扶持力度仍不大，工业设计专项资金规模小，在企业引培、项目落地、平台建设等方面缺乏有效的政策手段。

三是工业设计发展氛围不浓。工业设计市场环境不完善，知识产权保护工作薄弱，设计机构在企业发展中的作用不明显，社会大众、媒体舆论对工业设计关注不多。除"天工杯"外，缺少大型工业设计博览会、大赛、论坛、作品巡展等，与国内外优秀设计成果的交流偏少。

二、发达省份以工业设计引领制造业转型升级的经验借鉴

（一）广东："四化"战略塑造"广东创造、广东品牌"

广东作为全国工业设计的发源地，近年来以"产业设计化、设计产业化、人才职业化、发展国际化"为导向，加快构建具有广东特色的工业设计创新发展体系，着力推动"广东制造"向"广东创造"、"广东产品"向"广东品牌"转变。广东的具体经验包括：一是加快产业设计化。通过综合运用各种元素进行设计创新，工业设计在广东得到广泛运用，有效推动了制造业设计化、品牌化发展。二是加快设计产业化。目前，广东工业

设计机构达 5000 家以上,工业设计从业人员超 10 万人,创意设计产业园超百个。三是加快人才职业化。在全国率先开展了工业设计职业技能评定和工业设计师职称评定,以粤港合作方式组建了广东工业设计培训学院,大部分高校开设了工业设计专业。四是加快发展国际化。通过举办以"广东设计"为主题的国际巡回展,有效推动了广东设计成果与企业对接,中国国际工业设计博览会、国际工业设计联合会年会等活动产生广泛影响。

(二)浙江:"工业设计 +"助力制造强省建设

近年来,浙江大力推进"工业设计 +"战略,工业设计与制造业融合发展成效明显,浙江共有工业设计企业 3800 余家,165 家制造业企业的设计中心创建为省级工业设计中心,已成为仅次于广东的工业设计产业大省。浙江的具体经验包括:一是"设计 + 产品",助力"浙江制造"迈向"浙江创造"。通过制造业企业与工业设计企业的深度合作,产品的附加值得到大幅提升。2016 年,浙江规模以上工业新产品产值率达到 34.3%。二是"设计 + 服务",提高制造业服务化水平。通过积极探索工业设计在系统设计、工艺流程设计、商业模式和服务设计中的应用,助推制造业由生产型制造向服务型制造发展。三是"设计 + 产业链",构建制造产业链新生态。通过产业链设计创新,让设计服务真正融入中小微企业的生产制造过程,实现了从设计、生产到服务的全产业链整合。四是"设计 + 块状经济",提升传统产业核心竞争力。截至 2016 年底,浙江创建了 16 个省级特色工业设计示范基地,基地集聚了工业设计企业 817 家,工业设计人员超 1 万人。

(三)江苏:"江苏制造"插上"江苏设计"的翅膀

近年来,江苏以制造业企业为主战场,坚持需求导向和产业化方向,以设计成果引领制造业转型升级,工业设计成为经济转型的新名片。2015 年,江苏实现工业设计增加值 562.4 亿元,同比增长 17.4%。江苏的具体经验包括:一是突出合作共建,打造工业设计融合发展平台体系。在省区共建基础上,进一步拓展合作共建工作,打造省企共建产业平台和省校共建研究中心,全方位、多层次推进工业设计平台发展。二是突出载体建设，壮大工业设计中心和机构。截至 2016 年底，4 家企业获批国家级工业设计中心，138 家企业获批省级工业设计中心，一批专业从事工业设计、具有一定规模的工业设计公司扎根江苏。三是突出供需对接，推动设计与制造融合发展。通过举办大赛、对接会、设计周等系列活动，组织江苏优秀设计企业，现场问诊制造业企业，针对设计需求提出设计方案，实现设计供需无缝对接。

（四）上海：以创意设计引领"四新"模式创新

近年来，上海以"设计之都""时尚之都""品牌之都"建设为引领，在新技术、新产业、新业态、新模式中导入创意设计，实现创意设计与"四新"经济的协同集成。2015 年，上海工业设计总产值达到 668.8 亿元。上海的具体经验包括：一是大力支持设计研发机构建设。除对接国家工业设计中心建设外，上海还开展了企业技术（设计）中心、设计创新示范企业的认定，形成一批具有国际竞争力的工业设计领军企业和品牌。二是积极探索设计与设计工具的结合。上海不仅在消费品层面提升设计附加值，也力求设计与设计工具的结合，形成工业设计领域的创新发展模式。三是着力打造创意设计最优政策环境。上海建立了以上海设计之都公共服务平台为核心的服务平台群，成立了创意（设计）投融资基金联盟，搭建了国际创新设计合作交流平台。

三、以工业设计驱动"江西制造"转型升级的对策建议

（一）以产品设计、绿色设计、视觉传达设计为重点，促进工业设计多元化发展

一要大力提升产品设计。从江西实际出发，对于有色、钢铁、食品、医药、陶瓷、建材、纺织服装等传统产业，引入先进设计理念和设计工艺，优化材料设计与产品设计，提升品牌形象和产品附加值。对于航空、汽车、LED、电子信息、装备制造等先进制造业，突出智能化、网络化、数字化设计，加快推动零件、散件设计向组件、模块件、总集成设计转型。

二要着力发展绿色设计。着眼于国家生态文明试验区建设，坚持绿色

设计与开发，统筹考虑原材料选用、生产、销售、使用、回收、处理等各个环节对资源环境的影响，促进绿色设计与产品创新开发、技术工艺改进相结合，努力打造一批高质量、个性化的绿色环保产品。

三要积极培育视觉传达设计。以服装服饰、工艺美术品、家居用品、数码通信产品、文体旅游产品等为重点，以产品推广和品牌建设为目标，大力发展品牌形象设计、企业标志设计、印刷包装设计、空间展示设计和影视广告设计，进一步优化用户体验、适应消费需求。

（二）以示范基地、骨干企业、设计中心为载体，打造工业设计多层次发展平台

一要打造一批工业设计示范基地。选择南昌航空工业城、"南昌光谷""赣州稀金谷""樟树药都"、吉泰走廊电子信息产业带、景德镇陶瓷科技城、南康现代家具城等重点区域，促进工业设计产业配套布局，搭建工业设计服务平台，集聚工业设计企业、项目和人才，采取省市共建、校企合作方式，打造一批具有江西特色的工业设计示范基地。

二要培育一批工业设计骨干企业。瞄准卢勒设计、阿莱西设计、维佛设计、浪尖设计、威曼设计、飞鱼设计等国内外知名工业设计机构，大力引进一批龙头型企业和基地型项目，推动洛可可集团建设"洛克"总部项目，引导有条件的制造业企业成立独立运营的设计公司，支持设计工作室等小微企业发展。

三要建设一批工业设计中心。以航空、汽车、生物医药、新能源、新材料等行业为主体，以企业技术中心、高校和科研院所、专业设计机构为依托，分行业推进省级工业设计中心建设，支持江西铜业集团公司、江西洪都航空工业集团有限责任公司、江西江中制药（集团）有限责任公司、晶能光电（江西）有限公司、赣锋锂业股份有限公司等龙头企业争创国家级工业设计中心。

（三）以设计创新、服务创新、模式创新为引领，推动工业设计与制造业深度融合

一要提升工业设计创新能力。瞄准大航空、新能源及智能汽车、新型

电子、智能装备、新材料等新制造经济，大力推动设计创新攻关，形成一批对新制造经济具有引领作用的工业设计成果。以江西省工业设计协会组建为契机，推动设计机构、科研院所与制造业企业联合开展设计创新，形成产学研用紧密结合的工业设计协同创新体系。

二要推动工业设计服务创新。引导江西大型制造业企业通过招标或委托代理等方式开展工业设计外包业务，支持工业设计企业以订单式、契约式、股权式等形式为制造业企业提供设计服务，与制造业企业建立长期、稳定的合作关系，推动工业设计企业为制造业企业开展生产流程设计。

三要促进工业设计模式创新。在洛客在线工业设计平台的基础上，大力发展众创、众包设计，创建一批众创、众包设计平台，在线实时发布研发设计资源，推动线上资源和线下实体相结合，实现设计师与制造业企业的精准对接。

（四）以人才引进、人才培养、人才激励为支撑，集聚一批工业设计专业人才

一要大力引进工业设计人才。加大工业设计领域创新创业人才的引进力度，大力引进国内外优秀设计人才、设计团队，支持国内外优秀工业设计人才在江西创办设计服务企业和个人工作室。推动相关部门和企业制定相应的工业设计人才引进计划，形成多层次立体式引才体系。

二要加大工业设计人才培养力度。推进高等院校、职业院校以及社会培训机构根据市场需求培养工业设计人才，加强与国内外著名设计院校合作，创新工业设计人才培养模式。鼓励社会力量兴办工业设计培训机构，支持高等院校、职业院校与企业联合建立工业设计人才实训基地和订单式培养基地。

三要建立工业设计人才激励机制。制定实施工业设计人才专项工程，推进工业设计类职业技能资格认证工作。支持工业设计人才通过技术入股、股权奖励、期权激励等方式参与收益分配。完善工业设计人才服务机构，建立工业设计人才数据库，健全工业设计人才流动和使用机制。

（五）以政策扶持、资金支持、产权保护为保障，优化工业设计发展环境

一要加大政策扶持力度。对符合条件的工业设计企业，优先认定为高新技术企业，落实优惠税率、研发费用加计扣除等政策。加强"降成本、优环境"政策对工业设计企业的扶持，切实减轻工业设计企业负担。积极举办工业设计大赛、工业设计作品展览等重大活动，扩大"天工杯"的知名度和影响力。

二要加大资金支持力度。加大省级"中国制造2025"专项资金、重点创新产业化升级工程对工业设计的扶持，大力推广应用工业设计创新券。探索工业设计企业专项授信、信贷担保服务，引导社会资本加大对工业设计企业的投资力度，推动制造业企业加大工业设计投入，安排专门资金用于工业设计。

三要加大知识产权保护力度。建立工业设计知识产权保护数据库，支持工业设计机构和个人开展专利申请、商标注册、版权登记。将设计合同纳入现有技术市场合同登记制度，引导设计机构和个人等对设计合同进行登记。严厉打击知识产权侵权行为，切实维护企业和设计师合法权益。

第三节　促进生产型制造向服务型制造转变

服务型制造，是制造业企业以满足市场需求为中心，通过优化升级生产组织形式、运营管理方式和商业发展模式，推动产业链延伸和价值链提升，全面打造竞争新优势的一种新型制造模式。服务型制造既包括基于制造的服务，也包括面向服务的制造。无论是美国的工业互联网、德国工业4.0，还是"中国制造2025"，都将服务型制造作为制造业发展的重要方向。随着工业强省战略的深入实施，江西制造业规模不断壮大，转型升级

步伐加快，但在全球制造业分工体系中仍处于中低端，主要依靠资源要素投入和规模扩张的粗放经济增长方式难以为继。因此，以服务型制造为抓手，推动"江西制造"从加工组装为主向"制造＋服务"转型，从生产型制造向服务型制造转型，对于江西深化工业供给侧结构性改革，培育制造业发展新动能，推动制造业价值链向"微笑曲线"两端延伸具有重要意义。

一、江西发展服务型制造的现实机遇与内在要求

（一）从国际看，服务化已成为制造业发展的重要趋势

当前，在以互联网与制造业深度融合为代表的新工业革命推动下，全球制造业服务化进入加速发展新阶段，制造业不单纯是制造过程，制造环节占比日趋下降，服务环节作用不断提升。

一是制造业产业链加速向服务环节延伸。互联网、物联网、大数据、云计算等新一代信息技术正在改变传统制造模式，个性化定制、众包设计、网络化协同制造、基于工业云的供应链管理等新型制造模式不断涌现，苹果、IBM、惠普等知名企业逐步将业务重心转向产品开发、改进、销售、维护、回收等领域。基于互联网的制造和服务模式创新也造就出耐克、小米等一批无工厂化生产者。

二是制造业价值链加速向服务环节转移。随着生产过程自动化、智能化程度的提高，制造环节在整个价值链中的比重日趋下降，产品的研发设计、交付、安装、维护和服务等各环节需求及所占价值愈加提升。在发达的制造业市场上，生产所创造的价值约占整体价值的1/3，而服务所创造的价值约占2/3。根据德勤公司对全球80家跨国制造业企业的调查，服务收入占总销售收入的比重平均为26%，服务净利润贡献率平均达46%。

三是制造业创新链加速向服务环节渗透。服务创新的价值往往不亚于技术创新，有时甚至高过技术创新。在新技术的推动下，服务型制造成为决定制造业企业竞争力的关键。世界500强企业所涉及的51个行业中，有28个属于服务业，56%的企业从事服务业。剑桥大学对全球上市公司

财务分析库中排名前50的制造业企业所做的一项调查显示，产品设计开发、系统解决方案、维护支持、零售分销等四类服务是企业提供的最主要的服务类型。

（二）从国内看，支持服务型制造发展的政策体系基本形成

国家高度重视制造业服务化转型，将服务型制造作为制造业转型升级的重要方向，先后出台一系列支持服务型制造发展的政策措施。

一是2015年5月国务院印发的《中国制造2025》，明确提出要加快制造与服务的协同发展，推动商业模式创新和业态创新，促进生产型制造向服务型制造转变。同时，引导和支持制造业企业延伸服务链条，发展个性化定制服务、全生命周期管理、网络精准营销和在线支持服务等，从主要提供产品制造向提供产品和服务转变，从提供设备向提供系统集成总承包服务转变。

二是2015年7月国务院印发的《关于积极推进"互联网＋"行动的指导意见》，明确提出要推动互联网与制造业融合，提升制造业数字化、网络化、智能化水平，加强产业链协作，发展基于互联网的协同制造新模式。在重点领域推进智能制造、大规模个性化定制、网络化协同制造和服务型制造，打造一批网络化协同制造公共服务平台，加快形成制造业网络化产业生态体系。

三是2016年5月国务院印发的《关于深化制造业与互联网融合发展的指导意见》，明确提出要面向生产制造全过程、全产业链、产品全生命周期，推动在线计量、在线检测等全产业链质量控制，大力发展网络化协同制造等新生产模式，开展基于个性化产品的研发、生产、服务和商业模式创新，积极培育工业电子商务等新业态，支持重点行业骨干企业建立行业在线采购、销售、服务平台，实现从制造向"制造＋服务"转型升级。

四是2016年7月国家三部门联合印发的《发展服务型制造专项行动指南》，明确提出要实施设计服务提升、制造效能提升、客户价值提升、服务模式创新"四大行动计划"，全力推进服务型制造发展。到2018年，力争完成"5155"示范任务，即培育50家服务能力强、行业影响大的服

务型制造示范企业，支持 100 项服务水平高、带动作用好的示范项目，建设 50 个功能完备、运转高效的公共服务平台，遴选 5 个服务特色鲜明、配套体系健全的示范城市。

（三）从江西看，发展服务型制造是制造业转型升级和服务业提质增效的双重需要

对江西而言，发展服务型制造，既是推动制造业转型升级的现实需要，也是促进服务业提质增效的内在要求。

一是制造业附加值低，迫切需要加快发展服务型制造。江西制造业仍以劳动密集型、加工型和价值链低端产品为主，有色、建材、化工、电气机械、农副食品、电子六大传统行业占江西规上工业比重接近 50%，制造业盈利能力和竞争力较弱。同时，根据国家质量监督检验检疫总局 2016 年 12 月发布的《全国制造业质量竞争力指数公报》，2015 年江西制造业质量竞争力指数为 80.99，比全国平均水平低 2.52，位列全国第 20。

二是服务业特别是生产性服务业发展滞后，迫切需要大力发展服务型制造。2016 年，江西服务业实现增加值 7427.8 亿元，位列全国第 20、中部第 5，仅相当于河南的 44.2%、湖南的 51.3% 和湖北的 51.5%。同时，江西生产性服务业发展明显不足，占整个服务业的比重偏低，制造业对生产性服务业的"拉力"不足，生产性服务业对制造业的"推力"不够。但是，尽管生产性服务业占比小，但生产性服务业已经是服务业销售收入和利润的主要来源。2016 年，江西生产性服务业实现营业收入、营业利润占江西规模以上服务业的比重分别为 86.3% 和 85.2%。这说明非常有必要通过发展服务型制造来带动生产性服务业发展，进而提高江西服务业发展质量和水平。

二、江西服务型制造发展现状及其存在的主要问题

（一）基本现状

近年来，围绕推动制造业服务化，江西积极探索，着力创新，初步形成一批服务型制造的典型企业和实践模式。一是以江联重工股份有限公

司、江西建工集团公司、中国瑞林工程技术有限公司等为代表，提供设计咨询、设备采购、施工安装、运营维护等一体化的总集成总承包服务。二是以江西航天云网科技有限公司、江西云中云网络科技有限公司等为代表，通过"互联网＋智能制造"平台，为制造业企业提供线上线下互动的全流程发展环境。三是以纺织服装、家具、汽车等领域制造业企业为代表，积极开展个性化定制业务。四是以金蝶软件有限公司江西分公司、猪八戒网江西区域总部等为代表，提供全生命周期管理解决方案。五是以江西正广通供应链管理有限公司、江西尧泰供应链管理有限公司、江西吉禾供应链管理有限公司等为代表，提供全方位的供应链管理解决方案。六是以江西怡杉环保股份有限公司、江西四联节能环保股份有限公司等为代表，提供全产业链环境技术服务和合同能源管理服务。

（二）存在的主要问题

虽然江西服务型制造发展取得一定成效，但从总体上看，还处于初级阶段，整体水平和发展层次较低。一是制造业企业服务收入占比小。以江铃汽车股份有限公司、新余钢铁集团有限公司为例，2016年主营业务收入占营业收入的比重均在97%以上，服务收入占营业收入的比重分别为2.9%和2.4%，而全国制造业企业服务收入占比平均为10%，发达国家已超过30%。二是服务型制造企业实力弱。在国家首批120家服务型制造示范企业（项目、平台）中，江西仅晶科能源控股有限公司、合力泰科技股份有限公司、江西航天云网科技有限公司3家企业入选，且示范模式局限于供应链管理、个性化定制、总集成总承包、网络化协同制造、全生命周期管理等领域薄弱。三是服务型制造的人才支撑薄弱。长期以来，在以加工组装为主、以产品为核心的制造业模式下，江西人才的培养方式较为单一，人才引培大多围绕产品本身进行，适应服务型制造的高端复合型人才缺乏，难以提供差异化、个性化集成服务的技术支撑。四是对制造业服务化的政策支持力度有待加强。目前，国家及江西虽然出台了一系列支持服务业发展的政策措施，但江西制造业企业普遍没有服务类资质，拓展服务业务面临政策障碍，制造业企业发展服务业务时还难以享受到服务业的相关优惠政策。五是制造业企业对服务化转型的认识不够。江西制造业企业对服务化转型大多持谨慎态度，甚至有畏难情绪，开展服务业务的动力不足，普遍存在"重制造轻服务""重批量生产、轻个性化定制"的现象，直接影响到制造业企业向服务型制造转型的程度和效果。

三、江西加快发展服务型制造的对策建议

（一）坚持立足制造、融入服务，加快培育服务型制造新业态新模式

一要大力发展总集成总承包。支持大型制造业企业实施"制造＋服务"的交钥匙工程，运用系统集成能力，提供专业化、系统化、集成化的系统解决方案，满足客户综合需求，全面提升企业竞争实力。重点支持机械、电力、冶金、建材等制造业企业提供生产线或关键设备设计安装、电力设备总装、建筑设施总包等整体解决方案，促进企业由产品提供商向总集成总承包服务商转变。二要推进网络化协同制造。依托"工业云"平台，整合江西产业配套需求与能力，实现产业链各环节之间的协同化、网络化。推动制造业行业龙头企业建设网络化制造系统，持续提升信息化应用水平，通过与配套企业之间进行信息系统对接，实现产品设计、原材料采购、生产制造、产品销售等各环节基于互联网的企业间协同，提升上下游产业链的工作效率和协同制造能力。三要推广个性化定制。适应市场多元化需求，支持纺织服装、汽车、电子终端、家电家居等制造业企业建设客户体验中心、在线设计中心，增强定制设计、定制生产和柔性制造能力，实现生产制造和市场个性化需求高度协同，提升用户体验和产品价值。支持以物联网技术为主的新一代信息技术在企业制造链中的集成应用，推广柔性化生产，引入客户个性化设计理念与定制需求，实现"个性化、多批次、小批量、短交期"的订制生产模式。四要实施产品全生命周期管理。引导工程机械、专用设备、智能电网等制造业企业整合产业链上下游生产与服务资源，通过设备跟踪系统和网络服务平台，开展远程监测、故障诊断、远程维修等在线支持服务，提供计量检测、协调管理、资源管理、数据管理等增值服务，推广产品售后维修体系和旧件回收，提升

研发设计、生产制造、维护管理、产品再制造及回收处置能力。五要拓展发展专业化、社会化服务。引导节能设备、通用设备制造企业实施合同能源管理，由设备制造商向综合节能服务提供商转变。支持大型制造业企业在依法合规、风险可控的前提下成立企业财务公司或金融公司，进入设备租赁和融资租赁业。开展基于工业大数据的产品和服务创新，为用户提供协同管理、资源管理、数据挖掘等信息技术服务，拓展产品增值空间。

（二）加快主辅分离、服务外包，促进制造业与服务业融合发展

一要加快制造业企业主辅分离。推动原材料、电子设备、仪器仪表、电气机械、专用设备等行业制造业企业，立足行业特点或产品功能，通过业务流程再造和商业模式创新，将生产流程中非核心但具有比较优势的服务环节从原企业分离出来，设立具有独立法人的服务业企业，为行业提供专业化、社会化服务。二要引导制造业企业发展服务外包。支持制造业企业将业务流程中不具有比较优势的服务环节进行外包，通过签订中长期服务合同的形式，由外部服务业企业承接其分离的业务，向社会释放服务需求，促进第三方生产性服务市场发展。三要促进主辅分离的制造业企业向服务外包企业转型。面向研发设计、采购、运输、仓储、货代、流通加工等环节，推动主辅分离的制造业企业积极承接离岸和在岸服务外包业务，深度嵌入产业链运营管理，提升服务收入在企业销售收入中的比重，逐步形成一批集成服务水平高、行业竞争力强的服务外包企业。

（三）突出四位一体、示范引领，推动服务型制造平台和载体建设

一要谋划一批服务型制造示范项目。重点在总集成总承包、网络化协同制造、个性化定制、供应链管理、全生命周期管理、合同能源管理等方面，推进实施一批服务型制造示范项目。建立江西服务型制造示范项目库，加强入库项目的进度跟踪与配套服务。二要培育一批服务型制造示范企业。推动制造业企业在研发设计、营销推广、供应链管理、系统集成等方面加大投资力度，实施在线监测、个性化定制、整体方案解决等服务型制造项目。支持制造业企业把更多服务要素融入加工制造环节，探索服务化新业态、新模式、新领域，完善"制造＋服务""产品＋服务"等多种

经营模式。三要建设一批服务型制造示范平台。针对重点行业生产性服务需求，在重点工业园区、特色产业集聚区建设一批服务型制造公共服务平台，支持制造企业、生产性服务企业建设服务于制造业需求的专业化众创空间，提升重点行业、重点区域的综合服务水平。四要打造一批服务型制造示范基地。在江西重点工业园区、特色产业集聚区、生产性服务业集聚区，以示范企业为龙头，以示范项目为依托，以示范平台为支撑，打造一批服务型制造示范基地。推动省级服务型制造示范基地认定，培育一批国内知名的总集成总承包、合同能源管理、融资租赁等优势服务型制造品牌。

（四）强化政策引导、人才支撑，优化服务型制造发展环境

一要落实对服务型制造的政策扶持。尽快制定完善江西发展服务型制造专项行动计划，明确服务型制造发展目标、重点方向和主要举措。进一步落实国家和江西已出台的支持制造业企业进入生产性服务业领域的财政、税收、金融、土地、价格等政策，为制造业与服务业融合发展营造良好的政策环境。对年服务营业收入达到一定规模且占主营业务收入比例超过国家平均水平的服务型制造企业，省级层面应给予相应的奖励补贴。二要加大对服务型制造的资金支持。在省级"中国制造2025"专项中，加大对服务型制造示范项目、示范企业、示范平台和示范基地的扶持力度。鼓励金融机构创新适合服务型制造发展的金融产品和服务，支持重点企业发展和重大项目实施。融合政府投资基金、组合投资和市场化投资等多种模式，探索组建服务型制造投资基金。积极引导和鼓励社会资本参与制造企业服务创新，健全完善市场化运作的收益共享和风险共担机制。三要大力引进和培养高端复合型人才。根据服务型制造发展需求，以项目对接人才，大力引进一批高层次服务型制造人才来江西创新创业。支持服务型制造企业设立培训机构，引导制造业企业与高校、科研院所联合建立实训基地，开展职工在岗、转岗技能培训，多层次建设服务型制造人才队伍。引导高等院校和职业学校围绕重点产业和市场需求设置相关专业，开展服务型制造学科体系建设，培养一批紧缺的跨学科、复合型、应用型人才。

（五）加大统筹协调、宣传推广，营造服务型制造发展氛围

一要建立健全工作推进机制。把服务型制造作为"江西制造"转型升级的重要方向，建立由江西省工信委牵头、省直有关部门共同参与的工作机制，密切部门协作配合，制定细化配套政策，抓好各项任务落实，切实有效地指导江西服务型制造的推进工作。二要总结推广典型经验。围绕服务型制造发展的重点方向，结合江西实际，在汽车、电子信息、装备制造、节能环保、冶金建材、家电家居、纺织服装等行业，总结梳理一批典型案例和先进模式，并在江西进行推广。三要大力宣传服务型制造理念。每年组织召开江西服务型制造推进会，加大服务型制造宣传力度，深化企业和社会对服务型制造的认识。组织省内外服务型制造专家、专业服务机构深入重点企业和工业园区开展巡访、咨询和诊断服务，提升服务型制造意识和能力。

第四节　让大健康产业释放
"三产融合"新动能

大健康产业是 21 世纪引领经济发展和社会进步的"黄金产业""希望产业""朝阳产业"，以维护和促进人民群众身心健康为目标，其主要功能是保障全民身体健康、提高全民的身体素质，主要包括医疗服务、健康管理与促进、健康保险以及相关服务，涉及药品、保健用品、保健食品、健身产品等支撑产业。大力发展大健康产业，不仅契合国家大健康、大养老的发展理念，能够充分带动江西农业、中医药、旅游、房地产等关联产业的发展，并且可满足人民群众多样化的健康需求，提升全民健康素质，对于大力推进健康江西建设、培育经济发展新动能具有重要意义。

一、江西大健康产业发展的现状特征

（一）养老服务业不断壮大，但养老资源不足与闲置并存的现象较为突出

一方面，自 2005 年进入人口老龄化社会以来，江西通过大力搭建养老服务平台，不断健全机制等措施，有力推进了养老服务业的发展。城市街道和社区普遍建立了托老所、日间照料中心、老年康复中心等居家养老服务，服务内容由一般性的配餐送餐、居室保洁、医疗陪护等向康复治疗、心理慰藉、文体娱乐等方面拓展。截至 2015 年底，江西共有 6430 家居家养老服务中心，各类养老机构 1781 家，其中民办养老机构 172 家，城乡社区居家养老服务网络初步形成。同时，形成了地方财政、社会投入与国家扶持相结合的多元化投入机制，2011～2015 年共争取中央和民政部资金 7.37 亿元，资助项目 866 多个，江西各级政府累计投入资金超过 30 亿元，带动社会资金超过 10 亿元。另一方面，江西养老服务主要面向低收入群体，属于"兜底"服务，针对中高层次养老人群的服务相对较少，导致中高层次养老健康服务供给不足。由于老人社会关系以及"医养"融合度低的原因，造成养老机构入住率普遍较低。截至 2016 年底，江西 60 周岁以上老年人口为 654.86 万人，而养老机构床位数仅 20.9 万张，每千名老年人拥有养老床位数不到 32 张，远低于全国每千名老年人不低于 40 张床位的要求。在养老机构资源不足的情况下，还有一些民办养老机构因规模小、费用高、服务内容单一、服务水平偏低等因素更是加剧了床位闲置率偏高的现象。

（二）健康旅游业发展优势明显，但健康旅游产品相对单一

良好的生态环境、丰富的温泉资源和医药资源、底蕴深厚的宗教文化、优越的交通区位条件使得江西健康养生休闲度假旅游的魅力日渐显露，并逐步形成以山地避暑、温泉养生、水域运动休闲、乡村民宿、城市生活、中医康体和宗教静养为主的七大类休闲度假旅游产品，如庐山休闲避暑游、井冈山红色文化体验游、三清山栈道运动游、龙虎山道教体验游、景德镇陶瓷文化游、宜春温汤养生游、婺源乡村度假游等都已成为国

内外知名的健康旅游产品。截至 2016 年底，江西已有全国休闲农业与乡村旅游示范点 21 个，创评了 16 个全国特色旅游景观名镇（村）、2 个 5A 级乡村旅游点和 88 个 4A 级乡村旅游点。尽管江西健康旅游业发展迅速，但健康旅游产品总体单一，各地在开发中只注重观光型产品，对健康旅游产品的立体层次以及游客的参与体验重视程度不够。一些具有地方特色的健康旅游产品长期得不到开发利用，旅游活动的文化性体现不足，休闲旅游活动主要停留在低层次的项目上，在旅游产品的设计、开发、宣传、销售环节上没有充分利用健康旅游的品牌价值。如一些体验赣傩文化的游客大多数只进行参观、听导游员的讲解、购买简单的旅游纪念品等低层次的体验活动，缺乏立体体验、休闲项目，不能满足多层次游客的需求。

（三）医疗卫生资源稳步提升，对健康产业的支撑作用尚显不足

近年来，江西积极建立覆盖城乡居民的基本医疗卫生制度，医疗卫生水平稳步提升。截至 2016 年底，江西共有各类医疗卫生机构 38266 家，其中医院 592 家、基层医疗卫生机构 36777 家、专业公共卫生机构 795 家；各类医疗卫生机构床位总数 20.9 万张，其中医院床位数 14.3 万张、卫生院床位数 4.8 万张。在医疗卫生资源稳步发展的同时，人均医疗资源基数较低成为医疗卫生事业发展面临的短腿效应。另外，对医疗卫生资源的投入不够，导致江西缺少特色高端的医疗服务机构，高层次的医学拔尖人才以及具有国内外先进水平的大型医疗设备也较为缺乏。2016 年，江西每千人医疗卫生机构床位数 4.55 张，比全国平均水平低 0.82 张，也低于湖南的 6.27 张；每千人口拥有执业（助理）医师 1.72 人、注册护士 2.08 人，分别比全国低 0.59 人和 0.46 人，分别比湖南低 0.64 人和 0.29 人。

二、国内兄弟省份加快推进大健康产业建设的经验借鉴

（一）贵州：着力打造"休闲、滋补、康体、温泉"四大健康产业业态

2015 年成为贵州大健康医药产业发展的重要节点，出台《关于支持健康养生产业发展若干政策措施的意见》等多个文件，2017 年 4 月《贵州

省大健康产业"十三五"发展规划》提出到 2020 年基本形成覆盖全生命周期、内涵丰富、特色鲜明、布局合理、创新能力强、可推广示范的大健康全产业链体系。在政策支持下，贵州独具特色、主业突出、融合联动的健康养生产业体系初具雏形。一是休闲养生产业，依托旅游、健康、生态、文化等资源，发展以回归自然、感受传统、放松身心等为调养手段的健康养生业态，包括生态文化休闲体验、避暑度假和健康养老等；二是滋补养生产业，依托绿色有机食品、中药材，发展以调饮食、补偏救弊和保健等为调养手段的健康养生业态，包括绿色有机健康养生食品、药膳健康养生产品和中医民族医保健等；三是康体养生产业，依托山地、湖泊水体等运动资源，发展以动静有常、和谐适度的运动为调养手段的健康养生业态，包括山地户外运动和水上运动等；四是温泉养生产业，依托温泉资源，发展以温泉疗养、温泉保健等为调养手段的健康养生业态。经过多年发展，健康产业已经成为贵州的特色优势产业之一，拥有"国泉神汤·息烽温泉"、石阡"中国温泉之乡"、保利"中国十大温泉度假区暨温泉度假饭店"等品牌。2016 年 11 月，贵州遴选了一批具有标志性、引领性、带动性的项目，形成了大健康产业重点工程包，工程包项目共计 320 个，总投资 5248 亿元。截至 2016 年底，贵州大健康产业实现增加值 942.12 亿元，占 GDP 的比重达 8.03%。

（二）浙江：构建"一核三极三带"的健康产业格局

健康产业是浙江重点培育的"七大万亿元产业"之一，早在 2012 年的浙江省政府工作报告中就提出，要制定实施"健康浙江"发展战略。2016 年 12 月，浙江发布《健康浙江 2030 行动纲要》，提出到 2030 年，基本建成健康环境、健康人群、健康社会与健康发展和谐统一的健康促进型社会。通过近几年的发展，浙江逐步形成"一核三极三带"的健康产业总体布局。其中，"一核"是以杭州都市区为核心，主要推动全产业链发展和高端要素集聚，形成对江西的辐射带动作用，鼓励社会资本举办高端医疗机构和特色专科医疗机构，推进杭州国家高新区智慧医疗产业基地。"三极"是以宁波、温州、金华—义乌三大都市区为三大增长极，推动

"三极"在公立医院综合改革、民间资本办医、智慧医疗建设等领域综合改革起到试点示范作用,推动健康产业的高端化、特色化发展,形成区域健康产业增长极。"三带"为浙西浙南山区健康养生、浙东沿海健康制造、浙北平原健康休闲三大特色产业带,浙西浙南山区健康养生产业带打造以健康服务业为主导、健康生产为支撑的健康产业体系;浙东沿海健康制造产业带打造集医疗、保健、养生于一体的沿海健康旅游产业链;浙北平原健康休闲产业带则促进健康养老、健康信息、健康旅游和体育健身等产业向高端化、国际化发展。2016 年,浙江大健康产业总产值约 5800 亿元,增加值约 2200 亿元,占江西 GDP 比重达 4.8%。

（三）广东:发展各具特色的多元化健康服务产业集群

广东于 2015 年 7 月印发《广东省促进健康服务业发展行动计划(2015～2020 年)》,提出要显著扩大健康服务产业规模,医疗、养老、健康管理和保险等服务类产业蓬勃发展,医药产品、医疗器械、保健食品等制造类产业优化壮大,打造互动循环和各具特色的多元化健康服务产业集群:一是珠三角地区生物医药产业集群,主要发展医药产品产业,引导企业加大具有自主知识产权的医药产品的研发和成果转化力度,提升企业创新能力和核心竞争力;二是粤南粤东健康食品产业集群,主要建设传统保健食品品牌,重点扶持无公害农产品、绿色食品和保健品基地建设,推动以中医药、海洋生物、特色动植物为基础的新型保健食品和功能食品开发;三是佛山—东莞医疗器械产业集群,着力发展医疗器械产业,开发具有自主知识产权的技术,促进创新医疗器械产品的应用和普及,培育高端医疗器械高技术企业。经过多年的发展,在低成本健康领域,深圳形成了较为完整的低成本健康产业链,由中国科学院深圳先进技术研究院发起的"全民低成本海云健康工程"解决方案,已经在全国布点 3000 余个。深圳龙岗区的低成本产业园区已入驻多家各有侧重的企业,形成了完善的低成本健康解决方案。另外,广东现有医疗器械生产企业 1600 余家,医疗器械产业依靠科技创新,已发展成为一个产品门类比较齐全、创新能力不断增强、市场需求十分旺盛的朝阳产业。

三、江西加快发展大健康产业的对策建议

（一）以生物医药为核心，培育江西健康产业新动能

以中成药为突破口，建成一批现代中药、化学药、生物制药等产业集群，提升医药健康服务能力，重点加强肾宝、健胃消食片、草珊瑚含片、珍视明滴眼液等品牌开发，做大江中、汇仁、济民可信、仁和、青峰药业等骨干企业规模，推进若干江西名中药进入国际药品主流市场，提升江西中药材的影响力和辐射力。依托丰富的中药材资源及产业发展基础，推进樟树和袁州医药工业园、抚州生物医药产业园等建设，形成与南昌生物医药产业集聚区错位、协同发展的空间布局。以南昌高新技术产业开发区、南昌小蓝经济技术开发区、南昌桑海医药产业园、进贤医疗器械产业园为核心，培育以现代中药、非专利药物、一次性医疗器械为主的上下游产业集群。积极促进生物医药生产方式向智能制造升级，推动新技术、新装备的集成创新和应用，逐步形成信息化与绿色制造的创新技术体系。

（二）以养老养生为抓手，打造国内知名的宜居颐养胜地

围绕人体健康维护和促进，发挥江西自然养生资源独特、健康养生文化底蕴深厚的优势，加快构建独具特色、主业突出、融合联动的健康养生产业体系，打造全国知名的宜居颐养胜地。依托温泉资源、禅文化底蕴及生态环境优势，打造以明月山、温汤硒温泉为特色的宜春温泉休闲养生度假区，积极挖掘中医药温泉健康养生文化，开发石温泉、水果泉、白酒泉、中药或民族药泉、休闲理疗区、民族文化温泉区、动感温泉区等游客参与性和体验性强的产品，吸引社会资本投资建设温泉康体度假疗养中心，推动温泉资源的综合开发利用，加快打造国际温泉禅修中心、国际温泉康疗中心和温泉文化带建设。发挥江西生态环境良好、负氧离子富足的优势，依托庐山、井冈山、三清山、龙虎山、武功山等景区，打造一批休闲养生养老基地，将医疗、气候、生态、康复、休闲等多种元素融入健康养生产业，培育发展养老、康复、老年产品等一体化的特色产品，积极开展适合老年人特点的文化娱乐、体育健身、教育培训、金融理财、休闲旅

游、健康养生等服务。

（三）以康体旅游为特色，激发健康旅游新活力

在以井冈山为核心的红色体验养生休闲区、以景德镇陶瓷文化为核心的瓷文化休闲度假区、以龙虎山为核心的道都度假区等健康旅游产业集聚区的基础上，着力开发自驾车旅游、中医药康体养生度假、商务会展休闲旅游、体育运动与户外探险旅游、通用航空低空飞行旅游等产品，将新业态旅游产品打造成为江西健康旅游发展的新亮点。同时，完善公共服务体系，加强旅游景区（点）的交通、水电、通信、卫生等基础设施建设，提升健康养生服务质量和水平，拓展休闲旅游客源市场，构建智慧旅游服务管理营销体系。继续打造一批特色突出的健康旅游集聚区，形成业态丰富和优势明显的健康旅游产业体系，力争建成全国健康旅游最佳目的地。

（四）以多元办医为支撑，推动医疗卫生服务全方位发展

坚持公立医疗机构面向城乡居民提供基本医疗服务的主导地位，积极稳妥推进公立医院转制，完善医疗卫生服务体系。扩大医疗市场对外开放力度，有序推进社会资本办医，鼓励社会资本以出资新建、参与改制、托管、公办民营等多种形式投资发展医疗卫生服务业，全面形成多元办医格局。继续加大医疗器械领域的科技创新投入，充分利用新材料、电子信息、机械装备等相关领域的技术，着重发展高新诊断技术及产品、生物医用材料制品及植入器械、新型医用高端耗材及制品等。推进医疗服务创新，引导省级医院与国内外医学院校、北京和上海大型医院广泛开展合作，利用高等院校、科研院所与医院平台集聚高端医疗服务人才，开拓尖端学术研究、新型医药器械研发、复杂疾病治疗等领域，努力打造特色高端医疗服务产业集群。

（五）以绿色食品为纽带，打造健康食品产业链

以打造集种植、养殖、加工为一体的原料标准化生产基地为突破口，在强化绿色食品产业原料支撑的同时，着力延伸绿色食品加工产业链条，力争把江西创建成为全国最大的"种养加一体化"绿色食品原料标准化生产基地。将种植业、养殖业、加工业有机结合起来，利用传统农业的精华

和现代科学技术，推动绿色食品企业向健康食品企业转型。以江西大米、油茶、茶叶、果业等优势产品为依托，不断增强现代农业示范园区招商引资的针对性，注重招引健康食品产业配套的加工企业。鼓励龙头企业将一些配套及特定的生产工艺分离出来，逐步衍生和吸引关联、配套企业，吸引资金、技术和劳动力等生产要素集聚，推动健康食品企业形成日益紧密的深层次联系，不断衍生出新的增长点，建成相对完整的健康食品产业体系。

（六）以健康管理为保障，强化健康产业管理服务功能

充分发挥健康保险服务功能，积极推进公立社会保险机构改革，强化在居民疾病健康预防与康复服务的投入，控制和减少医疗治疗费用，突出健康保险在健康管理中的核心地位。丰富商业健康保险产品，鼓励商业保险公司发展与基本医疗保险相衔接的商业健康保险，为城乡居民提供多样化、多层次、规范化的产品和服务。积极推进医检分离、健康人群与病患人群分离制度，加快推进江西健康体检的专业化建设，促进健康体检市场发育与成熟。鼓励公立医院通过吸引国内外优秀投资与管理经验丰富的机构，共建共享专业健康体检机构。充分发挥大数据的管理价值，大力发展健康物联网、健康云计算等前沿健康科技产业，推广应用移动健康终端产品，构建数字化、网络化的健康信息平台，实现本地和远程相结合的健康信息管理。

第五节　推动绿色金融成为金融发展新支点

绿色金融是指涵盖绿色信贷、绿色债券、绿色基金、绿色保险、碳金融等一系列金融工具的金融政策，它是破除绿色资金瓶颈的有效手段，也是支撑生态文明建设的正向激励制度安排。自 2012 年国家银保监会颁布

《绿色信贷指引》以来，中国先后成立了绿色金融专业委员会，发布了绿色债券发行管理的规范性文件，组建了7家碳排放权交易所。2015年发布的《生态文明体制改革总体方案》，首次明确提出了建立绿色金融体系的制度安排，标志着指导中国绿色金融发展的顶层设计初步确立。江西作为首批国家生态文明试验区之一，实现绿色发展、绿色崛起必须依靠强有力的资金支持。因此，必须加快构建绿色金融体系，撬动金融杠杆支持传统产业转型升级、促进节能减排和环境治理，以绿色金融体系的强力建设助推实体经济绿色转型和生态文明试验区建设。

一、江西发展绿色金融具有良好的政策机遇和现实需求

（一）放眼全国，绿色金融支持生态文明建设的实践方兴未艾

2016年8月，中国人民银行、环保部等七部委联合印发了《关于构建绿色金融体系的指导意见》。随后，各地尤其是国家生态文明试验区积极围绕绿色金融开展先行先试。福建于2017年5月出台《绿色金融体系建设实施方案》，已经建立了排污权和碳排放权交易市场体系；贵州于2016年11月出台《关于加快绿色金融发展的实施意见》，并成立了绿色金融交易中心、绿色资源投资公司、绿色硅谷资产管理公司3家绿色金融平台和3家生态支行；安徽、青海、内蒙古3省区也已经出台了绿色金融实施意见或方案；2017年6月，广东广州，浙江湖州和衢州，江西赣江新区，贵州贵安新区，新疆哈密、昌吉和克拉玛依均被列入国家绿色金融改革创新试验区。

（二）立足省情，江西国家生态文明试验区建设存在较大资金缺口

当前，江西生态文明建设基础仍然不牢、矛盾仍然突出、压力仍然较大。2017年9月，中共中央办公厅、国务院办公厅印发《国家生态文明试验区（江西）实施方案》，明确了大湖流域生态文明建设的新模式，即通过流域生态补偿、生态修复、生态扶贫、绿色产业等方式培育江西绿色发展新动能，实现绿色富省、绿色惠民的"秀美江西梦"，而绿色发展新动能的培育离不开环保项目、环保产业和环保投资的跟进。以2016年为例，

江西用于节能环保支出的预算安排资金为81.5亿元，同比增长41.9%。其中，用于生态保护项目的专项资金约25.8亿元，如果单靠省级财政支持还远远不够，需要借助大量社会资金的参与，特别需要以绿色金融工具撬动资金杠杆。

二、江西绿色金融发展面临的主要问题

近年来，江西依托生态文明试验区建设，积极策应国家绿色金融相关政策，江西绿色金融发展成效初显，但由于起步较晚、创新不足、扶持不强，尚未形成产业规模和竞争能力。

（一）行业总体规模较小，绿色金融产品开发不足

一是绿色信贷规模较小。江西绿色信贷的参与者主要为股份制商业银行，较为活跃的有江西银行和交通银行，信贷流向几乎覆盖所有绿色项目领域，尚未制定重点支持领域，且总体规模尚小。2016年，江西绿色信贷余额1101亿元，占江西银行业总资产比例仅为3.03%，较中部地区的安徽和西部地区的青海分别低21.36%和41.45%。二是绿色债券起步较晚。由于国家2015年底开始批准绿色债券发行，时间较短、市场尚未起步，加之债券操作模式相对复杂、审核周期较长，难以满足企业融资的时效性需求。截至2016年底，江西仅有浦发银行、江西银行和兴业银行三家金融机构介入，总体规模不超过200亿元。三是绿色基金发展缓慢。全国已有不少省份出资成立绿色引导基金，用于募集社会资金支持生态建设和绿色发展。例如，云南为推进国家绿色经济试验示范区建设设立了全国首支绿色发展基金，安徽为支持新安江保护设立了新安江绿色发展基金，湖南为支持两型城市建设设立了全国第一支两型城市发展基金。相比较而言，江西绿色发展基金发展较为缓慢。四是绿色保险续保乏力。由于企业保险意识和风险防范认识不足，江西推出的环责险保费较高、保险内容不够丰富，加之江西还未实施全面的强制性环责险，导致投保企业数量少、续保积极性不高。江西环责险试点自2013年12月开始，到2015年12月结束，试点结束时，江西61家环责险试点企业只有31家企业投保环责险，投保

率为57.4%，平均每家企业投保金额为1212.9万元，远低于广东、湖北等周边省份并且2016年起没有一家企业续保。

（二）业务收益和激励不足，绿色金融发展意愿不强

一是绿色金融业务的成本—收益低于预期。江西绿色融资项目主要涉及环境保护等重大基础设施项目，这类项目普遍前期投入较大，而投资回收期较长，加之银行调查评估、贷前审批和贷后管理的成本较高，不太受到以中短期投资收益为目标的金融机构的青睐。倘若这些项目没有足够的担保资源，那么银行信贷资金更难向这类项目倾斜。二是缺乏推进绿色金融业务的有效激励政策。目前，江西从省级层面制定出台了绿色金融实施意见，但仍然缺乏支持绿色金融发展的相关激励政策，难以调动金融机构参与绿色业务的积极性。相比之下，沿海地区广东乃至中部地区的安徽、河北等地均有相关激励制度安排，如广东出台了《关于加强环保与金融融合促进绿色发展的实施意见》，安徽出台了《绿色金融体系实施方案》，河北出台了《银行业支持产业结构调整防治大气污染防控银行风险的指导意见》。

（三）业务标准和市场运作不规范，行业缺乏正确指导

一是绿色项目认定标准和市场准则尚未统一。由于金融机构对绿色信贷、绿色债券等业务标准认知不统一，难以客观准确地判定项目的绿色属性，仅凭自身理解来制定绿色金融的业务方向和制度流程，更缺乏官方科学的指导目录和风险评级指标，制约了绿色金融业务开展的可操作性和灵活性。如绿色信贷方面，江西仅有交通银行1家制定行业绿色信贷管理指引。二是专业的绿色投融资机构缺乏。江西参与绿色金融的金融机构主要是商业银行和政策性银行，均未设立绿色支行、生态支行等差异化、特色化的绿色信贷专营服务机构，因此绿色金融业务在风险防范等方面的专业性不足。相比之下，贵州已成立绿色金融交易中心、绿色资源投资公司、绿色硅谷资产管理公司等3家绿色金融平台和3家生态支行。

（四）信息披露和共享机制不健全，业务拓展面临信息瓶颈

一是企业环境信息披露程度不高。自2013年国家环保部规定重点企

业必须披露环境信息后，上市公司环境信息披露程度有所提升，国内披露环境信息的上市公司占比约26%左右，而江西35家上市公司仅有5家披露了详细的环境信息，大部分未上市的企业环境信息更无从核查，甚至有些企业隐瞒或虚报环境信息，金融机构与企业之间的环境信息不对称性极大地阻碍了绿色金融业务的拓展。二是企业环境信息共享机制尚未建立。全国范围内环保部门与金融机构尚未实现信息共享，人民银行征信系统所提供"环保信息"的涉及企业极少，大部分企业环境污染信息还未纳入该系统，这进一步加剧了金融机构与融资需求方的信息不对称。

（五）专业性人才和绿色中介机构缺乏，行业发展缺乏技术支撑

一是绿色金融专业性人才匮乏。绿色金融对业务人员的要求较一般金融从业者更高，除了对金融项目的风险识别、风险评估等能力外，还要求从业者掌握绿色金融业务流程、交叉领域的绿色属性识别力和绿色融资方式。目前，江西商业银行、产权交易所等金融机构在上述领域的专业人才储备明显不足，如碳金融业务方面的人才和技术尚无法满足CDM（清洁发展机制）、CCER（中国核证减排量）交易所需要的人才需求。二是绿色金融中介平台缺乏。自环保部门与环评红顶中介脱钩以来，环境评估标准主要依赖各级环保部门的外部评估，而市场化的环评机构对企业环保领域的技术识别和风险评估能力有限。目前，江西专事绿色金融业务的专业化中介服务机构，如环境损害鉴定评估机构、环境风险评估机构、数据服务公司等还是空白。

三、推动绿色金融成为江西金融发展新支点的对策建议

主动对接国家绿色金融指导意见，策应国家生态文明试验区建设，瞄准生态优势和环保产业，完善相关机制和支撑体系，创新绿色金融产品和开发模式，构建绿色金融保障体系，推动绿色金融成为江西金融发展新支点。

（一）坚持顶层联动、政策激励与考评监管机制并举，打通绿色金融薄弱环节

一是建立绿色金融顶层联动机制。根据国家七部委的《关于构建绿色金融体系的指导意见》，围绕国家生态文明试验区建设目标，依托赣江新区绿色金融改革创新实验区，尽快制定支持绿色金融发展的相关激励政策，明确江西绿色金融的重点支持方向和主要金融产品，编制绿色金融支持项目清单，制定相应的监管扶持政策。建立部门联席制度，加强金融部门与发改、环保、人民银行、银监等部门的联动协作，加强部门信息共享，提供配套服务能力。二是健全绿色金融政策激励机制。以政府财政资金为主导，注入风投、创投、保险等社会资金，构建以风险补偿基金、绿色担保基金、贷款贴息、税收优惠、费用补贴为主的绿色金融激励机制，根据绿色金融支持项目清单，实施差别化奖励补贴政策，专项补贴激励绿色贷款、绿色债券、绿色保险等环保高风险业务。三是完善绿色金融考评监管机制。抓紧研究制定江西绿色项目评估指标体系，完善项目在节能减排、清洁生产、环境保护等方面的评估依据，实行重大环保风险企业名单管理和绿色资金流向的监测管理，切实提高绿色资金的专项使用效率。对金融机构统一监管标准，实施差异化监管政策，适当提高对绿色信贷、绿色债券等产品的风险容忍度，营造宽松健康的绿色金融发展环境。

（二）以绿色信贷、绿色债券、绿色基金、绿色保险为突破口，完善绿色金融体系

一是积极发展绿色信贷。立足生态和产业特色，按照风险可控、商业可持续原则，加强江西商业银行授信机制、产品开发、业务流程等领域创新。以风险可控为前提，积极探索采矿权、林权和排污权等抵（质）押贷款。以商业可持续为前提，建立体现生态文明要求的评价考核体系，指导和推动商业银行高管层制定绿色信贷工作目标，建立完善绿色信贷专业化经营体系，增强金融机构自觉开展绿色金融业务的主动性。二是加快发行绿色债券。依托江西生态资源优势，重点围绕能源清洁高效利用、节能减排技术改造、循环化改造、生态农林业、低碳经济试点示范等绿色项目发

行绿色债券，鼓励项目通过资金注入、风险缓释基金、担保补贴、债券贴息等方式扩大直接融资比重，以碳排放权、排污权、用能权、用水权、知识产权为担保优化债券增信结构。三是积极设立绿色基金。以财政划拨专项资金、征收环境税、收取企业排污费等方式筹集绿色产业基金，鼓励银行、证券、保险等社会资本注资，设立 PPP（政府和社会资本合作）绿色发展基金，专门用于鄱阳湖流域水环境综合治理、农村环境综合整治等公益性项目。鼓励绿色龙头企业发起设立绿色产业基金，采取收益和成本风险共担机制，专项支持节能环保等产业发展。四是强制推行绿色保险。结合重化工业突出、环境潜在污染危险性大、农林业有优势的特点，鼓励大型保险公司结合江西生态和产业实际，开发森林保险、湿地林地、生态保护区等特色绿色险种。继续推进环境污染强制责任保险试点，引导节能环保、新能源、新材料、生物医药等行业企业购买环境污染责任险。

（三）创新融资模式和担保方式，释放绿色杠杆资金活力

一是加强融资工具创新。以依法合规、风险适度为前提，鼓励江西金融机构加强与 PE（私募股权投资）和 VC（风险投资）等创投机构合作，探索 PPP 项目、债券承销、"债贷结合""债基结合""债股结合"等多种融资工具，重点鼓励金融机构将环保项目与其他高收益项目打包捆绑，鼓励商业银行实行债贷统一授信、债基组合融资，支持绿色发展基金参股 PPP 项目，丰富绿色项目融资方式。二是加强担保方式创新。支持江西担保质押机构积极开展应收账款、股权、知识产权、林权和农村土地"两权"抵押方式，探索使用碳排放权、CCER、排污权、用能权、用水权等环境权益作为担保增信方式，加紧研究确定抵质押物的价值测算方法，构建环境抵质押登记系统，建立专业化绿色担保机制。

（四）强化金融机构、信息共享与专业人才支撑，构建绿色金融保障体系

一是推进金融机构绿色化发展。鼓励农业银行、邮储银行等商业银行率先在赣江新区金融创新试验区内设立绿色支行或组建绿色投资银行，完善绿色信贷体制机制，开发绿色消费贷款、低碳信用卡、绿色理财产品等

绿色金融产品。支持互联网金融机构、PE、VC 机构参与融资，设立节能环保产业基金、生态文明建设 PPP 基金。鼓励江西联合股权交易中心、江西产权交易所和江西碳排放权交易中心积极参与全国碳排放权、CCER 交易。二是建立绿色信息共享机制。积极响应环境信息披露机制，要求上市公司、规模以上工业企业定期发布企业环境报告，并主动公布污染排放、环境治理和环保投入相关信息。构建环保部门与人民银行、银监会、商业银行等机构的信息共享平台，及时发布企业重大环境事故、安全生产违规事件、贷款还款信息，为金融机构提示企业潜在的融资风险。鼓励高等院校或第三方机构积极对接 IPE（公众环境研究中心）等环境信息平台，建立省级企业绿色信息数据库，绘制江西绿色地图，采集、统计和发布江西企业排污费、绿化费、环境罚款、环保投资、环责险费用以及污染物排放等环境信息，为绿色金融业务开展提供依据。三是培养绿色金融专业人才。围绕碳排放权交易、绿色发展基金、绿色资产证券化等业务发展需要，鼓励江西事业单位、高等院校、国有企业和商业银行引进和培养一批绿色金融高端人才，紧跟全国绿色金融业务发展趋势，研究制定支撑江西生态文明建设的绿色金融政策、措施和产品。支持南昌大学、江西财经大学等高等学校，联合环保部门和人民银行，创建绿色金融人才培养平台，加强绿色金融学科建设，开展绿色金融人才培养和绿色金融业务培训，为江西生态文明建设和绿色金融业务开展培养和输送人才。

第四章　绿色经济：为新旧动能转换
注入绿色动力

　　绿色生态是江西最大的财富、最大的优势、最大的品牌，江西经济也已经进入了"绿色转型"的快车道。因此，立足独特的生态资源优势，将绿色经济作为培育新动能的重要支点，在绿色发展中培育经济增长新动能，既抓住了将生态优势转变为发展优势、实现绿色崛起的"牛鼻子"，又打造了美丽中国"江西样板"的有效抓手。

第一节　促进绿色生态优势转化为
新经济发展优势

　　随着工业化、城镇化的加速推进，生态环境已从容量丰富、质量优良，转变为容量有限、质量堪忧，绿色发展已经进入样板打造的关键期、制度建设的提升期、转型升级的追赶期、生态环保的攻坚期。走向生态文明新时代是习近平总书记治国理政新理念新思想新战略，是关于生态文明建设、绿色发展的重大部署和要求，为推进绿色发展、绿色崛起提供了价值取向、基本理念和根本遵循。必须切实加快转方式，在加强生态保护建设的同时，坚持生态经济化、经济生态化，大力推行绿色低碳循环生产方式，加快转型升级步伐，努力探索绿色发展新路。

一、江西绿色发展、绿色崛起进程：从理念到行动

江西是一个欠发达省份，也是一个生态环境优良的省份。如何既加快发展，又切实保护好、建设好、发展好江西的青山绿水，走出一条科学发展、绿色崛起之路，是江西长期探索、思考和实践的重大问题。改革开放以来，江西一如既往贯彻中央要求，一脉相承地坚持绿色发展道路，迈出了绿色发展的坚定步伐。

（一）探索阶段（改革开放至20世纪末）："既要金山银山，又要绿水青山"

改革开放以后，中央把环境保护作为中国的基本国策，确立了环境保护在经济和社会发展中的重要地位。江西敏锐地认识到生态建设的重要性，较早树立起生态发展的理念并进行了积极探索。江西省委、省政府提出"画好山水画，写好田园诗"的战略构想，即结合农业生态优势，带动整个经济全面发展。1983年，江西省委、省政府提出并实施了举世瞩目的"山江湖开发治理工程"，把山、江、湖的开发与治理作为一个整体，把生态与经济作为一个系统，确立"治湖必治江、治江必治山、治山必治贫"的生态修复和发展模式。1992年初，江西省委、省政府在总结山江湖治理经验的基础上，又作出"在山上再造一个江西"的重大决策，即全面培育、有效保护、合理利用森林资源，充分发挥森林的生态效益和经济效益，促进经济快速发展和社会全面进步，实现可持续发展的目标。特别是"山江湖工程"，是江西生态立省的有力探索，已成为全球生态恢复和扶贫攻坚的典范。

（二）深化阶段（新世纪以来至党的十八大召开）："既要金山银山，更要绿水青山"

进入21世纪以来，中央提出可持续发展战略，确立科学发展观的指导思想，强调人与自然和谐发展、建设"资源节约型、环境友好型社会"，把环境保护与经济发展统一起来。江西省委、省政府深入贯彻落实科学发

展观，进一步确立了生态立省、绿色发展的理念，在提出"中部地区率先崛起"战略目标的同时，明确提出"既要金山银山，更要绿水青山"，把保护生态环境摆在了更加突出的位置。2003 年，江西对项目的引进确立了"三个不准搞"的规定，即严重污染环境的项目不准搞，严重危害人民生命健康和职工安全的项目坚决不准搞，"黄、赌、毒"的项目不准搞。2005 年 12 月，江西省委十一届十次全会提出"五化三江西"的主要任务，其中建设"绿色生态江西"作为三个江西之一。党的十七大报告第一次提出"建设生态文明"的目标后，江西不断深化和创新发展理念，提出"科学发展、绿色崛起"的发展战略，2009 年 12 月，经过反复论证、积极争取，国务院正式批复《鄱阳湖生态经济区规划》，建设鄱阳湖生态经济区正式上升为国家战略，开启了探索经济与生态协调发展新模式的重大实践。通过 21 世纪以来一系列战略的深入实施，江西不仅经济保持平稳较快增长，生态环境也持续优化，生态文明建设水平不断提升，绿色发展之路越走越宽。

（三）升华阶段（党的十八大以来）："绿水青山就是金山银山"

党的十八大以来，以习近平同志为核心的党中央从中国特色社会主义事业"五位一体"总布局的战略高度，对生态文明建设提出了许多新思想、新观点和新论断，为加强生态文明建设、打造美丽中国提供了理论遵循和行动指南。党的十八届五中全会提出绿色发展理念，标志着绿色发展进入全面推进的新阶段。江西努力争当生态文明建设的排头兵，不断深化、细化绿色崛起理念、路径、制度和保障。2013 年 7 月，江西省委十三届七次全会确立了江西发展的十六字战略方针，"绿色崛起"成为江西发展的战略核心内容。2014 年 7 月，争取列入全国 5 个全境入选国家首批生态文明先行示范区的省份之一。2016 年 8 月，在总结生态文明先行示范区建设经验的基础上，通过不懈努力，江西与福建、贵州同时纳入首批国家生态文明试验区，生态文明建设站在了更高的平台上。2016 年 11 月，江西省第十四次党代会将"走出具有江西特色的绿色发展新路，打造美丽中国'江西样板'"纳入了今后五年江西工作的总体要求，提出了"决胜全面建成小康社会，建设富裕美丽幸福江西"的总目标，描绘了江西绿色崛起的美好蓝图。党的十八大以来江西对绿色崛起的不懈探索，使江西上下对生态绿色这个最大财富、最大优势、最大品牌有了更高的认识，更加坚定了"向特色优势要竞争力"的信心和决心，正在奋力探索具有江西特色的绿色发展新路。

二、江西处于绿色生态优势向经济发展优势转化的关键时期

绿色崛起是江西坚定不移推进的重大战略，是江西"决胜全面建成小康社会，建设富裕美丽幸福现代化江西"的必然要求。国家把生态文明建设放在更加突出的位置，习近平总书记要求打造美丽中国"江西样板"，把江西列入国家生态文明试验区建设，为江西发展带来历史性机遇，江西正处于绿色生态优势向经济发展优势转化的关键时期。

（一）产业转型升级步伐加快，绿色产业体系基本形成

坚持把发展绿色产业、促进产业绿色化，作为促进经济发展与资源环境相协调的基本路径，深入实施创新驱动发展战略，深入推进"生态＋农业""生态＋工业""生态＋服务业"，在保持经济平稳较快增长的同时，经济发展质量、效益和水平不断提高。在新动能培育上做"加法"，形成创新发展"1＋3"政策体系，2016 年新增国家级创新平台和载体 19 个，航空、新型电子主营收入分别增长 20% 和 25%。在传统动能改造上做"减法"，积极化解钢铁、煤炭过剩产能，2016 年退出粗钢产能 433 万吨、生铁产能 50 万吨，五年任务一年完成；关闭退出煤矿 229 处、退出煤炭产能 1400 万吨，提前超额完成年度任务。在生产方式转变上做"乘法"，狠抓循环经济发展和节能减排，2016 年共完成 309 家企业清洁生产改造。2016 年，江西高新技术产业增加值占规上工业增加值比重首次突破 30%，达到 30.1%；六大高耗能行业增加值占规上工业比重为 36.0%，同比下降 1.8 个百分点；江西服务业增加值增长 11%，服务业占 GDP 比重达40.4%，在占比首次超过 40% 的同时，对 GDP 贡献率首次超过第二产业。产业结构的不断优化，充分体现了国家生态文明试验区建设的成果，初步

探索出一条绿色低碳循环的产业发展新路，为绿色崛起提供了有力支撑。

（二）生态屏障得到巩固提升，切实打造山水林田湖生命共同体

山水林田湖是生命共同体。江西把鄱阳湖流域作为山水林田湖一体的独立生态系统，深入推进生态建设和治理，生态优势进一步巩固，2016年江西森林覆盖率稳定在63.1%，位居全国前列，湿地保有量保持91万公顷；江西环境质量稳居全国前列，设区市城区空气质量优良率86.2%，主要河流监测断面水质达标率88.6%；资源利用效率进一步提高，万元GDP能耗同比下降4%左右，工业固体废弃物综合利用率、主要再生资源回收利用率、农作物秸秆综合利用率分别达到58.5%、66.3%和87.2%。突出系统治理，推进流域综合管控，初步实现河畅、水清、岸绿、景美的目标。深入推进"净空"行动，2016年全面完成158个重点行业大气污染限期治理项目，江西所有统调火电机组全部配套建设脱硫脱硝设施，风电、光伏发电装机容量分别突破140万千瓦和180万千瓦。深入推进"净水"行动，所有集中式饮用水源地水质均达到国家标准，2016年新建改建城镇和工业园区各类污水管网1535公里，城市污水处理率达到88%。深入推进"净土"行动，推进7个重点防控区重金属污染监测、治理与修复工程建设，重点行业重金属污染物排放量连续持续下降，2016年城镇生活垃圾无害化处理率达到80.7%。突出面上提升，实施森林质量提升工程、水土保持工程、湿地保护工程、土地整治工程，2016年完成造林面积208万亩，森林抚育560万亩，改造低产低效林150万亩，综合治理水土流失面积1100平方公里以上，湿地占国土面积比重达到5.5%，完成土地整治19.63万亩。突出点上示范，2016年争取赣州列为国家山水林田湖生态保护修复试点，获得中央财政奖补资金20亿元。抚州省级生态文明先行示范区加快推进，昌铜高速生态经济带发展态势良好。2016年，新增17个国家重点生态功能区，新创建2个国家级生态县，新确定16个省级生态文明示范县、60个省级生态文明示范基地。生态屏障的日益巩固，有效提升了江西资源环境承载力，为绿色崛起提供充足的自然资源和良好的生态环境，有力推动了江西经济可持续发展。

（三）生态文明制度不断完善，有力增强绿色崛起的动力

把制度建设作为生态文明建设的重中之重，深入推进制度探索和创新，初步形成了"源头严防、过程严管、后果严惩"的生态文明"四梁八柱"制度框架。"源头严防"方面，划定生态空间保护，生态保护红线范围5.52万平方公里，占江西国土面积的33.1%，成为全国第三个正式发布生态保护红线的省份。同时，划定了水资源保护红线、永久基本农田保护红线；启动水流、森林、山岭、荒地、滩涂等自然生态空间统一确权登记试点工作，启动编制省域空间规划。"过程严管"方面，建立健全区域与流域相结合的5级河长组织体系和区域、流域、部门协作联动机制，江西省委书记、省长分别任省级正副"总河长"，7名省领导分别任境内主要河流、湖泊等"河长"，高位推动河湖管理与保护；在全国率先实现全流域生态补偿，首期筹集生态流域补偿资金20.91亿元，成为全国生态补偿资金筹集力度最大的省份；启动江西—广东东江跨流域生态保护补偿试点，国家和江西、广东两省每年安排补偿资金5亿元；推进流域水环境监测事权改革，完善生态文明市场导向制度。"后果严惩"方面，在全国率先建立生态文明建设评价指标体系，提高生态文明类考核指标在市县科学发展综合考核评价中的权重，一类、二类、三类县生态文明建设考评分值占比分别提高到15.1%、18.13%和22.53%。出台党政领导干部自然资源资产离任审计、生态环境损害责任追究等制度，开展自然资源资产负债表试点并形成初步成果。生态文明制度的不断完善，将江西生态文明建设的经验固化为制度成果，提炼为可复制、可推广的经验，为江西加快绿色崛起注入了强劲动力。

（四）生态文明理念深入人心，绿色崛起成为江西广泛共识

始终把生态文明建设作为重要民生工程，初步形成生态文明理念广泛认同、生态文明建设广泛参与、生态文明成果广泛共享的良好局面。绿色惠民成效显著，2016年，完成生态移民9.6万人，争取国家下达光伏扶贫计划62万千瓦，江西列入全国网络扶贫试点，在全国率先实现国家园林城市设区市全覆盖。绿色文化入脑入心，绿发会、鄱阳湖国际生态文化

节、环鄱阳湖自行车赛等主题活动成功举办，绿色文化影响力不断扩大，"绿色出行"、低碳消费等成为广大群众新时尚。绿色共建如火如荼，进一步完善重大项目环境影响评价群众参与机制，健全环境保护信息公开制度，建立环境保护信息公开平台。目前，江西"生态红利"实现全民共享，绿色崛起成为广泛共识，有利于凝聚江西上下的力量，早日实现绿色崛起。

同时，也要清醒看到，江西绿色崛起还存在不少矛盾和问题：

一是思想认识不到位，对绿色崛起理解不深不透。一些地方和部门领导干部没有深刻认识到绿色崛起的深刻内涵和重大意义，没有深刻认识生态与经济是相辅相成、相互促进的关系，仍然存在"唯 GDP 论""唯生态论"等不当论调，认为要发展就要牺牲生态，要保护生态就难以发展，导致在贯彻落实绿色崛起战略中存在偏差。体现在实际工作中，一些地方在处理经济发展与环境保护方面存在"一手硬、一手软"现象，有的为了一时发展而对高污染、高耗能项目大开绿灯，对生态环境保护抓得不紧、对生态制度落实不力；有的以保护生态为理由而瞻前顾后、畏首畏尾，对一些事关发展大局的重大项目不敢一抓到底，对如何将生态优势转化为发展优势缺乏深入思考和有效办法，没有认识到"绿水青山就是金山银山"，导致"抱着金饭碗守穷"。

二是环境容量压力加大，环境保护面临较大挑战。随着工业化城镇化加速推进，资源能源消耗与污染物排放总量仍在增加，人口、资源、环境的协调难度加大。鄱阳湖及"五河"流域水质保护压力加大，部分河段水质有下降趋势。大气污染治理不平衡，部分城市"雾霾"发生频率和持续时间有所增加。环境保护基础设施历史欠账较多，污水垃圾处理等基础设施建设相对滞后、配套不全。森林质量不高、生态功能不强，矿山开采带来的环境污染治理压力较大。环境监管职能交叉重叠、错位越位缺位等现象仍然存在，多部门协同联动机制还不健全。同时，江西资源能源利用水平较低，绿色矿山比例不足1%，非化石能源占一次能源消费比重不足10%，化石燃料的比重偏高，煤炭消费占到7成；企业节能技术落后，节能减排投入不足，破坏生态、污染环境的现象仍然频发多发。

三是产业层次仍然较低，转型升级步伐仍需加快。2016 年，江西三次产业比重为 10.4∶49.2∶40.4，与全国相比，江西服务业比重低 11.2 个百分点，服务业尽管呈快速增长态势，但发展水平仍然不高。从产业内部结构看，虽然近年来工业比重提升较快，但产业发展较为粗放，高技术、高附加值和精深加工的产品偏少，部分传统行业和企业由于产能过剩、产品结构单一、综合竞争力不强，特别是受融资困难、成本上升等因素影响，运行仍然比较困难。从创新能力看，2016 年江西研发经费占 GDP 的比重为 1.1%，仅相当于全国 2001 年的水平。国家级工程（技术）研究中心、重点实验室（含省部和国家地方联合共建）共计 31 家，仅占全国的 1.9%。优秀企业家、企业创新型人才较少，高层次领军人才更为匮乏。

四是生态制度有待完善，体制机制创新亟待突破。首先，制度创新存在一定阻力。制度创新本质上是一种改革，改革必然触及有关地方、部门利益，在制度建设过程中，一些地方和部门存在瞻前顾后、推进不力的现象。其次，制度的执行力不够。有的制度虽然出台了，却停留在纸面上、口头上，未能进一步建立配套的办法、细则等，不能很好地落实。对违反制度的惩戒机制还不健全，对于群众反映的生态环保突出问题，一些地方雷声大、雨点小，没有动真格，不能让群众满意。最后，先行先试的氛围不浓。一些地方过于强调顶层设计，习惯盯着国家、省有没有出台相应政策，缺乏先行先试、探索创新的主动性和积极性。

三、江西进一步推动绿色生态优势转化为新经济发展优势的对策建议

（一）以区域协调、生态保护为目标，着力优化绿色发展格局

一是在区域发展上，着力形成"一核两带两板块"格局。"一核"即昌九地区，聚力昌九新区建设，打造改革创新的新引擎，使昌九地区成为对接"一带一路"、长江经济带的核心区。"两带"，即沿沪昆、京九两大高铁经济带，集中资源沿两大高铁干线布局，构建赣东北开放合作、赣西经济转型两大组团。"两板块"，即以脱贫攻坚为主要导向的赣南等原中央

苏区、鄱余万都滨湖四县小康攻坚试验区两大板块，着力推动整体跨越式发展、同步全面小康，使之成为支撑江西协调发展的重要增长板块。

二是在生态保护上，着力构建"一湖五河三屏"的生态安全格局。"一湖"，即构建鄱阳湖及其湿地生态保护区，重点保护湖泊面积和水质、水生生物、湿地、候鸟、植被及生物多样性。"五河"，即构建"五河"流域水资源和水产种质资源保护区，保护恢复河道生态系统及功能，维护水域内生物多样性。"三屏"，即构建赣东北—赣东山地森林生态屏障、赣西北—赣西山地森林生态屏障、赣南山地森林生态屏障，重点保护生物多样性、水源涵养功能及其独特的生态系统，加强水源涵养、水土流失防治和天然植被保护。

（二）以培育新动能为引领，着力构建绿色产业体系

一是大力发展新制造经济。航空产业，重点建设南昌航空城、景德镇直升机研发生产基地。新型电子产业，加快构建以南昌为核心，以吉安、宜春、萍乡、新余等地为支撑的 LED 全产业链研发、制造和应用基地；以南昌临空经济区、吉泰走廊电子信息产业集群等为重点的高端通信设备制造基地；以南昌 VR 产业基地为重点的虚拟现实设备制造基地。智能装备产业，重点建设以南昌为重点，九江、吉安、赣州、新余为支点的工业机器人、服务机器人、3D 打印、高档数控机床、智能测控装置及各种集成智能装备。新能源产业，以光伏、锂电为重点，着力打造以晶科能源控股有限公司等企业为重点的具有全球竞争力的光伏产业基地，以宜春、新余、赣州等为重点的锂电产业集聚区。

二是大力发展新服务业。着力提高工业设计水平，加快推进集装备、软件、在线服务于一体的集成设计。着力发展现代物流，培育一批龙头企业，建设一批区域性、行业性物流基地。推进总集成总承包，推动重大装备、航空制造、新能源、新型电子、工程建设等重点行业龙头企业开展产业链整合，延伸服务链条，拓展服务空间。大力发展现代金融业，推进赣江新区绿色金融创新示范区建设，完善现代金融体系。推动全省旅游发展，推进 18 个国家级全省旅游示范区建设，实施"旅游＋"融合工程。

壮大文化创意产业，重点建设南昌综合性创意都市和环鄱阳湖、沿沪昆高速、沿京九铁路等文化创意产业带。

三是大力发展绿色农业。实施农业"接二连三"工程，大力推进农业和健康养生、休闲娱乐、教育文化等领域深度融合，大力发展农产品个性化定制服务、市民农场等新型业态。着力培育一批农业产业化龙头企业，提高精深加工能力，大力推广"生产基地＋中央厨房＋餐饮门店""生产基地＋加工企业＋商超销售"等产销模式。实施绿色生态农业十大行动，加快打造一批绿色有机农产品生产基地，逐步建立农副产品质量安全追溯体系，全面打响"四绿一红"茶叶、鄱阳湖水产品、赣南脐橙等一批绿色有机农业品牌。深入推进江西"123＋N"智慧农业建设。

四是大力发展节能环保产业。培育和引进节能环保设施设备研发、制造等企业，重点发展污水垃圾处理、大气污染防治、高效膜材料、环保专用车辆等节能环保技术装备。着力打造南昌节能环保产业研发和服务核心集聚区、萍乡环保产业集聚区、赣州资源综合利用产业集聚区、新余节能装备和环保服务集聚区。推进钢铁、有色、煤炭、建材等重点行业循环发展，建设一批国家和省级循环经济基地、循环经济示范城市、循环化改造示范园区。突出抓好重金属污染防治重点防控行业和产能过剩行业清洁生产能力提升工程、农业清洁生产技术推广工程、服务业清洁生产引导工程。

（三）以重大生态环保工程为抓手，着力筑牢绿色屏障

一是推进山水林田湖生命共同体建设工程。推进流域综合治理，在深入实施"河长制"的基础上，探索构建流域综合治理体系，实施抚河流域生态保护及综合治理工程，全面开展生态清洁型流域综合治理，建设赣州国家山水林田湖综合治理试验区。实施森林质量提升工程，突出抓好低产低效林改造、长（珠）防林建设等重点工作，完善天然林管护体系，将所有天然林纳入保护范围。实施湿地保护与恢复工程，以鄱阳湖湿地为重点，在江西天然湿地逐步建立湿地保护区，实行湿地资源总量管理。实施生物多样性保护工程，完善自然保护区管理制度和分级分类管理体系，在

鄱阳湖湿地探索国家公园管理模式，建立珍稀濒危物种种群恢复机制。

二是推进环境保护重大工程。围绕解决大气污染，推进火电行业排污许可、大气污染物总量减排、省际大气污染联防联控等工作。围绕解决解决水污染，开展水质断面考核、十大重点行业专项治理、饮用水源保护、水污染物总量减排等工作。围绕解决土壤污染，持续推进重金属污染防治、危险废物处置能力建设等工作。深化应用新《环保法》和 4 个配套办法，严厉惩处恶意破坏生态环境的违法行为。继续推动长江经济带饮用水源地环保专项整治。完善环保、公安、检察等多部门联动执法机制。

三是推进示范创建工程。着力实施态文明示范创建工程，加快推进赣江干流地区、鄱阳湖周边地区、抚河流域、昌铜沿线地区等生态经济发展"样板"建设，继续推进生态文明示范县、生态文明示范基地创建工作。

（四）以改革创新为动力，着力完善绿色制度

一是构建山水林田湖系统保护与综合治理制度体系。主要包括国土空间开发和用途管制、流域综合管理、生态系统保护与修复、自然资源产权等方面的制度。

二是构建最严格的环境保护与监管体系。主要包括生态环境监测预警、环境保护管理、环保督察、司法保障、农村环境治理等方面的制度。

三是构建促进绿色产业发展的制度体系。主要包括承接产业转移、绿色产业发展、资源节约循环高效利用等方面的制度。

四是构建环境治理和生态保护市场体系。主要包括培育环境治理和生态保护市场、排污权和碳排放权交易、用能权和水权交易、绿色金融等方面的制度。

五是构建绿色共享共治制度体系。主要包括生态扶贫、绿色价值共享、社会参与、生态文化等方面的制度。

六是构建全过程的生态文明绩效考核和责任追究制度体系。主要包括自然资源资产负债表、领导干部自然资源资产离任审计、差别化评价考核、生态环境损害责任追究等方面的制度。

（五）以绿色惠民为重点，着力建设绿色家园

一是大力推进生态扶贫。建立生态补偿扶贫机制，加大对罗霄山集中

连片特困地区、"五河一湖"及东江源头地区的流域生态补偿专项资金扶持力度，建立补偿资金与扶持贫困群众脱贫挂钩机制。深入实施贫困地区生态移民行动计划。在贫困地区开展水电和矿产资源开发资产收益扶贫改革试点。开展"绿色培训"，建立绿色创业扶贫基金，培养农村地区绿色农业发展带头人。建设一批生态扶贫试验区建设。

二是推进绿色共享。探索建立满足健康需求的优质生态环境信息调查、评估、发布机制，建立健全依托良好生态环境发展适宜产业的引导机制和扶持政策。全面实施绿色品牌提升计划，引导企业培育江西生态旅游、绿色农业、环保产业等绿色品牌。推进绿色空间共享，实施城市拆围透绿行动计划，强化城市规划建设绿地配比要求，建设一批开放型绿色生态教育基地。

三是推进新型城镇化。着力建设绿色城市，严格控制城市开发边界，推进城市建筑绿色化，实施智慧城市建设工程、园林城市创建工程、地下综合管廊建设工程、海绵城市、绿色交通建设等重点工程。着力建设绿色小镇，结合特色小镇建设，打造一批旅游景观型、绿色产业型、工矿园区型、商贸集散型、交通枢纽型特色镇。着力建设秀美乡村，加强乡村规划管理，加快乡村绿色产业发展，打造一批设施完善、产业兴旺、生态优美、美丽独特的美丽乡村。

（六）以生态文明理念为导向，着力培育绿色文化

一是普及生态文化理念。把生态文明理念贯穿生产生活生态各领域全过程，深入挖掘"回归自然""天人合一"等江西生态文化底蕴，积极培育生态道德，将生态文化培育纳入文明城市、文明村镇和文明单位（社区）考评体系，推动生态文明成为全社会共识，使生态文明成为社会主流价值观。

二是加强生态文化教育。把生态文明纳入国民教育体系和干部教育培训体系，在中小学校开展绿色学校创建活动，在政府机关、企事业单位设立"生态环境监督员"，创作一批体现生态文明理念的优秀文化作品。

三是倡导绿色生活，广泛开展绿色生活行动，推动全民在衣、食、

住、行、游等方面加快向勤俭节约、绿色低碳、文明健康的方式转变。落实公共交通优先制度，鼓励自行车绿色出行。实施新能源汽车推广计划，支持有条件的城市推行新能源汽车租赁。

第二节　以田园综合体助推美丽乡村建设"再升级"

党的十九大报告明确提出，要坚持农业农村优先发展，按照产业兴旺、生态宜居、乡风文明、治理有效、生活富裕的总要求，建立健全城乡融合发展体制机制和政策体系，加快推进农业农村现代化。在深入推进农业供给侧结构性改革、加快培育农业农村发展新动能的新阶段，田园综合体建设理应成为乡村振兴战略的主抓手与主平台。作为全国首批田园综合体建设试点省份，江西具有丰富的农业资源、悠久的农耕传统和广阔的乡村村落，面对"农业大而不强、农民多而不富、农村广而不美"的问题，应跳出传统抓农业、跳出农业抓农村，大力推进田园综合体建设，持续推动农业增效、农民增收、农村增绿，努力走出一条具有江西特色和比较优势的乡村振兴发展新路子。

一、建设田园综合体，江西有机遇、有需求、有潜力

（一）田园综合体在全国范围逐渐进入落地期，要求江西大力建设田园综合体

自国家田园综合体建设试点启动以来，江苏、浙江、重庆、山东、河南等省市纷纷制定试点计划和细化方案，创新实践模式，一批田园综合体项目相继落地，代表性项目有：一是无锡市田园东方。位于"中国水蜜桃之乡"江苏省无锡市惠山区阳山镇，由东方园林产业集团投资建设，为国

内首个大型田园综合体项目。项目以桃乡独特的桃林、山地资源为依托，包含现代农业、休闲文旅、田园社区三大板块，规划有农业产业项目集群、乡村旅游主力项目集群、田园主题乐园、健康养生建筑群等。二是嵊州市蓝城农庄小镇。位于浙江省嵊州市甘霖镇，由蓝城集团投资建设、蓝城农业具体实施。项目以"农业＋养老"为切入点，单个农庄占地面积约20亩，主体是一栋落地约500平方米的中式宅院，户外为由前庭、后院、菜园、农田构成的"庭院园田"四级体系。三是重庆市"香水百荷"田园综合体。位于重庆市潼南区太安镇，由重庆袁朝农业集团投资建设。项目将"农事体验、创意农业、科普教育"等元素融合在一起，充分依托当地地理风貌，采用多功能成片化建设模式，打造了太空莲荷塘、农艺工坊、露营基地、稻田泳池等项目。四是临沂市朱家林田园综合体。位于山东省临沂市沂南县岸堤镇，项目以农民专业合作社、农业创客为主体，包括创意核心区、创意农业区、休闲度假区、加工仓储物流服务区等，其中创意核心区包括织布主题民宿、青年旅社、木作主题民宿实地、乡村生活美学馆等。五是洛阳市凤凰山田园综合体。位于河南省洛阳市孟津县平乐镇，由洛阳凤凰山集团投资建设。项目集循环农业、创意农业、观赏型农业、农事体验于一体，配套建设了休闲旅游项目、农耕体验项目、养殖认知项目、采摘认养项目以及亲子体验项目等。

从代表性项目的基本架构看，田园综合体主要包括农业生产区、生活居住区、文化景观区、休闲聚集区、综合服务区等功能区域。这些功能区域之间不是机械叠加，每一个区域承担各自的主要职能，各区域之间融合互动，形成紧密相连、相互配合的有机综合体。国内兄弟省份围绕田园综合体的实践探索，为江西推动田园综合体建设提供了思路与借鉴，也要求江西必须加快推进田园综合体建设。

（二）农业大而不强、农民多而不富、农村广而不美，要求江西加快打造田园综合体

近年来，江西从农业供给侧结构性改革入手，着力延伸农业产业链和价值链，多措并举促进农民增收，大力培育农村新产业、新业态、新模

式，农业农村呈现新发展，现代农业强省建设迈出了坚实步伐。但无论是横向还是纵向比较，"农业大而不强、农民多而不富、农村广而不美"的问题，仍然是制约江西农业农村发展的重要瓶颈，主要表现为：一是农业产业化水平偏低，龙头企业带动能力较弱。截至 2016 年底，江西共有国家级农业产业化重点龙头企业 40 家，不仅低于沿海发达省份山东的 88 家、江苏的 60 家、浙江的 51 家、福建的 50 家，也低于中部省份河南的 60 家、湖北的 48 家、安徽的 48 家、湖南的 42 家。农产品品牌"散、小、弱"现象突出，在 2016 胡润品牌榜中，全国共有 17 家食品企业入围，但无一家江西企业。二是农民增收面临结构性制约，持续增收难度较大。2016 年，江西农村居民人均可支配收入达 12138 元，比全国平均水平低 225 元，且从收入构成看，工资性收入与家庭经营性收入所占比重分别为 40.8% 和 38.7%，而从土地流转、集体资产等获得的财产性收入仅占 1.7%，财产性收入占农民收入比重过低。同时，在家庭经营性收入中，第二、第三产业收入占比偏小，发展较慢。三是农村人居环境整体落后，美丽乡村建设任重道远。江西共有行政村 1.6 万个、自然村 16.9 万个，广阔的村庄分布，使得农村"脏乱差"现象依然较为突出，农药化肥面源污染较为严重，加之农村基础设施和公共服务设施建设相对滞后，环境污染事件时有发生。

现阶段，传统的农业、农村发展模式已经难以适应建设富裕美丽幸福现代化江西的要求，亟须拓宽思路、创新举措，而集生态农业、休闲旅游、田园社区于一体的田园综合体，为江西统筹解决"农业大而不强、农民多而不富、农村广而不美"的问题提供了新思路、新举措。首先，田园综合体突出了"融合"，通过农业综合开发，延伸拓展农业产业链和价值链，实现农村第一、第二、第三产业深度融合；其次，田园综合体突出了"为农"，通过建立涉农企业、合作社和农民之间的紧密型利益联结机制，让农民充分参与和受益；最后，田园综合体突出了"生态"，通过构建生态循环农业链条，保持农村田园风光，实现生态可持续。

（三）休闲农业、新型农业经营主体与土地流转快速发展，江西发展田园综合体潜力较大

田园综合体是以农业生产为基础，以农业合作社为主体，以农村土地为载体，以休闲观光度假为核心，以农业综合开发为手段，以农民充分参与和受益为目标的乡村综合发展模式。近年来，江西大力发展休闲农业和乡村旅游，着力培育新型农业经营主体，稳步推进农村土地确权与流转，为打造田园综合体提供了有利条件，主要体现为：

一是休闲农业与乡村旅游发展走在全国前列。江西80%以上的旅游资源集中在农村。截至2016年底，江西各类休闲农业规模经营企业4190家，农家乐经营户2.1万户，休闲农业专业村220个，休闲农业园区70个，全国休闲农业与乡村旅游示范县、示范点及美丽休闲乡村的数量占全国的比重分别为5.1%、3.1%和4.8%。万年县稻作文化被农业部评为"全球重要农业文化遗产"和"中国重要农业文化遗产"，崇义县上堡客家梯田被评为"中国重要农业文化遗产"。二是新型农业经营主体培育走在全国前列。截至2016年底，江西规模以上农业龙头企业4560家，农民合作社4.73万家，家庭农场2.7万个，种养殖专业大户5.6万户，新型职业农民6.8万人，创建国家级现代农业示范园区11个、省级现代农业示范园区66个。三是农村土地确权与流转走在全国前列。截至2016年底，江西农地确权证书到户率达95.7%，进入全国农地确权登记颁证工作第一方阵，建立11个市级、102个县级、1454个乡级农村土地流转服务中心，推动农村土地流转面积1150.2万亩，流转率达36.2%，为打造田园综合体提供了有利条件。

二、建设田园综合体，江西快人一步但基础仍然薄弱

（一）田园综合体建设初现雏形

近年来，江西以田园综合体建设为契机，全力推进农村第一、第二、第三产业深度融合，因地制宜打造了多个具有田园综合体雏形的项目，实现了农业多功能拓展。

一是南昌县黄马·凤凰沟田园综合体。位于南昌县黄马乡，规划面积20平方公里，其中核心区8平方公里。目前，核心区形成了"八区三馆一站一基地"的整体格局，分别是观赏植物展示区、高效茶业展示区、高效蚕业展示区、现代果业展示区、现代养殖展示区、蔬菜瓜果展示区、高科技展示区、娱乐服务区、农机展示馆、蚕桑丝绸文化馆、地震科普体验馆、江西省现代农业院士工作站、水稻高产创建示范基地。2016年，共接待休闲观光人数55万人次，带动周边农民增收3200元/户。

二是高安市巴夫洛田园综合体。位于高安市大城镇与祥符镇，核心区规划面积15平方公里，涉及2个乡镇、12个自然村、482户农户。主要由"一谷一园一镇"组成，一谷即巴夫洛生态谷，包括现代循环农业示范区、农耕文化体验区、乐龄中医药康养区等；一园即巴夫洛农产品电子商务产业园，涵盖农产品电子商务平台、冷链仓储物流中心等项目；一镇即巴夫洛风情小镇，包括巴夫洛生态谷入口综合服务区和巴夫洛中心村。

三是靖安县"百香谷"田园综合体。位于靖安县高湖镇，核心区规划面积约3平方公里，总投资约3亿元。主要分为苗木培育、果蔬采摘、魅力苗田、精品种植园、服务中心、农庄体验、民俗体验、养殖基地、开心农场等不同园区。目前，"四季有花有果、农旅医养一体化"的大框架日渐清晰，健康养老社区、生态环保教育基地、创意农业等项目稳步推进。

四是吉水县春天文创观光农场。位于吉水县文峰镇，规划面积约1.5平方公里，总投资5000万元。围绕文创与农业两个核心主题，打造集循环农业、创意农事、农事体验于一体的"三位一体"农业文化旅游田园综合体。目前，百亩花海项目已完成播种，水上餐厅已投入使用，露天咖啡卡座正抓紧建设，一期志鸿农庄正进行改造提升，景区基础设施进入施工后期。

此外，新建县溪霞田园综合体、资溪县大觉溪田园综合体、渝水区南英垦殖场田园综合体、湘东区"桃源村色"田园综合体、芦溪县紫溪田园综合体等一批项目也在积极推进。

（二）田园综合体建设尚处于探索起步阶段

江西田园综合体建设整体处于规划布局中，缺少成熟的落地案例，覆盖范围较小、融合深度不足，与江苏、浙江、重庆、山东、河南等省市相比存在较大差距。

一是发展模式单一，创意挖掘不足。目前，江西田园综合体多数是从休闲观光农场、休闲农业园区转变而来，仍停留在"吃农家饭、住农家屋、游农家园、摘农家果"的低层次开发，缺乏创新与特色，特别是地方特色体现不充分，对田园风光、风土乡俗的挖掘不深入，未能形成特有的发展模式。同时，寓教于乐、主题鲜明的创意活动不够丰富，农业参与式、体验性项目开发偏少，农产品创意、主题公园创意、农业节庆创意、产业融合创意等创意型农业发展较为滞后。

二是建设主体单一，农民参与不足。在具有田园综合体雏形的现有项目中，除黄马·凤凰沟田园综合体外，巴夫洛田园综合体、"百香谷"田园综合体和春天文创观光农场的建设主体分别为江西巴夫洛生态农业科技有限公司、江西百香谷生态农业有限公司和江西志鸿绿色生态农业开发有限公司。但是农村集体组织、农民合作社，特别是农民参与不足，入股分红等紧密型利益联结机制尚未形成，对农民增收的带动作用还远未得到释放，核心景区与周边农村的联动作用也比较弱。

三是配套设施单一，综合功能不足。田园综合体既不是单纯的休闲农业园区，也不是传统意义上的乡村。从江西现有田园综合体建设来看，主要以观光体验、休闲度假功能为主，过多地注重观光休闲旅游设施建设，忽视了现代农业设施及生活配套设施建设，涉农公共服务供给不足。观光采摘、农事参与、科普教育、餐饮娱乐等设施建设较为完善，但缺乏对高品质村民社区的规划与打造，新型农场、农村电商、客栈民宿、体验中心、康养中心等配套设施建设较为滞后。

四是政策扶持单一，发展资金不足。目前，江西对田园综合体建设的扶持仅仅局限在国家试点项目，对自发开展的田园综合体建设项目缺乏支持，用地、用水、用电、税收等配套政策尚需完善。同时，田园综合体建设主要以新型经营主体的"小敲小打"为主，金融机构对林权、土地承包经营权、农村住房产权等的抵押贷款控制比较严，社会资本参与不足、渠道不畅，加之农村配套设施建设落后、农民专业技能水平较低，加重了经营者的负担，制约了田园综合体建设。

三、建设田园综合体，江西还需精准发力、综合施策

（一）坚持"生态农业＋休闲旅游＋田园社区"，大力推进农村第一、第二、第三产业深度融合

一要以生态农业为基。借力田园综合体发展契机，围绕田园资源和农业特色，以绿色、循环、安全为主打品牌，深入推进农业标准化、清洁化生产，加快发展无公害、绿色、有机农产品，全力打造地标性特色农产品。在田园综合体核心区，积极探索高效生态循环农业模式，大力推广化肥农药减量增效技术，建立农业清洁生产技术规范和标准体系，实现农产品质量安全从田头到餐桌的全程可追溯。

二要以农耕文化为魂。在田园综合体建设过程中，把农耕文化作为文化资源和景观资源加以开发利用，加强对农耕文化的保护和传承，加大对农耕文化的深入挖掘，大力发展农耕体验旅游，着力建设农耕文化展览馆、农耕文化体验区，积极推出果蔬采摘、畜禽认养、果树认种等农耕体验活动，做强以农耕文化为主题的休闲农业与乡村旅游品牌。

三要以美丽田园为韵。以绿色田园和美丽乡村为基础，以原住民生活区域为核心，尊重乡村本来面貌和群众风俗习惯，加强"田园＋农村"基础设施建设，大力推进田园社区建设。统筹农村生产、生活、生态布局，在田园综合体内设置不同的功能场所，在增强田园综合体吸引力的同时，最大限度地保留原汁原味的田园风光和乡村风貌。

（二）突出"新建＋改建＋共建"，推动形成一批具有江西特色的田园综合体

一要新建一批田园综合体。以南昌、赣州、上饶、宜春、吉安为重点，在城市郊区、垦殖场和农场等区域，挖掘山水、田园、村落、农业资源，融合产业功能、休闲功能、文化功能、社区功能，通过引入东方园林产业集团、蓝城集团、华盛绿能农业科技有限公司等知名企业，建设集农

业生产、农事体验、农家风情、休闲观光、居民住宅、社区配套等于一体的新型田园综合体。

二要改建一批田园综合体。选择基础条件较好、文化较有特色的美丽乡村建设试点村，通过循环农业、创意农业、智慧农业、农事体验的导入，逐步改造成为田园综合体，实现农村生产生活生态"三生同步"。对于一些有优势、有特色、有规模的现代农业示范园区和休闲农业园区，通过推介农业创意精品、挖掘农业文化遗产、打造美丽田园社区，提升改造成为田园综合体，实现农业文化旅游"三位一体"。

三要共建一批田园综合体。对于涉及相邻乡镇若干村庄、具备打造成为田园综合体的区域，以集中连片的特色农业、特色景观、特色文化为纽带，以相对集中的自然村落、特色片区为开发单元，采取全省统筹、整体联动、协同推进的方式，联合开发和建设一批跨区域的大型田园综合体，保护好乡村的自然生态、田园风光、乡风民俗和农耕文化。

（三）强化"合作社＋企业＋基地＋农户"，着力实现田园综合体的共建共享

一要强化农民合作社的主要载体作用。按照"农民合作社＋农民"的模式，以田园资源和农业特色为依托，大力培育和发展农民专业合作社，引导农民自愿以土地、房屋等入股合作社，由合作社出资或引进资金，进行田园综合体的开发、建设和运营，让农民充分参与和受益。

二要发挥农业产业化龙头企业的引领带动作用。按照"企业＋农民"或"企业＋农民合作社＋农民"的模式，引导龙头企业与周边农户建立订单收购利益联结关系，由龙头企业收购农户生产的优质农产品并进行加工包装，采取"保底＋分红"等方式，让农户分享加工销售环节收益。

三要提升农产品生产基地的集聚辐射作用。按照"基地＋农民"或"基地＋农民合作社＋农民"的模式，突出生产基地的专业化、区域化、规模化建设，通过土地流转、股份合作、代耕代种、土地托管等方式，把村集体组织或农户分散的土地集中起来，并把农民就地吸纳为农业工人。

（四）抓好"试点示范＋平台搭建＋政策统筹"，全面激发田园综合体建设动力

一要打造一批田园综合体试点示范项目。抢抓江西列入全国首批田园综合体建设试点省份的有利时机，在黄马·凤凰沟田园综合体、高安巴夫洛田园综合体两个国家级试点项目的基础上，进一步抓好典型、扩大宣传、营造氛围，争取更多的项目列入国家级试点范围。选择一些有条件、有特色、有潜力的项目，建立省级田园综合体试点项目库，每年从项目库中择优选择若干项目推荐申报国家级试点。

二要搭建田园综合体建设平台。围绕田园综合体的建设目标和功能定位，打造涉农产业体系发展平台，完善社区公共服务设施和功能。借鉴海南建设经验，大力发展以民宿客栈为主要特征的共享农庄，打造一批农家乐联合体，推出一批"民宿＋农地"休闲养生产品。根据田园综合体的自身条件及不同特色，加强与携程、去哪儿等知名旅游电商的合作，打造田园综合体电子商务平台。

三要集中相关政策支持合力。统筹现代农业示范园区、休闲农业园区、美丽乡村等现有政策，制定出台田园综合体专项扶持政策，全面支持田园综合体建设。探索解决田园综合体建设用地问题，允许通过村庄整治、宅基地整理等方式盘活的建设用地，重点用于支持田园综合体的建设，同时要避免出现大拆大建、遍地开花的现象。统筹各渠道支农资金支持田园综合体建设，综合运用补助、贴息、投资基金、农信担保等方式，撬动金融和社会资本投向田园综合体建设。

第三节　进一步引导铁皮石斛产业健康有序发展

铁皮石斛作为传统名贵中药材，位列"中华九大仙草"之首。近年

来，全国各地掀起铁皮石斛种植热潮，种植面积迅速扩大，但由于争相种植和无序竞争，行业发展一度陷入低谷。江西铁皮石斛产业起步晚，但种植条件好，面对行业的调整，迫切需要采取有力措施，加强正确引导，推动铁皮石斛产业健康有序发展。

一、铁皮石斛产业处于机遇与挑战并存的转型期

（一）大农业、大健康时代正在到来，铁皮石斛产业大有可为

一是传统农业融合发展态势明显，有利于延伸拓展铁皮石斛产业链。大农业时代下，三产融合已成为农业发展的新趋势。铁皮石斛作为农林产品，完全能够且有必要"接二连三"。推动铁皮石斛由人工种植向精深加工、医疗养生、休闲旅游拓展，有助于挖掘铁皮石斛的多种功能，提升产业链和价值链。二是处于政策窗口期的大健康产业，将迎来井喷式发展。铁皮石斛具有"药食同源"的特点，涉及医疗、食品、养生、保健等诸多领域，属于大健康产业。健康中国上升为国家战略，各项支持力度持续加大，铁皮石斛产业面临良好的政策环境。三是相比人参、虫草，铁皮石斛产业提升空间大。2016年，全国人参产值超过500亿元，虫草产值超过300亿元，而铁皮石斛产值约为100亿元，与其在中药材中的地位极不相称。随着市场认可度的提升，铁皮石斛需求量不断扩大，发展空间广阔。

（二）铁皮石斛种植热潮迅速掀起，主要适种区争相布局和发展

一是铁皮石斛已经成为浙江的一张"金名片"。浙江是全国率先发展铁皮石斛的省份，铁皮石斛种植基地100余个，种植面积超过2万亩，产值约60亿元。国家林业局首个铁皮石斛工程技术研究中心和全国唯一的国家铁皮石斛生物产业基地均落户浙江。二是云南已经成为全国铁皮石斛种植"第一大省"。云南是最适宜铁皮石斛生长的地区，铁皮石斛种植在江西范围铺开，种植面积超过5万亩，占据全国"半壁江山"。三是主要适种区纷纷大规模种植铁皮石斛。除浙江、云南外，广东、江苏、福建、湖北、湖南、安徽、贵州、广西等省区都在发展铁皮石斛种植，均成为全国重要的铁皮石斛产区。

（三）铁皮石斛产业面临深度调整，瓶颈制约亟须突破

一是市场严重供大于求，种植业进入低潮期。由于市场热炒和盲目跟风，全国铁皮石斛种植疯狂扩张，市场价格出现"大跳水"，每公斤鲜条收购价从最高的1000多元持续下跌至100多元，多数种植户被迫放弃和转行。同时，从种苗培育到鲜条采摘的周期为3~5年，因此未来几年内铁皮石斛产量仍将居高不下。二是产业链上下游缺乏联动，精深加工和市场开发薄弱。全国80%以上的铁皮石斛都是在浙江进行深加工，大部分产区主要销售鲜条和初加工品，产品附加值低。同时，铁皮石斛市场仍处于品牌混杂、集中度不高、缺乏知名品牌的状态。三是按中药材管理的现行政策，制约了产业链的延伸发展。铁皮石斛虽列入了国家药典，但未列入药食同源目录，只能按中药材管理，不能被当作食品使用，造成铁皮石斛精深加工受限。四是行业缺乏统一标准，产品质量参差不齐。铁皮石斛从种苗组培、GAP（良好农业规范）种植到精深加工缺乏具体的标准，导致种植户难以分辨种苗的优劣、消费者难以分辨产品的真假。

二、江西铁皮石斛产业的基础条件与发展态势

（一）丹霞地貌遍布江西，非常适宜铁皮石斛生长

一是丹霞地貌数量众多、分布广泛。江西丹霞地貌广布于鄱阳湖水系，赣东、赣东南分布最为密集，其中龙虎山是早期丹霞地貌的典型代表。江西累计发现丹霞地貌151处，数量位居全国第一。二是丹霞地貌已成为铁皮石斛生长的理想场所。丹霞地貌土层浅，碎屑物质多，土壤呈微酸性，非常适合铁皮石斛的生长。附生于丹霞岩壁的铁皮石斛，其药效是大棚种植的数倍。三是龙虎山为野生铁皮石斛种质资源宝库。经科学考证，从龙虎山收集到36种野生铁皮石斛，其中龙虎山特有的达7种之多，占中国已发现的70余种野生铁皮石斛的1/10。

（二）铁皮石斛仿野生种植效益高，江西各地正在逐步推广

一是仿野生种植的铁皮石斛品质好、售价高。目前，国内市场上的铁皮石斛主要以大棚种植为主。虽然仿野生种植的铁皮石斛产量低，但有效

成分高，每公斤鲜条收购价在 2000 元以上，比大棚种植高出数十倍。二是铁皮石斛仿野生种植成为助农增收特色产业。铁皮石斛仿野生种植，既能增加农民收入，又可以美化生态，可以说是"绿色银行"。仅龙虎山就有 500 户农民、12 家专业合作社仿野生种植铁皮石斛，实现了生态与经济效益"双赢"。三是仿野生种植在丹霞地貌区得到成功推广。目前，江西铁皮石斛岩壁仿野生种植面积约 1 万亩，涉及龙虎山、修水、井冈山等丹霞地貌区，龙虎山岩壁种植达 2500 万株。

（三）铁皮石斛产业起步晚、规模小，但后劲足、亮点多

一是浙江铁皮石斛企业加速向江西转移。目前，江西铁皮石斛种植企业和基地突破 80 家，其中 60% 以上为浙商投资，培育形成江西瀚野生物科技股份有限公司、鹰潭天元仙斛生物科技有限公司、江西珍草苑农业开发有限公司等一批骨干企业。二是铁皮石斛良种选育取得较大突破。成功选育出"龙虎 1 号""天元 2 号"等 9 个铁皮石斛良种，德兴铁皮石斛入选农业部"2016 年第一批农产品地理标志登记产品"。三是铁皮石斛重大研发平台建设积极推进。修水获批设立国家林业局岩壁铁皮石斛工程研究中心，鹰潭天元仙斛生物科技有限公司获批组建省级铁皮石斛工程技术研究中心。四是铁皮石斛示范基地建设成效初显。龙虎山铁皮石斛种植科技示范基地稳步推进，并被授予全国唯一的铁皮石斛"优质道地药材示范基地"，德兴大目源成为江西最大的铁皮石斛仿野生种植基地。

三、江西进一步引导铁皮石斛产业健康有序发展的对策建议

（一）挖掘保护野生种质资源，从源头上确保铁皮石斛的"道地性"

一要加强对野生种质资源的保护。在龙虎山种群资源的基础上，对江西铁皮石斛野生种质资源进行系统调查，摸清其种类、数量及生长环境。在野生铁皮石斛集中分布区建立种质资源保护区，严禁采集野生铁皮石斛特别是稀有野生品种。二要支持铁皮石斛种质资源库建设。依托江西丰富的野生铁皮石斛资源，加快种质资源库建设，开展种质资源的收集和鉴定，确保种源清楚、种质纯正。三要明确适宜推广种植的品种和区域。对

铁皮石斛野生种质资源进行组培试验，比较不同品种的药理药效，同时遵循"道地性"规律，筛选确定适宜品种和适种地区，为铁皮石斛的引种驯化和规模化种植提供支撑。

（二）针对不同类型的种植模式，采取差异化发展策略

一要优先发展岩壁仿野生种植。依托江西独特的丹霞地貌，仿照野外生长环境，将铁皮石斛附生于丹霞岩壁，让其接近纯野生状态自然生长，优化铁皮石斛的品质，增强产品市场竞争力。二要大力发展林下原生态种植。依托江西丰富的森林资源，采用活树附生、立体种植方式，让铁皮石斛依附树木原生态生长，或者在林下野生环境自然生长，着力打造林下经济发展"新样板"。三要谨慎发展大棚设施种植。采用大棚设施种植铁皮石斛，尽管生长期短、产量高，但是品质低且产能明显过剩。面对铁皮石斛行业的结构性调整，应谨慎推广大棚设施种植，避免江西遍地开花。

（三）突出统筹规划、集聚发展，优化"一核三片多点"的空间布局

一要提升壮大鹰潭铁皮石斛产业核心区。以龙虎山和余江为重点，发挥种群资源和产业基础优势，加快推进铁皮石斛良种繁育、规模化种植和新产品开发，做响"龙虎山铁皮石斛甲天下"品牌，把鹰潭打造成为江西铁皮石斛产业发展的核心区。二要促进铁皮石斛企业向三大重点片区集聚。以赣东北、赣西北、赣南作为重点区域，引导广大山区农民发展铁皮石斛规范化种植，培育一批种植、加工科技型龙头企业，推动形成三大优势发展片区。三要打造一批铁皮石斛特色产业基地。以德兴、修水、井冈山等为支点，推进规模化种植、标准化生产、品牌化销售，使其成为江西铁皮石斛产业发展的突出亮点。

（四）打造铁皮石斛全产业链，全面融入大健康产业

一要推进有机、绿色和GAP（中药材生产质量管理规范）认证。大力推广铁皮石斛有机、绿色、生态种植，积极开展相关认证及农产品地理标志登记。按GAP标准要求，支持建立规范化种植基地，申报国家GAP认证。二要推动铁皮石斛绿色精深加工。严禁使用来源不明或种植不规范的铁皮石斛原料，加快铁皮石斛食品、药品、保健品等新产品开发，实现从

药品到食品、从药房到厨房的跨越。三要促进铁皮石斛与大健康产业有机融合。挖掘龙虎山道教养生文化内涵，开发铁皮石斛养生旅游产品，扩大江西铁皮石斛产品在全国的影响力。支持建设一批铁皮石斛主题园、文化园、科普馆和特色小镇，提升铁皮石斛在中医药产业中的地位。

（五）集聚各类资源和要素，支持引导铁皮石斛产业发展

一要尽快制定铁皮石斛产业发展规划。把铁皮石斛作为新兴产业加以培育，明确产业布局和主攻方向，从财政、金融、税收、土地等方面出台具体的扶持政策。二要支持开展技术创新和标准制定。组建一批铁皮石斛工程技术研究中心、重点实验室、院士工作站，突破制约产业发展的关键技术。进一步完善铁皮石斛地方性标准，积极参与制定国家行业标准。三要拓展铁皮石斛市场空间。建立铁皮石斛专业市场和专销区，构建电子商务平台，支持铁皮石斛鲜条和药材列入省医保目录，培育本地消费文化。四要建立各类专业合作组织及行业协会。引导发展铁皮石斛专业合作社，构建"公司＋基地＋合作组织＋农户"的产业模式。推动建立铁皮石斛行业协会，指导铁皮石斛种植、加工和销售。

第四节　为长江经济带"共抓大保护"
铺设"智慧环保"路

习近平总书记指出，保护生态环境首先要摸清家底、掌握动态，要把建好用好生态环境监测网络这项基础工作做好。作为新一代信息技术在生态环保领域的深度应用，智慧环保已经成为生态环境监测网络建设的重要方向。随着长江经济带"共抓大保护"攻坚行动的启动实施，江西更加需要大力引入智慧环保的新理念和新技术，全面提升生态环境在线监测、实时监控和联动预警水平，为打好长江经济带"共抓大保护"攻坚战提供强

有力支撑。

一、江西具有发展智慧环保的重要契机与现实需求

（一）环保"大部制"时代已经开启，智慧环保将成为大生态监管的重要手段

一是环保"大部制"改革对环境监管提出了新的更高要求。随着生态环境部的正式组建，环保机构的职责从单一的污染防治转向大生态监管，传统的环境监管手段已经难以适应大生态监管的需要，亟须推进监管方式改革与创新。二是智慧环保为大生态监管提供了新思路。大生态、大环保格局下，监管对象涵盖空气、水、土壤、噪声、森林、湿地、生物等各类生态要素，"互联网＋环保""物联网＋环保"等成为生态环境监管的新手段。三是国家对智慧环保的支持力度持续加大。国家发改委等多部委联合发布的《"互联网＋"绿色生态三年行动实施方案》，将大力发展智慧环保列为三大重点任务之一。国务院办公厅发布的《生态环境监测网络建设方案》明确提出，要推进全国生态环境监测数据联网和共享。

（二）江西长江经济带"共抓大保护"攻坚行动向全流域纵深，智慧环保建设亟须配套跟进

一是"共抓大保护"涉及全流域整治，智慧环保建设意义重大。长江九江段及"五河一湖"都是长江流域的一部分，因此"共抓大保护"必须坚持全流域"一盘棋"。传统分散式监管存在多头管理、各自为战、效率低下等问题，而智慧环保能够把"五河两岸一湖一江"作为一个系统整体，实现环保一张图、监管全覆盖。二是"共抓大保护"涵盖各类污染防治，智慧环保建设大有作为。江西长江经济带"共抓大保护"攻坚行动，将大气污染、工业污染、水污染、农业面源污染、固体废弃物污染等均纳入监控范围，而集在线监测、实时监控、联动预警于一体的智慧环保，能够实现单一的末端监控向多污染、全过程监控转变。三是"共抓大保护"需要多部门联动，智慧环保建设很有必要。江西长江经济带"共抓大保护"攻坚行动涉及面广、任务重、难度大，任何一个部门都无法独自承担

这一重任，这就需要引入智慧环保模式，实现跨系统、跨部门、跨业务的协同和资源共享。

（三）江西环保数字化、智能化建设相对滞后，大力发展智慧环保成为迫切需要

近年来，江西大力推进数字环保建设，建成一批空气质量、国考断面和饮用水源地水质自动监测站及重点污染源在线监控系统，生态环境监测网络初步形成。但是，与浙江、江苏、山东等省份相比，环保数字化、智能化仍处于较低水平：一是智能化监测设备应用明显不足，大多数停留在人工监测阶段；二是污染物监测的种类和指标不够全面，全方位、大范围监测能力仍需加强；三是环境监测数据较为分散且缺乏整合，生态环境大数据平台亟须建立；四是环境监测与环境执法尚未有效统一，环境管理辅助决策能力有待加强。因此，面对智慧环保发展的新趋势与新契机，江西应抓紧构建智慧环保平台，尽快补齐环保数字化、智能化不足的短板。

二、兄弟省市推进智慧环保建设的经验与举措

（一）浙江衢州：智慧环保开启"天眼"监控体系

近年来，衢州以物联网技术为依托，创新性地构建了全域覆盖、全天候监控的智慧环保"天眼体系"。一是六张"天网"实现全天候监控。目前，衢州已建立全域覆盖的环境质量、工业污染源、集镇污水处理站、规模化养殖化、危废全过程监管和河长制六张"天网"感知体系，基本实现对污染源、环境质量的全天候监控管理。二是在线监测实现精准化执法。智慧环保监控应急指挥中心的建立，将移动执法系统、在线监控系统、污染源综合管理系统、电子处罚平台进行有机融合，形成了完整的执法链条。三是让群众"零距离"参与监督。通过开发手机APP"爱环保"，公众可实时查询全市环境信息，并可实时举报环境违法行为。

（二）江苏无锡："物联网＋环保"让环境监管更有"数"

近年来，无锡以建设国家传感网创新示范区为契机，积极推动物联网在生态环保领域的应用，在全国率先实现环境监管智慧化。一是推进"感

知环境、智慧环保"应用示范工程建设。以感知为先、传输为基、计算为要、管理为本，构建了全向互联、全域协同的新型环境监测监控物联网体系，并成功入选国家级示范项目。二是对生态环境要素实施全面感知和动态监控。重点建设了环境质量在线监控系统、污染源在线监控系统、放射源在线监控系统、机动车尾气监测监控管理系统等。三是推动环保业务系统数据对接。先后开发了 24 套环保业务系统，覆盖全市 90％以上的环保业务工作，并实现跨系统、跨业务的数据对接。

（三）山东济宁：线上千里眼监控与线下网格化监管有机融合

作为典型的煤炭资源型城市，济宁积极探索"互联网＋环保"新模式，实现污染源实时监控、溯源追踪和精准执法。一是构建多功能智慧环保平台。与中兴通讯、清华大学合作，建立了集在线监测、在线监督、在线管理、在线指挥、在线统计应用"五大功能"于一体的智慧环保综合调度指挥中心。二是环境监测网络实现市域污染源全覆盖。智慧环保综合调度指挥中心纳入辖区所有污染源，覆盖全市每个镇街，共接入水、气、固废监测点位 1700 多个。三是以网格化打通环境监管"最后 1 公里"。全面建立了市、县、乡三级网格化环境监管体系，包括 14 个县级监管网格、169 个乡镇监管网格，并配备了 918 名专职网格员。

三、以智慧环保建设助推长江经济带"共抓大保护"的对策建议

（一）利用智能监测设备和移动互联网，构建生态环境监测"一张网"

一要加快建立覆盖全流域的自动监测网络。以"五河两岸一湖一江"为主体，重点建设覆盖全部县（市、区）的空气质量自动监测网络，覆盖国考断面、跨界断面和集中式饮用水源地的水质自动监测网络，覆盖所有行业、重点排污企业的污染物自动监测网络。二要逐步建立覆盖主要生态要素的自动监测网络。采取先易后难、分类实施的思路，先建立一批空气、地表水、饮用水、污染源、噪声等自动监测站点，再建立一批地下水、土壤、森林、湿地、生物等自动监测站点。三要推进生态环境监测天

地一体化。加强卫星、无人机等遥感技术应用,逐步构建天地一体的遥感监测平台,实现生态环境大范围、全天候动态监测。

(二)大力推进省级"生态云"平台建设,形成生态环境数据"一个库"

一要推进生态环境监测站点的数据联网。结合空气、水、土壤、噪声、森林、湿地、生物等自动监测站,以及重点排污企业、工业园区、污水处理厂等污染源自动监测点,统筹推进环保物联网建设,促进江西生态环境监测站点数据互联互通。二要推动跨业务系统的数据整合。按照统一的数据传输方法和标准,整合生态环境质量、污染源、水资源、水土流失、农村饮用水源、地下水等各部门、各行业生态环境监测数据,实现有效集成、融合共享。三要加快生态环境监测信息传输网络与大数据平台建设。在现有环保数据平台的基础上,推动建立江西统一的生态环境监测大数据平台,并与国家、市、县形成逐级贯通的生态环境监测数据传输网络。

(三)着眼于监测监管与预警执法联动,打造生态环境管理"一张图"

一要全面推行环境网格化监管。突出属地管理、分级负责,利用环保新技术、新手段,建立省、市、县、乡四级人员使用的江西环境网格化监管平台,实现环境监管全方位、无死角。二要建立重点污染源自动监控报警平台。建设江西污染源自动监控管理系统,逐步实现污染物超标排放自动报警、在线监控信息捕获报警能力智能化,进一步增强移动危险化学品、移动放射源和重点工业园区环境风险的预警处置能力。三要实现生态环境监测与环境执法协同联动。依托污染源监测开展监管执法,建立监测与监管执法联动快速响应机制,并根据污染物排放和自动报警信息,实施现场同步监测与执法。

(四)加强统筹规划和政策扶持,实现智能环保建设"一盘棋"

一要将智慧环保建设纳入长江经济带"共抓大保护"专项行动。对接江西长江经济带"共抓大保护"十大攻坚行动,以环保业务需求为导向,明确江西智慧环保建设要求及职责分工,构建多部门联动、齐抓共管的工作格局。二要引导各类资本支持智慧环保发展。统筹环境保护和生态文明建设专项资金，加大对智慧环保项目的支持力度。采用委托运营、政府购买服务、投资补助等多种方式，鼓励社会资本参与智慧环保项目建设和运营。三要大力推广智慧环保技术与服务。重点支持移动互联、物联网、云计算等技术在生态环保领域的应用，深入推进大数据分析应用。鼓励第三方机构提供智慧环保系统及整体解决方案，引导有条件的节能环保企业向智慧环保企业转型。

第五章　智慧经济：推进产业智慧化和智慧产业化

智慧经济是新一轮科技革命和产业变革的大势所趋，已广泛渗透到经济社会发展的各个领域。必须进一步把准发展大势，充分发挥技术和产业优势，大力推动产业智慧化和智慧产业化，努力把江西打造成为中部智慧经济发展高地。

第一节　抢抓国家人工智能发展战略机遇

人工智能是通过模拟、延伸和扩展人类智能，产生具有类人智能的计算系统。经过60多年的发展，特别是在移动互联网、大数据、超级计算、传感网、脑科学等新理论新技术的推动下，人工智能从长期的"不温不火"状态骤然变热，正在引发新一轮科技革命和产业变革。在深入贯彻新理念培育新动能、大力推进创新型省份建设的关键时期，面对人工智能发展的时代机遇，应把人工智能作为江西科技创新的优先领域、新旧动能转换的重要方向，加快布局和发展人工智能，主动抢占人工智能发展先机。

一、人工智能时代正在加速到来

（一）主要发达国家纷纷制定人工智能发展战略

主要发达国家高度重视人工智能，纷纷将发展人工智能作为提升国家竞争力、维护国家安全的重要抓手，在国家战略层面加紧布局和发展人工智能，力图在新一轮竞争中掌握主导权。一是美国将人工智能上升为国家战略。2016年10月，美国国家科学技术委员会发布《为人工智能的未来做好准备》和《人工智能研究与发展战略规划》，2016年12月，又发布《人工智能、自动化和经济》，可见对人工智能的重视程度之高。二是日本将人工智能作为国家增长战略的优先领域。2016年5月，日本文部科学省确定"人工智能/大数据/物联网/网络安全综合项目"（AIP项目）2016年度战略目标。2016年6月，日本政府发布《再兴战略2016》，将人工智能发展列为十大复兴战略之首。2017年3月，日本政府制定人工智能产业化路线图，计划分3个阶段推进利用人工智技术。三是英国将人工智能列为"脱欧"后现代工业战略的核心。2016年9月，英国下议院科学与技术委员会发布《机器人技术和人工智能》，2016年11月，英国科技办公室发布《人工智能：未来决策制定的机遇与影响》。2017年1月，英国政府制定现代工业战略，重点支持发展人工智能、智能能源技术、机器人技术。四是德国将人工智能列为"工业4.0"计划的核心。德国对人工智能、智能机器人的支持，主要集中在"工业4.0"计划当中，涉及到的机器感知、人机交互等都是人工智能的重要方向。

（二）全球互联网科技巨头争相布局人工智能

面对人工智能发展的新机遇，国内外互联网科技巨头把发展重心转向人工智能，纷纷在人工智能领域加速布局。一是从国际看，行业应用不断渗透，产业链逐渐形成。人工智能产业链主要包括基础硬件、软件、应用三个层面，不同厂商根据其优势由不同层面切入，迅速拓展人工智能应用。基础硬件层面，主要包括计算芯片，旨在为智能技术提供充分的计算能力，该层主要由传统芯片厂商、新兴人工智能芯片厂商引领，如英特尔、英伟达、ARM 等；软件层面，主要包括核心算法和通用工具技术，提供机器学习核心算法和应用技术的通用平台与服务接口等，以互联网公司和垂直领域技术公司为主，凭借其技术实力实现计算机视觉、自然语言处理、人机交互等关键技术切入，如谷歌、微软、脸书、亚马逊等；应用层，主要包括行业应用，带动传统行业由自动化向智能化升级，以互联网企业和传统行业企业为主，如谷歌、IBM、特斯拉等。二是从国内看，部分领域应用达到国际领先水平，已形成多个行业亮点。计算机视觉领域，人脸识别、指纹识别等生物特征识别技术成熟度高，百度的人脸识别准确率达 99.7%，可应用于安防、考勤等场景，其活体检测能力可有效防止攻击。语音识别领域，科大讯飞的识别错误率已降至 3.7%，在家居、会议、旅游等真实场景中取得突破，中英同声传译准确率可达 80%，维语口语翻译已达到实用门槛。智能机器人领域，主要集中于家庭机器人、工业/企业服务和智能助手三个方面，家庭机器人和智能助手企业占多数比例，国内企业近 300 家。智能家居领域，以海尔、美的为代表的传统家电企业依托自身渠道、技术和配套产品优势建立实体化智能家居产品生态。金融领域，蚂蚁金服拥有世界先进的多元数据整合能力，应用于保险、小额贷款、机器人容服等服务。交通领域，百度运用图像智能识别技术实现车载地图数据采集，高精度地圈覆盖率大于 1 万公里，相对精度达厘米级，生产过程中已实现 90% 的自动化率。医疗领域，腾讯、阿里巴巴、百度、科大讯飞通过和政府、医疗机构的合作，为脑科学、疾病防治与医疗信息数据等领域提供智能解决方案。

二、人工智能时代给江西带来的重大机遇

（一）人工智能技术壁垒和产业格局尚未形成，有利于江西在新一轮竞争中抢占先机

当前，以人工智能为核心的新一轮科技革命和产业变革蓄势待发，人工智能技术壁垒和产业格局尚未形成，各大经济体均处于同一起跑线上，对人工智能的研究和应用均处于投入探索阶段。《乌镇指数：全球人工智

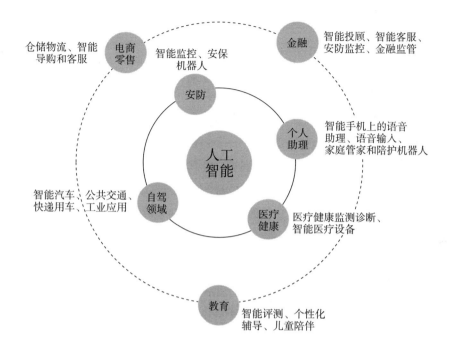

图5-1　人工智能主要应用领域

资料来源：乌镇智库、网易科技、网易智能联合发布的《乌镇指数：全球人工智能发展报告（2016）》。

能发展报告（2016）》显示，2016年中国人工智能专利数量达到15745项，位列世界第二，仅次于美国，人工智能领域投资达到146笔，位列世界第三，人工智能发展已进入世界第一方阵。同时，根据艾媒咨询发布的《2017年中国人工智能产业专题研究报告》，2016年中国人工智能产业规模约为100亿元，50%以上的人工智能创业公司为近三年成立，所占比重达到72%。而国内除北上广深外，其他地区人工智能发展差距不大，基本处于同一起跑线上，且北上广深人工智能发展尚处于创业起步阶段，创业公司数量整体偏少，为江西参与人工智能角逐提供了宝贵机遇。截至2017年5月，全国人工智能创业公司数量约为366家，其中77.3%的创业公司分布在北上广深，浙江和江苏所占比重分别为7.4%和6.0%，其他省市所占比重合计为9.3%。近年来，江西加快推进中国电信中部云计算基地、浪潮云计算大数据中心、华为上饶大数据中心、中科曙光抚州云计算中心建设，大数据、云计算建设走在全国前列，为推进人工智能发展提供了技术支持。在江西上下大力推进创新型省份建设的关键时期，江西唯有抓住机遇、乘势而为，全力抢占人工智能发展先机，才能牢牢把握创新引领这个动力引擎，真正实现创新驱动发展。

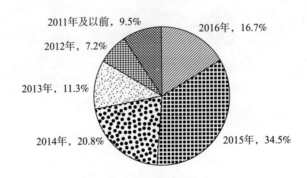

图 5-2　中国人工智能创业公司成立年份

资料来源：艾媒咨询发布的《2017 年中国人工智能产业专题研究报告》。

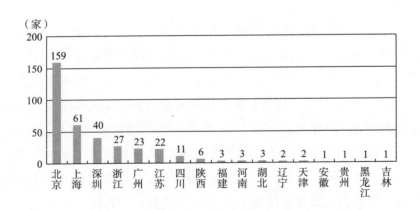

图 5-3　国内各地区人工智能创业公司分布情况

资料来源：中商情报网发布的《国内人工智能创业公司情况分析》。

（二）人工智能迈入性能升级、应用深化的 2.0 时代，有利于江西加快改造提升传统动能

随着计算机视觉、图像识别、机器学习、深度学习等技术日渐成熟，人工智能逐渐渗透到工业、驾驶、家居、医疗、教育、金融、安防等领域，并对许多传统行业产生颠覆性影响。根据中商情报网的统计数据，截至 2017 年 5 月，在中国人工智能创业公司中，计算机视觉、机器人创业公司分别达到 96 家和 92 家，占比分别为 26.2% 和 25.1%，自然语言处理创业公司达到 77 家，占比为 21.0%，智能驾驶、深度学习也是比较热门的领域。特别是在国家智能制造战略的推动下，人工智能在制造业转型中发挥着关键作用，人工智能与制造业融合发展态势不断增强。江西作为欠发达的内陆省份，劳动密集型、传统资源型工业比重仍然偏高，有色、石化、建材、钢铁、纺织、食品六大传统行业占据江西工业"半壁江山"，制造效率、创新能力、信息化程度等与发达省份相比还有较大差距。人工智能时代下推动传统行业改造升级，关键在于加快人工智能融合创新及其在传统行业的推广应用，努力实现"江西制造"向"江西智造"的转变。

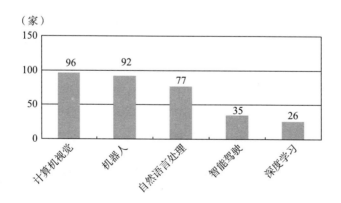

图 5 - 4　国内各领域人工智能创业公司分布情况

资料来源：中商情报网发布的《国内人工智能创业公司情况分析》。

（三）人工智能新一轮扶持政策密集出台，有利于江西推动一批人工智能重大项目落地

自 2016 年起，中国人工智能发展已上升至国家战略层面，政策级别明显提升，支持力度持续加大。一是 2016 年 5 月国家四部门联合印发的《"互联网＋"人工智能三年行动实施方案》，明确提出要培育发展人工智能新兴产业、推进重点领域智能产品创新、提升终端产品智能化水平，到 2018 年形成千亿元级的人工智能市场应用规模。二是 2016 年 7 月国务院印发的《"十三五"国家科技创新规划》，明确将人工智能作为发展新一代信息技术的主要方向，指出"发展自然人机交互技术，重点是智能感知与认知、虚实融合与自然交互、语义理解和智慧决策"。三是 2017 年 7 月国务院印发的《新一代人工智能发展规划》，正式把人工智能上升为国家战略，从国家层面对人工智能进行了系统布局，并确立了"三步走"目标，即到 2020 年人工智能总体技术和应用与世界先进水平同步；到 2025 年人工智能基础理论实现重大突破、技术与应用部分达到世界领先水平；到 2030 年人工智能理论、技术与应用总体达到世界领先水平，成为世界主要人工智能创新中心。四是 2017 年全面启动实施的"科技创新 2030——重大项目""新一代人工智能重大科技项目"被列入其中，这充分说明在当前及未来较长一段时期，人工智能成为体现国家战略意图的重大科技项目，人工智能发展迎来重大政策利好，也给江西带来一次争取支持、加快发展的难得机遇。目前，在人工智能领域，江西缺乏具有自主知识产权的核心技术，语音识别、机器视觉、图像处理等领域关键技术企业缺失，人工智能虽在机器人、无人机、汽车、建筑、家居、安防、医疗等行业得到不同程度应用，但主要是被动接受和使用外来技术，尚未形成自我研发能力。必须紧扣国家扶持的重点领域、重点方向，主动加强与国家有关部委的对接，谋划实施一批人工智能重大项目，促进人工智能核心技术突破及产业化发展。

表5-1　江西人工智能应用领域及主要企业

应用领域	企业名称
智能机器人	江西明匠智能系统有限公司、博硕科技（江西）有限公司、中信重工开诚（共青城）机器人有限公司、江西宝群电子科技有限公司、江西战斧智能科技有限公司、江西丹巴赫机器人股份有限公司、江西奇星机器人科技有限公司
智能无人机	南昌白龙马航空科技有限公司、南昌华梦达航空科技发展有限公司、江西新和莱特科技协同创新有限公司、江西海空行直升机科技有限公司、中航天信（南昌）航空科技有限公司、北京通用航空江西直升机有限公司
智能驾驶	江铃汽车集团公司、江西昌河汽车有限责任公司、汉腾汽车有限公司、江西车联投资集团有限公司、江西航天运安科技有限责任公司、江西高创安邦技术有限公司
智能家电	南昌海立电器有限公司、南昌奥克斯电气制造有限公司、艾美特电器（九江）有限公司、江西汇能电器科技有限公司
智能家居	江西宏昇实业有限公司、江西智能无限物联科技有限公司、江西智能家居科技有限公司、江西金程智能科技有限公司
智能建筑	江西华宇智能集成有限公司、江西赛弗特智能科技有限公司、江西中匠智能建筑有限公司
智能安防	江西创梦科技有限公司
智能立体车库	江西中核智能机械技术有限公司、江西核力特种设备有限公司
智能医疗	江西中科九峰移动医疗科技有限公司、江西洪达医疗器械集团公司

三、人工智能时代下江西的应对策略

（一）将人工智能纳入科技创新优先领域，加快人工智能核心技术突破

一要布局实施一批人工智能2.0项目。瞄准国家人工智能2.0重大战略计划，整合江西产学研资源，深度对接国家"科技创新2030——重大项目"，主动承担和参与国家人工智能重大专项和科技计划项目。在省科技创新"5511"工程、重点创新产业化升级工程中，加强人工智能前沿技术布局，优先支持计算机视觉、智能语音处理、生物特征识别、自然语言理

解、新型人机交互等关键技术突破，大力推动面向人工智能的基础软硬件技术开发。

二要尽快组建一批人工智能创新平台。以腾讯公司、浪潮集团大力布局人工智能为契机，依托与腾讯公司、浪潮集团建立的全面合作关系，争取在江西共同组建人工智能研究院，联合开发人工智能前沿技术。依托南昌大学、南昌航空大学、华东交通大学、江西理工大学、江西省科学院等高校和科研院所在人工智能领域的技术积累，加快组建一批国家级和省级人工智能重点实验室、工程实验室、工程研究中心，引导和支持骨干企业联合高校、科研院所建立人工智能产学研协同创新共同体。

三要抢先申请一批人工智能核心专利。在加大人工智能技术研发力度的同时，抢抓人工智能技术壁垒尚未形成的战略机遇期，支持和引导江西高校、科研院所和骨干企业在国内外加快专利申请与布局，积极参与建设国家人工智能公共专利池。围绕语音识别、图像识别、自然语言理解、深度学习、多媒体信号处理等重点技术领域，力争取得一批国际国内领先的人工智能核心专利，推动知识产权成果加速转化，带动人工智能产业化。

（二）大力推进人工智能应用创新，培育发展人工智能新兴产业

一要推进人工智能技术与机器人技术深度融合。以南昌大学、南昌航空大学、江西理工大学等自主研制的机器人产品为基础，推动智能感知、模式识别、智能控制等人工智能技术的深入应用，提升现有机器人产品的性能和智能化水平。以江西明匠智能系统有限公司、博硕科技（江西）有限公司、江西宝群电子科技有限公司、江西战斧智能科技有限公司等企业为主体，推广应用人机交互、自主导航、环境理解、智能决策等人工智能技术，不断增强工业机器人、服务机器人、特种机器人的集成创新能力。

二要推动人工智能技术在汽车、无人机、消费电子产品领域的融合应用。以江西车联投资集团有限公司、江西航天运安科技有限责任公司、江西高创安邦技术有限公司等企业为依托，建设安全、泛在、智能的云网端一体化车联网体系，支持江铃汽车集团公司、江西昌河汽车有限责任公司、江西汉腾汽车有限公司结合车联网及人工智能技术，积极发展智能网

联汽车。以南昌白龙马航空科技有限公司、南昌华梦达航空科技发展有限公司、江西新和莱特科技协同创新有限公司等企业为主体，大力发展自动巡航、远程遥控、图像回传等人工智能技术，不断提升无人机产品的性能和智能化水平。以南昌、九江为重点，着力发展具备交互式智能控制、差异化场景定制等功能的智能家电产品，促进应用人工智能技术的可穿戴设备创新。

三要加快人工智能技术在建筑、家居、安防、医疗等领域的推广应用。以江西华宇智能集成有限公司、江西赛弗特智能科技有限公司、江西中匠智能建筑有限公司等企业为依托，加强新型传感技术、生物识别技术、智能控制技术等在建筑设施及其管理中的运用。整合现有家居企业，着力研发具有互联网后台支撑、具备自学习功能的智能家居产品，推动智能家居产业快速发展。以江西创梦科技有限公司为龙头，将人工智能技术应用于安防产品中，打造中国城市智能安防领域第一品牌。以江西中核智能机械技术有限公司、江西核力特种设备有限公司为依托，大力发展智能化立体车库，推动停车场智能化改造。支持学校、医院、商场等公共服务场所开展人工智能技术应用，促进人工智能技术规模化应用。

（三）加大力度引进培育龙头企业，促进人工智能产业快速成长

一要在人工智能技术领域全力引进一批人工智能龙头企业。聚合政策资源，定制扶持措施，着重在计算机视觉、智能语音处理、生物特征识别、自然语言理解、新型人机交互、智能决策控制等核心技术领域，引进若干家具有国际、国内影响力的人工智能龙头企业。聚焦谷歌、亚马逊、百度、阿里巴巴、腾讯、联想、华为等企业，有重点地开展点对点招商对接，积极引进国内外行业领先企业和优势项目。

二要在人工智能应用领域培育壮大一批本地企业。围绕智能机器人、智能无人机、智能驾驶、智能家居、智能建筑、智能安防、智能交通、智能医疗等应用领域，立足现有优势骨干企业，加快导入人工智能技术，加大本土人工智能创业公司培育力度。支持航空、汽车、生物医药、电子信息等领域优势企业，积极参与国内外人工智能创业公司的风险投资与并购

重组，促进人工智能与现有产业深度融合，实现本地化融合与创新。

三要规划建设若干个人工智能企业孵化基地。以南昌、九江、赣州为重点，以大学科技园、科技企业孵化器、高新技术产业化基地为载体，以人工智能为特色，覆盖大数据、云计算、物联网等业态，聚焦机器人、无人机、移动智能终端、可穿戴设备、虚拟/增强现实等领域，集聚一批人工智能领域高精尖人才，全力打造若干个人工智能企业孵化基地，助推江西人工智能产业快速成长。

（四）加强基础资源和公共服务平台建设，夯实人工智能发展支撑

一要建设人工智能大数据云服务平台。人工智能的发展需要大量数据处理技术的支撑。江西应依托中国鄱湖云计算中心、中国电信南昌云计算基地、上饶中科院云计算中心、抚州中科曙光云计算中心，利用大数据、云计算等技术，对人工智能领域的知识进行大规模整合，建立人工智能大数据云服务平台，高效对接全社会的智力、数据、技术和计算资源，促进人工智能研发创新。

二要建设人工智能基础资源平台。面向语音、图像、地理等信息，集成音频、视频、图片、三维模型、地理信息等格式数据，建设人工智能基础资源平台，为人工智能产业发展提供基础性、公共性服务。重点建设云端智能分析处理服务系统、基础身份认证系统，支持云端智能分析处理，开展数据自动标签、智能分类，以及人脸识别、文字识别、在线语音识别等辅助分析。

三要建设人工智能创新创业服务平台。整合江西政产学研用资源，搭建一批人工智能专业技术平台和公共服务平台，提供技术研发、检验测试、数字安全、标准化、知识产权等专业化服务。以江西推进有特色高水平大学和一流学科专业建设为契机，加强人工智能高水平学科和科研机构建设，培养高质量的人工智能专业人才，引进人工智能领域高水平团队，为人工智能发展提供人才支撑。

第二节 把移动物联网打造成为江西"新名片"

随着移动物联网技术蓬勃发展，各种创新应用加速落地，"互联网＋"正逐步转向"物联网＋"。江西在移动物联网领域已形成先发优势，特别是鹰潭窄带物联网领跑全国。江西与贵州同为科技底子薄弱的欠发达省份，而贵州凭借大数据走出一条"弯道取直"的新路子。因此，有必要借鉴贵州发展大数据的成功模式及经验，紧紧抓住移动物联网这个"牛鼻子"，着力打造全球移动物联网产业及应用高地，推动移动物联网成为江西走向世界的"新名片"。

一、江西移动物联网具备走向世界的有利条件

得益于鹰潭的先发优势，江西移动物联网发展在全国处于优势地位，在网络、平台、应用和产业方面形成较为完整的体系，为江西移动物联网走向世界奠定了坚实基础。

（一）基础网络建设位居全国第一方阵

截至2017年底，全球共有28张移动物联网投入商用，其中23张为NB－IoT（窄带物联网技术），5张为eMTC（增强性机器通信技术）。作为移动物联网先行示范区，鹰潭既是全球首个拥有三张NB－IoT全域覆盖网络的城市，又是全国首个建成NB－IoT和eMTC全域覆盖网络的城市。在中国电信的大力支持下，2017年江西在全国率先实现NB－IoT网络全域覆盖，并建成eMTC站点1.3万个，其中鹰潭的站点已全域开通。

（二）公共服务平台建设走在全国前列

鹰潭建成6万平方米的移动物联网产业园，中国信通院物联网研究中心、中国泰尔实验室、国家物联网通信产品质量监督检验中心、智慧新城

及移动物联网产品应用展示中心等纷纷在江西设立。与三大运营商、华为、中兴联合打造了 NB－IoT 开放实验室，成功孵化的 NB－IoT 产品达 40 余种。发起成立了中国移动物联网产业联盟，集聚了国内 160 余家物联网龙头企业和科研机构。

（三）涌现一批在全国有影响的标杆项目

截至 2017 年底，鹰潭 NB－IoT 试点应用场景达 33 个，终端连接数超 9 万个，处于全国领先地位。城市应用方面，鹰潭实施了基于 NB－IoT 的智慧路灯、智能井盖、智能垃圾桶、智能水表等 20 余项全国性标杆应用项目，南昌等地开展了智能井盖、电梯监控等一系列物联网应用示范。行业应用方面，龙虎山成为全国首个 NB－IoT 示范应用的 5A 级景区，信江新区成为全国首个 NB－IoT 综合应用行政区，余江水稻原种场成为全国首个 NB－IoT 农业示范应用单位。

（四）形成一批在全国有影响的龙头企业

三川智慧科技股份有限公司拓展物联网水表、光电直读远传水表、智能卡水表，打造了全球首个万量级 NB－IoT 智能水表应用示范；江西凯顺科技有限公司创建"互联网＋窄带物联网＋设备"发展模式，从传统的机械制造商转化为设备、平台服务商；以智诚科技有限公司、江西征途体育用品有限公司为代表的智能穿戴制造企业，成为智能穿戴的先行者；贵溪美纳途箱包有限公司发布了全球首款 NB－IoT 智能箱包，江西渥泰环保科技有限公司成功开发 NB－IoT 智能净水系统，江西百盈高新技术股份有限公司致力打造智能插座、智能照明、智能家电等物联网智能家居产品。

二、江西移动物联网走向世界仍需解决的关键问题

与国内发达省市相比，江西移动物联网发展虽有一定先发优势，但总体上仍处于起步阶段，特别是与世界先进水平相比还有较大差距。

（一）龙头企业数量少、实力弱，规模优势和集聚效应尚未形成

尽管江西培育形成一批移动物联网骨干企业，且在部分领域处于国内领先水平，但龙头企业数量少、规模小，大多数不具备与国内外大企业相

抗衡的实力。虽然鹰潭规划建设了移动物联网产业园，但仍处于起步期，集聚效应尚未形成。目前，鹰潭物联网企业共有 96 家，产值不到 200 亿元。相比之下，2017 年无锡物联网企业已经超过 1400 家，主营业务收入超过 2000 亿元；杭州物联网企业主营业务收入超过 1400 亿元，集聚了海康威视数字技术股份有限公司、大华技术股份有限公司、中瑞思创科技股份有限公司、利尔达科技有限公司等一批国内乃至全球领先的龙头企业。

（二）产业链条不完善，基础软硬件领域发展不足

移动物联网产业链包括芯片设计制造、传感器设备制造、软件及应用开发、系统集成及应用服务等环节。目前，江西大多数企业偏重于应用和集成领域，移动物联网设备制造企业偏少，特别是芯片、传感器、操作系统等基础软硬件领域缺失。在鹰潭 96 家物联网企业中，制造企业仅为 31 家，所占比重不到 1/3。同时，江西移动物联网产业链衔接不够紧密，企业间协同合作明显不足，物联网企业"小、杂、散"。

（三）关键核心技术亟待突破，产品低水平同质化竞争较为明显

鹰潭作为全国窄带物联网技术研发与应用的核心城市，基础网络技术、系统集成及应用技术具有明显优势，但是在芯片技术、通信模组技术、智能终端技术方面明显不足，加之物联网人才严重短缺，芯片、传感器等基础软硬件大部分依赖进口。同时，移动物联网技术大多处于开发测试阶段，技术和商业模式仍不成熟，难以有效对接市场，物联网产品同质化现象较为普遍。

（四）行业应用仍以政府投资推动为主，领域和范围仍需进一步拓展

近年来，江西实施了一批移动物联网示范应用项目，取得了一定的成效，但大部分属于政府投资推动，各部门和企业自发需求明显不足，社会资金自建的应用项目普遍偏小。现有项目大多局限于城市管理、民生服务、农业、旅游业等领域，工业领域的成功应用案例偏少。另外，除鹰潭外，其他地市开展应用的积极性和主动性不高。

三、贵州着力打造大数据"新名片"的经验借鉴

作为科技底子薄弱的欠发达省份，贵州正是抓住了大数据这个"牛鼻

子"，抢先布局发展大数据，仅仅短短 3 年多的时间，大数据在贵州实现从无到有、从有到优、从优到精，成为世界认识贵州的"新名片"。

（一）起步：绘就大数据发展蓝图

自 2013 年确立大数据发展战略以来，贵州先后出台支持大数据发展的一揽子政策措施，形成了"344533"的总体发展思路，即围绕解决数据从哪里来、数据放在哪里、数据如何应用"三大难题"，坚持数据是资源、应用是核心、产业是目的、安全是保障"四大理念"，建设国家级大数据内容中心、服务中心、金融中心、创新中心"四个中心"，打造基础设施层、系统平台层、云应用平台层、增值服务层、配套端产品层"五个层级产业链"，发展大数据核心业态、关联业态、衍生业态"三类业态"，实现以大数据提升政府治理能力、推动转型升级、服务改善民生"三个目的"。

（二）前行：以组织架构和平台载体建设为切入点

建立了完善的大数据发展管理体制，省大数据产业发展领导小组办公室负责统筹推进各项工作，省大数据产业发展中心负责数据资源管理和技术支撑，云上贵州大数据产业发展有限公司负责系统平台建设运营。采取"赛 + 会 + 展"的方式，持续举办大数据商业模式大赛、大数据峰会、大数据博览会等重大活动，引进了阿里巴巴、富士康、华为、京东、腾讯、百度、浪潮、高通、惠普、微软等一批大数据领军企业。与 IBM、阿里巴巴等企业共同打造了大数据专业人才培养基地，在美国硅谷成立了贵阳大数据创新产业（技术）发展中心、思爱普贵阳大数据应用创新中心、贵州伯克利大数据创新研究中心等一大批创新平台。

（三）提速：统筹数据资源共享和开放

高标准建设了"云上贵州"系统平台，实现政务数据统筹存储、统筹标准、统筹共享、统筹安全。在精准扶贫、公共交通、医疗社保、社会信用等重点领域向群众开放政府数据，促进公共服务水平优化提升，让民众共享大数据发展红利。建成全球第一个大数据交易所——贵阳大数据交易所，促进商业数据交易流通，推动数据交易从无到有。贵州共引进国家部委、行业及标志性企业各类数据资源 45 个，中国电信、中国移动、中国联通贵安数据中心相继投入运营，一批非运营商数据中心也相继投入使用，12 家数据中心获批国家绿色数据中心试点，获批数量位居全国第一。

（四）纵深：促进大数据与实体经济深度融合

以大数据为牵引，通过深入推进"双千工程"和"万企融合"，大数据与农业、工业、服务业加快融合发展，一批新技术、新产品、新模式涌现。贵州已经实现数据存储向开发应用的跨越，初步形成数据存储、清洗加工、数据安全等核心业态，电子信息制造、软件和信息技术服务等关联业态，服务外包与呼叫中心、电子商务、大数据金融等衍生业态的大数据全产业链条。目前，贵州大数据企业达到 8900 多家，大数据产业规模总量超过 1100 亿元，有 1600 多家企业通过大数据实现转型升级。

四、把移动物联网打造成为江西走向世界"新名片"的对策建议

江西与贵州同为科技底子薄弱的欠发达省份，移动物联网已经成为继云计算、大数据之后的新热点，贵州凭借大数据实现"弯道取直"的经验举措，为江西抢占移动物联网发展先机提供了重要启示。顶层设计方面，江西已经出台了移动物联网发展规划，明确了移动物联网发展的总体思路及目标任务。下一步，要以打造全球移动物联网产业及应用高地为主线，加快推进网络部署、技术突破、企业引培、布局优化和示范应用，构建有国际竞争力的物联网产业生态，推动移动物联网成为江西走向世界的"新名片"。

（一）统筹推进 NB - IoT、eMTC 和 5G 协同发展，打造全国覆盖最广的移动物联网络

加快 NB - IoT 网络基础设施升级，持续提升其覆盖深度和广度，在中国电信 NB - IoT 网络省域全覆盖的基础上，努力实现中国移动、中国联通 NB - IoT 网络省域全覆盖。以推进新一代宽带无线移动通信网国家科技重大专项成果转移转化试点示范为契机，主动争取国家三大通信运营集团的支持，加快部署和建设 eMTC 网络，尽快建成全国首张省域全覆盖的 eMTC

网络。积极谋划和布局5G网络，争取将鹰潭、南昌等列入5G业务试验城市，推进南昌5G规模组网建设及应用示范工程项目建设。

（二）着眼于突破关键核心技术，打造全国一流的移动物联网研发及公共服务平台

发挥鹰潭物联网研究中心和开放实验室的作用，瞄准芯片、通信模组、智能终端、软件及系统集成等关键共性技术，吸引上下游企业共同开展移动物联网技术攻关。加大江西创新资源整合力度，围绕移动物联网建设一批省级以上工程（技术）研究中心、重点实验室、企业技术中心等。加强与国内外物联网领军企业、高校及科研院所的对接合作，共建一批移动物联网研发机构，探索建立境外移动物联网研发中心。支持省内外高校、科研机构与江西企业合作建立移动物联网人才实训基地，组建一批省级移动物联网优势科技创新团队。对鹰潭移动物联网公共服务平台进行改造升级，加快建设面向江西的成果转化、检测认证、设备租赁、融资担保、展示交易等服务平台。

（三）培育引进一批龙头骨干企业，在全国率先打造移动物联网全产业链

面向上海、广州、杭州、无锡等物联网产业集聚区，举办移动物联网产业招商推介会，着力引进一批在全国有影响的芯片、模组、传感器及智能终端企业，尽快补齐江西移动物联网产业链。深化与阿里巴巴、华为、中兴、腾讯、百度、浪潮等互联网领军企业的合作，争取在江西设立移动物联网业务分公司、研发基地。采取举办移动物联网博览会、高峰论坛以及创新创业大赛等方式，扩大江西移动物联网的影响力，引导一批优质移动物联网项目在江西落地生根。引导现有物联网企业开展业务拓展、兼并重组和产业链整合，培育一批移动物联网龙头企业，推动企业参与国内、国际行业技术标准制定。

（四）优化形成"一核两翼多基地"产业格局，打造全国重要的移动物联网产业集聚区

发挥鹰潭窄带物联网技术领先优势，以移动物联网产业园为依托，打

造江西移动物联网技术研发和产业集聚核心区。以南昌、上饶为两翼，依托南昌新一代信息技术、上饶大数据产业发展基础，着力发展移动物联网终端及相关技术的应用与系统集成，打造江西移动物联网产业的新兴发展区。支持九江、赣州、吉安等地结合现实基础及应用需求，因地制宜发展基础元器件、网络通信设备、先进传感设备、智能终端设备等，努力建设一批移动物联网特色产业基地。

（五）因地制宜选择重点领域、重点行业，打造全国领先的移动物联网应用示范区

总结鹰潭移动物联网试点示范经验，在江西乃至全国范围内加以推广，重点支持智慧水表、智慧路灯、智能净水设备等成熟产品的推广应用。结合各地产业基础与实际需求，有选择地推动移动物联网在工业、农业领域的集成应用，促进移动物联网与旅游、现代物流、节能环保、健康养老、家居等行业深度融合。以智慧城市、信息惠民试点城市为依托，推进移动物联网在优化城市管理方面的应用示范，建设覆盖城乡、全民共享的智慧民生服务体系。

第三节　让信息化拥抱大数据时代

随着"云计算""移动互联网""物联网"的快速发展，数据正呈爆炸式增长，大数据已广泛渗透到城市信息化建设、企业生产经营和各类民生应用领域之中。作为新一代信息技术的重要组成部分，大数据既是大产业、大机遇，也是大变革、大红利。对于经济欠发达的江西而言，与沿海发达省份相比，在地理区位、交通条件、市场环境等方面存在先天不足。而随着以大数据为标志的新一代信息技术时代的到来，江西信息化建设的后发优势逐步显现，甚至在一些新兴业态方面与沿海发达省份处在同一起

跑线上，为加快推进信息化进程和实现信息化"弯道超车"提供了千载难逢的机遇。

一、大数据时代下江西加快信息化进程面临的重大机遇

（一）大数据促进了信息与产业的跨界融合，为江西加快经济转型升级提供了新引擎

随着5G时代的到来，支撑大数据发展的通信基础设施和产业环境已初步具备，涵盖数据中心、软件信息服务、智能终端及电子产品服务，以及互联网、互联网金融和智慧城市等广义应用服务的大数据产业正加速形成。欧美等发达国家纷纷把数据资产上升为国家战略资源，广东、重庆、贵州等省份也相继发布了大数据战略规划，全力推进大数据的技术研发、产品服务、商业创新及行业应用。对江西来说，加快推进大数据等信息技术在经济领域的研发和应用，促进信息化与三次产业深度融合、相互渗透，加速布局大数据产业，有利于产业转型升级步伐的加快和新经济增长点的形成。

（二）智慧城市已成为现代城市发展潮流，为江西推进新型城镇化注入了新活力

随着新一代移动通信、互联网等信息技术在城镇和农村中的探索实践，智慧城市、数字乡镇等融合了信息化和城镇化的互动发展方式逐步成熟，其中智慧城市已成为中国信息化与城镇化结合发展的最佳模式。根据世界银行测算，一个百万人口以上的城市在建设投入不变的情况下，全方位实施智慧城市建设将能增加城市发展红利2.5～3倍。江西信息化对新型城镇化的支撑和引领作用较为有限，城镇建设及管理蕴藏巨大的信息化施展空间。找准撬动信息化与城镇化互动发展的发力点，主动推行智慧城市建设，智慧地推进江西城镇化，将有利于实现信息化与新型城镇化"双赢"发展。

（三）信息化正加速推动公共服务方式创新，为江西开启了兴赣富民的"智能快车道"

当前全国处于决胜全面建成小康社会的关键时期，也是在重大民生问题和民生需求上实现突破的重要战略机遇期，许多省份将信息化建设作为公共服务供给模式创新的突破口，运用现代信息技术手段开辟政务管理、社会建设、智慧民生等公共服务领域。对江西来说，实现与全国同步全面建成小康社会面临民生领域公共服务资源短缺失衡、均等化普惠化水平不高等问题，而信息化无疑为创新公共服务方式提供了新思路、新路径。扩大新一代信息技术在公共服务和社会管理中的利用面，提升公共服务效率，真正实现以人为本的信息化，对江西实现兴赣富民目标意义重大。

（四）信息消费日益成为扩大内需的战略支点，将为江西进一步推动发展升级提供动力支撑

国际经验表明，当一个地区人均 GDP 处于 5000～10000 美元时，消费结构将发生重大转变，信息类产品与服务将成为显著的消费热点。同时据工信部测算，若信息消费增加 100 亿元，则将带动 GDP 增长 338 亿元。2013 年江西人均 GDP 就已经跨越 5000 美元大关，2016 年江西人均 GDP 已达 6038 美元，这是以信息消费拉动内需的关键时机，也是挖掘和释放发展潜力的重要时期。紧紧扭住信息化这个发展准绳，加速消费模式变革，拓宽电子商务发展空间，将有效释放信息消费在扩内需、促转型和惠民生等方面的巨大潜能，为江西进一步加快发展升级提供内生动力。

二、江西信息化发展的基本现状及其存在的主要问题

（一）信息化与工业化融合度不断提高，但信息技术应用效益偏低

近年来，江西组织实施了"信息化入园工程"等一系列专项工程，企业生产的智能化水平不断提高，"两化融合"水平明显提升。"十二五"期间，江西大力推进两化融合"个十百千万"工程。截至 2015 年，共有 3 个行业、9 个工业园区、148 家企业被树为两化融合典型示范标杆。江西两化融合发展指数不断提高，从 2012 年的 65.47 增长到 2015 年的 70.59。

但江西两化融合发展水平评估却呈现出工业应用指数高、应用效益指数不高的问题，2015 年江西两化融合发展水平评估工业应用指数是全国平均水平的 1.07 倍，但两化融合发展水平评估应用效益指数却为全国平均水平的 93.2%，位列中部倒数第二。同时，江西软件产业弱小的问题较为突出，其与信息产品制造、通信服务的融合创新不足，导致信息技术应用的整体效能未有效释放。2016 年，江西软件开发企业仅为 2679 家，仅为中部省份湖北的 25.8%、河南的 46.4%。

表 5 - 2　2015 年江西与周边省份"两化融合"指数对比

地区	基础环境	工业应用	应用效益	发展指数	
				数值	排名
全国	75.38	66.04	83.25	72.68	—
湖北	74.01	81.59	92.44	82.41	9
广东	94.94	82.40	135.62	98.84	1
安徽	70.06	88.22	92.04	84.64	8
湖南	76.91	81.41	89.12	82.22	10
江西	63.54	70.61	77.61	70.59	19
福建	91.03	76.91	101.88	86.68	7
浙江	91.64	94.04	112.88	98.15	2
江西占全国的比重（%）	84.3	106.9	93.2	97.1	—

资料来源：根据《2015 年度中国信息化与工业化融合发展水平评估报告》整理。

（二）电子商务快速兴起，但市场份额和产业带动力有限

近年来，江西电子商务有了重大发展，成为经济增长新引擎。2016 年，江西电子商务交易额达 4361.2 亿元，同比增长 51.9%，交易额超 10 亿元的企业有 7 家，超亿元的有 56 家；网络零售额达 988.6 亿元，同比增长 45.2%，是同期江西社会消费品零售总额增速的 3.8 倍，占江西社会消费品零售总额的 14.9%。但总体来说，江西电子商务商业模式还处于起步阶段。《2016 年中国城市电子商务发展指数报告》显示，2016 年"电商百佳城市"中，江西仅南昌入选，排在第 36。具体来说，江西电子商务主要集中在制造业、流通和商贸领域，结构较为单一、商业价值链条短小，加之其信用、标准、现代物流等支撑体系不够健全，对本地农产品、工业产品和相关服务的带动力不足，电子商务类产品和服务的市场占有率偏低。以南昌为例，2016 年南昌电子商务交易额仅为 1109.3 亿元，而同期长沙为 4292.3 亿元，大量的市场份额被其他省份抢占。

（三）智慧城市实践逐步展开，但依然处于探索起步阶段

南昌、新余、鹰潭、萍乡、吉安等相继列入国家智慧城市试点名单，各地智慧城市建设正成燎原之势，覆盖智慧城市的无线网络初步形成，涵盖政务、新闻、交通、便民、生活、娱乐、医疗、旅游和教育等信息智慧城市综合门户正式在江西 11 个设区市上线。但江西智慧城市建设总体架构、标准体系尚不够清晰，缺乏相应的顶层设计和管理、考核、监督机制。很多实践仅关注单个信息化项目、单个领域信息化建设，城市大数据处于相对较为孤立和封闭的状态，制约了智慧城市的综合性、集成化建设。《2016～2017 中国新型智慧城市建设与发展综合影响力评估报告》显示，南昌的评估得分（包括智慧基础运营、智慧管理服务、智慧经济人文、智慧综合保障等指标）在中部地区省会城市中位列第 3，且得分低于贵阳、银川等西部欠发达省的省会城市。

（四）"数字江西"建设积极推进，但智能化公共服务覆盖面偏小

近年来，江西实施了"智慧鄱阳湖工程""天网工程"等数字江西项目，公共服务智能化水平不断提升，省市县乡四级互联互通电子政务统一网络已投入使用，"医疗云项目"已覆盖宜春、赣州、南昌和九江等地的一级医院，数字城管系统已在红谷滩新区投入使用。但江西政务信息化水平与发达省份相比存在较大差距，根据《2015 年中国信息化发展水平评估报告》，江西政务应用指数为 46.71，位列全国第 26，远低于全国 59.51 的平均水平。江西不同区域、不同领域、不同群体的信息技术应用水平和网络普及程度差异较大，涉农信息资源缺乏，农村通信有待改善，乡村民生信息化建设存在短板。

三、大数据时代下江西加快推进信息化进程的对策建议

（一）以促进产业内涵式发展为导向，推动信息化与工业化深度融合

一是打造便捷、高效、绿色型"智慧园区"。将"智慧园区"建设作为园区转型升级的重要抓手，以省级重点工业园区和国家新型工业化产业示范基地为核心，开展行业、企业"两化融合"试点，加速园区运营管理信息系统、园区节能减排管理系统、园区招商引资信息化系统等平台建设，实现园区信息基础设施智能化、招商引资数字化、管理服务网络化和产业发展绿色化。

二是构建柔性化、网络化、智能化的生产模式。聚焦新制造经济、新服务经济、绿色经济、智慧经济、分享经济，加强规划政策、优惠政策引导，鼓励企业提高自主创新能力，推动敏捷制造、网络制造、虚拟制造等先进生产方式在企业研发设计、生产制造、营销物流等核心业务的深度应用，着力提升新动能的综合竞争力。

三是推动传统优势产业信息化、低碳化改造。以提高装备智能化水平和优化工艺流程为重点，加快 CAD（计算机辅助设计）、ERP（企业资源计划）等信息技术在传统优势工业中的普及应用推广。推动信息技术与环境友好技术、资源综合利用技术、资源节约技术的融合发展，以技术创新、管理创新推动节能减排，推进传统工业向新型工业化方向演进。

（二）以集聚、链式发展为途径，全面提升电子信息产业竞争力

一是巩固电子信息制造业。以南昌、赣州、吉安等地电子信息产业集群为重点，将"招大引强"与"补齐短板"相结合，完善园区产业配套体系，主动承接沿海信息产业转移，打造从硬件、软件到信息技术集成服务的完整产业链，促进生产方式由加工装配向研发制造转型、产品向智能化方向转变。

二是主攻软件与信息服务业。强化应用服务引领，推动软件开发、电子信息产品制造、通信服务的融合创新和互动发展，进一步增强软件产品、网络与服务的垂直整合能力。探索建立大数据基地、大数据产业园。

围绕南昌国际软件园建设，建立软件与服务外包公共服务平台，增强信息服务产业园区的软件产业竞争力。

三是开拓数字内容产业。加强信息技术、信息网络与文化创意产业的深度结合，依托国家动漫产业基地、互联网创意产业基地等平台，培育动漫游戏、数字出版、数字学习、数字创意等数字内容新兴产业。促进数字内容产业与新型终端、互联网服务的交互融合，延伸信息产业链条，并为三网融合、云计算等新兴技术提供内容支撑。

（三）以挖掘三次产业发展潜力为目标，大力推进电子商务多元化应用

一是推行"电子商务＋农业"模式，拓宽农产品营销渠道。加快物联网、移动互联、3S等现代信息技术在农业经营领域的深度应用，搭建赣南脐橙、南丰蜜橘、江西绿茶、鄱阳湖水产等农产品网上展示平台，扶持农业产业化龙头企业、农民专业合作社等涉农组织或企业开展网上交易，进一步打响"生态鄱阳湖、绿色农产品"品牌。

二是推行"电子商务＋工业"模式，提高工业产品市场竞争力。发挥工业骨干企业在电子商务采购、销售等方面的带动作用，提高产业链上企业群体的市场反应能力和综合竞争力。推进钢铁、纺织、建材、陶瓷、食品等行业性电子商务平台与物流信息化集成发展，促进现代流通体系建设。实施传统产业"触网"工程，推进资源产业性开展B2B（企业—企业）电商交易。

三是推行"电子商务＋服务业"模式，培育现代服务业新增长点。推动电子商务在生活服务、公共服务、生产性服务、商贸物流等领域的普及应用，扶植物流、旅游、订餐等区域性服务业电子商务平台建设，指导电商企业与全国著名网商平台对接，促进电子商务与特许经营的有效结合。以丰富居民信息消费内容、拉动内需为出发点，促进互联网金融、移动信息服务和计算机服务业等健康稳定发展。

（四）以智慧城市建设为引领，推动信息化与城镇化联动协同发展

一是促进信息化与重大区域战略实施相结合。将"宽带中国·光网城

市""智慧城市云平台"等重大工程深度融入重大区域发展战略，着力打造一批智慧城市群。在区域战略实施进程中，加快推进信息基础设施资源配置重点向新城、新市镇和中心村延伸，超前布局智慧照明、智能安防、智慧管网、智慧金融、轨道交通等影响区域长远发展的智慧工程。

二是加快信息化与城市建设管理相融合。以南昌、新余、鹰潭等城镇化水平较高、辐射带动能力较强的城市为先行，加快"数字城管"项目建设，重点加强物联网、传感网、云计算、大数据等信息技术在城镇运行管理和服务中的集成应用，推进运输工具、水电煤气、地下管网等设施的感知化建设，完善智能楼宇、现代小区的信息化功能，推动城市管理运营智能化、网络化、可视化和精准化。

三是推动信息化与城乡一体化建设相协调。加快构建覆盖城乡的一体化信息网络，促进交通、教育、社会保障、医疗、金融等领域的公共信息服务与中心城区共建共享。加速省、市、县多级地理空间信息与城镇化发展相关领域信息的整合、交换和共享。进一步普及和规范农村综合信息服务站，推进农业政策、科技、市场等信息进村入户。

（五）以信息惠民升级工程为抓手，稳步提高社会事业信息化水平

一是推进电子政务跨部门、跨区域、全方位应用。建立完善统一的江西电子政务网络，推进省政务信息网延伸至乡（镇），促进跨部门、跨区域协同和政务信息共享。推动政务办公自动化系统建设，全面实行网上审批制度，探索建立各设区市宏观经济信息共享系统。推动江西政府部门开设政务微博、微信，积极服务社会和广大群众。

二是增强智慧型公共服务供给能力。以上饶、鹰潭、新余等信息惠民国家试点城市为引领，切实推进江西信息惠民工程建设。借助信息化手段增强医疗、教育、社保、就业、养老等民生服务的供给能力和效能，重点推进教育信息资源开发利用，发展远程教育和网络教育，组建跨区域、跨医院的电子病历和健康档案等数据库，建立医药质量信息追踪体系等。

三是拓展及时性公共服务。推进居民健康卡与社会保障卡、金融 IC 卡、市民服务卡等公共服务卡的集成应用。加强网络运营商与江西公安、

交管等部门通力合作，推广掌上公交、出租车电召等智慧交通方式，方便公众低碳出行。加快拥堵信息、事件信息、气象信息、客流信息等道路交通相关信息资源的采集、处理和加工，完善交通信息发布系统。

（六）以信息基础设施升级改造为牵引，着力改善信息化发展硬环境

一是提升光纤及宽带覆盖率。以"光进铜退""光纤到户"为着力点，推进城域政府机构、科技园区、商业集聚区、社区等单位和场所的光纤宽带接入，优化网络结构，构建一个无所不在、功能强大的信息服务网络。在条件成熟地区，以新一代信息网络为基础，推动蜂窝移动、无线接入和固定宽带资源的融合利用，建设宽带无线城市。

二是拓展新一代信息网络。加强与中国电信、中国移动和中国联通等企业的战略合作，扩大窄带物联网（NB-IoT）、增强性机器通信技术（eMTC）、第五代移动通信网络（5G）的规模试点和规模商用。加快推进新一代移动通信技术网络建设和产业化发展，提高服务业集聚区、科研学校、交通载体等热点地区大流量移动数据业务承载能力。

三是推进信息网络融合。组织实施电信网、互联网、广播电视网三网融合试点和推广，开发音视频点播、电视理财、网络教育等业务，着力建设打造国家"三网融合"示范市。以昌九、昌抚信息一体化为引领，加强江西通信管线、基站等信息基础设施的共建共享，优化整合各类城域网络，提高话音、视频、数据等多业务综合承载能力。

第六章　分享经济：供给侧结构性
改革的"新经济"方案

分享经济是利用互联网等现代信息技术，整合、分享海量分散化闲置资源，实现供需有效匹配的最优化资源配置方式。应顺应分享经济发展趋势，整合、分享闲置资源，加快培育发展生产、创新、生活等领域分享经济，推动分享经济成为供给侧结构性改革的新引擎。

第一节　以分享经济新思维助力
供给侧结构性改革

随着"互联网＋"行动计划和"大众创业、万众创新"的深入推进，从在线创意设计、营销策划到餐饮住宿、物流快递、资金借贷、交通出行、生活服务、医疗保健、知识技能、科研实验，分享经济已经渗透到几乎所有的领域，并逐渐成为撬动经济社会发展的新动能。根据国家信息中心分享经济研究中心、中国互联网协会分享经济工作委员会联合发布的《中国分享经济发展报告2017》，2016年中国分享经济市场交易额约为3.45万亿元，参与分享经济活动的人数超过6亿人，提供服务者人数约为6000万人，到2020年分享经济交易规模占GDP比重将达到10％以上。供给侧结构性改革作为当前和今后一个时期中国经济工作的主线，在当前去产能、去库存、去杠杆、降成本、补短板的背景下，大力发展分享经济，有助于挖掘释放闲置、过剩资源的潜力，矫正供需结构的错位和要素配置的扭曲，契合供给侧结构性改革的内在要求。

一、分享经济为供给侧结构性改革提供了新思路

（一）大力发展分享经济，有利于挖掘闲置生产力，实现去产能

作为一种新型经济形态，分享经济改变了传统的资源使用模式和商业模式，通过彼此共享暂时闲置的资源，从而达到资源的最大化利用。从本质上讲，分享经济并不是创造新的产品，而是通过闲置、过剩资源的整合和重新配置，刺激新的消费需求。在分享经济时代，过剩产能成为一种更加廉价、便捷的原材料，通过对闲置生产力的挖掘利用，刺激新的消费需求，能够在保证降低产能的同时，又不影响到市场正常供给。

（二）大力发展分享经济，有利于促进库存资源再利用，实现去库存

当前最受关注的房地产去库存中，分享经济的作用也得到了充分体现，特别是长租公寓、创客空间、线上短租平台等的出现，为房地产去库存开辟了新路径。投房研究院关于长租公寓的报告显示，中国存量房近亿套，近25％的空置率产生的房源主要流向租赁市场。大规模的存量房亟待盘活，一线城市仍然有相当多的闲置房源未流入租赁领域，而国内青年租房的市场规模已达到近8000亿元，每年新增的应届生租房规模达600亿元。2016年，中国住房分享领域的市场交易额约243亿元，用于住房分享的房源数量约190万套，但从房源供给和旅游住宿需求的角度来看，尚未达到最大潜力的3％，住房分享市场潜力巨大。另外，正在兴起的养老地产和旅游地产，也是一种分享经济思维，不仅盘活了库存的存量房，还降低了民众在养老和度假时的住宿成本。

表 6 - 1　2016 年中国分享经济重点领域交易额及其增长

单位：亿元，%

领域	交易额		
	2015 年	2016 年	同比增长
资金	10000	20863	109
生活服务	3603	7233	101
生产能力	2000	3380	69
交通出行	1000	2038	104
知识技能	200	610	205
房屋住宿	105	243	131
医疗分享	70	155	121
合计	16978	34522	103

资料来源：国家信息中心分享经济研究中心、中国互联网协会分享经济工作委员会联合发布的《中国分享经济发展报告 2017》。

（三）大力发展分享经济，有利于创新金融供给方式，实现去杠杆

从金融资源供给来看，中国融资渠道较为单一，金融体系由银行主导，绝大部分资金需求是通过间接融资实现。全国工商联统计显示，规模以下的小企业 90% 未与金融机构发生任何借贷关系，小微企业 95% 没有和金融机构发生任何借贷关系，中小企业为社会创造的价值与其获得的金融资源明显不匹配。伴随快递、家政、教育培训、生活服务、新闻、租赁、广告创意、医疗健康等出现共享化特征，对金融服务也提出了新的要求，分享经济与共享金融的"齐头并进"趋势日益明显。作为金融资源供求双方的直接交易系统，共享金融本质上是整合线下金融资源，优化金融资源供求双方匹配，实现其直接交易，既拓展了融资空间，尤其是中、小、微企业等尾部需求者获得融资，也极大地拓宽了广大居民的投资渠道。共享金融的典型形式就是 P2P 和互联网众筹。与传统的银行融资形式相比，互联网 P2P 融资形式可以实现资金供求双方的风险与收益匹配，更好地解决中小企业的融资问题，促进金融机构去杠杆。

（四）大力发展分享经济，有利于缩减中间环节，实现降成本

分享经济可以大幅提升资源对接和配置效率，有效降低供给和需求双方的金钱与时间成本。从供给方来看，分享经济使得供应方不需受雇于某些组织或公司而直接向客户提供服务并收取费用，通常只需要向平台支付一定的佣金，这极大减少了中间成本；分享经济平台聚集了大量客源，供应方只需在平台上注册即可获得客源，降低了大量客源寻找的时间成本。从需求方来看，供应方成本的降低促成个人提供的共享服务价格往往低于企业所提供的服务，当使用共享服务的成本低于从市场上租用或购买该标的的成本时，需求方选择共享标的就可以相对获益。

（五）大力发展分享经济，有利于提供更加多元化、个性化的服务，实现补短板

分享经济通过提供第三方平台，使得单个个体既是直接生产者也可能是直接消费者，形成了全新的网状运作，生产者与消费者之间互动更加频繁紧密。与传统的追求标准化服务相比，分享经济能够提供更为多元化和个性化的服务，甚至提供独特、无可替代的体验。以缓解出行难的交通共享为例，传统思路是通过兴建新道路、地铁，以及投放更多公交、出租车辆来实现，而网约车、共享单车、共享汽车的出现，则通过挖掘闲置车辆资源来解决"最后1公里"的问题。随着分享经济从消费领域向生产领域、公共服务领域渗透的趋势日趋明显，旅游资源分享、工作空间分享、劳动技能分享、医疗资源分享、公共设施分享等细分领域将不断涌现更多创新模式，基础设施和公共服务的短板效应将得到有效缓解。

二、以分享经济新思维助力江西供给侧结构性改革

（一）以"互联网＋全产业链"为导向，着力构建产业分享经济新格局

一要利用分享经济理念重塑农业产业价值链。江西农产品资源虽然较为丰富，但初级加工和粗加工产品多，精深加工产品少，原料基地和加工企业、加工企业和销售市场之间的关系也不够紧密。为此，应围绕农业主

导产业和优势特色农业，依托江西农业数据云、农产品安全追溯监管等平台，对种植、养殖、加工、物流、营销等产业链各环节进行垂直整合，挖掘拓展农业多种功能，进一步做响"生态鄱阳湖、绿色农产品"品牌。同时，把分享经济的理念引入到新型农业经营主体中，通过兼并、重组、入股等方式集聚资本，组建联合育种平台、种子银行、联合种养基地等，变"散"为"聚"再造组织链。

二要依托云服务平台探索工业分享经济新模式。2013 年，工信部发布了《信息化和工业化深度融合专项行动计划》，明确提出了支持工业云服务平台的建设，之后工信部实施了工业云创新行动计划，确定了 16 个省市开展工业云创新服务试点，探索工业领域的分享经济新模式。作为欠发达省份，江西应紧紧抓住分享经济发展的新机遇，以航空、汽车及零部件、生物医药、电子信息、新材料等产业为重点，以中国电信江西云计算基地、江西航天云网、中华工业云等为依托，聚集产品研发设计、生产、销售、使用等全生命周期制造资源，加快建设工业云服务平台，大力推广"智能工厂""机联网""厂联网"等试点示范，实现制造需求和社会化制造资源的高质高效对接。

三要强化分享经济对服务业的全面渗透。分享经济对产业经济的颠覆性影响更多地体现在服务业。近年来，江西服务业发展提质增速，但 2016 年江西服务业比重比全国低 11.2 个百分点，服务业发展的"短腿效应"仍然十分突出。应充分发挥互联网的便捷和集约优势，在交通物流、商贸流通、住宿餐饮、家庭服务、旅游服务、金融服务、健康养老等领域，加快建设一批云计算应用示范工程，通过租赁、借贷、交换等共享型合作方式，为社会大众提供更加优质、便利、快捷的服务产品，切实提高服务资源的利用效率。

（二）以共享平台、共享空间为载体，着力化解过剩产能和房地产库存

一要打造过剩产能一体化共享平台。工业企业景气调查资料显示，2016 年第二季度，江西产能利用率仅为 77.0%，比 2015 年同期下滑 1.4

个百分点，属于国际公认的产能利用率在 80% 以下产能过剩的标准。对此，应以钢铁、煤炭、水泥、船舶、平板玻璃等行业为重点，以上下游有关联、可以进行原材料互供的企业为主体，通过互联网平台，将不同企业闲置的生产能力进行整合，实现产品的需求方和生产的供应方最有效对接。同时，加强同区域或者同行业资源共享、要素整合，在产能过剩型企业间积极探索闲置设备共享、技术人员共享、办公场所共享。

二要拓展以共享空间为依托的新型去库存方式。截至 2016 年底，江西商品房库存面积为 5725 万平方米，去化时间为 9.7 个月，其中新建商品住宅的库存量仅为 5.3 个月，去库存压力主要集中在非住宅商品房方面，去化时间保持在 34.6 个月的高位。随着 SOHO 3Q、优客工厂等共享办公空间的诞生，以分享经济为依托的联合办公已经成为一种新型去库存方式。为此，应鼓励房地产开发企业将库存工业、商业地产改造为科技企业孵化器、众创空间，将库存商品房改造为商务居住复合式地产、电商用房、养老地产、旅游地产等，积极发展客栈民宿、短租公寓、长租公寓。同时，在工业园区推广标准厂房，推动有条件的企业建设多层高标准厂房，引导中小微企业通过租赁标准厂房解决用地问题。

（三）以分享经济孕育兴起为契机，着力补齐重点领域发展短板

一要促进基础设施建设与分享经济发展联动。事实上，早在 20 世纪 70 年代，"分享经济"概念就已被提出，但直到最近两年才真正发展起来。这是因为交通、通信不发达的时代，无法满足资源共享和交换所需要的高效性，而近年来移动互联网等各种基础设施的建立和普及，为分享经济发展提供了重要支撑。目前，江西信息基础设施建设仍较为滞后，光纤入户、无线网络设施建设明显不足。为此，应强化互联网、云计算、物联网、大数据等技术在交通领域的推广运用，开展交通运输共享、交通出行共享、车位共享，实现多种出行方式信息服务对接和一站式服务。同时，以建光网、提速度、促普及、扩应用为目标，加速推进信息基础设施建设，促进多种网络无缝对接，消除数字鸿沟，使更多人融入分享经济平台，参与分享经济发展。

二要积极开展知识技能共享。长期以来，创新型人才缺乏，一直是制约江西发展的"瓶颈"。随着分享经济的不断渗透，知识技能共享为江西在一定程度上缓解人才的瓶颈制约提供了重要突破口。知识技能分享，就是把分散、闲置的知识技能在互联网平台上集中起来，通过免费或付费的形式分享给特定个人或机构，最大限度利用全社会的智力资源。因此，江西应围绕补齐人才发展短板，利用互联网手段组建知识技能共享平台，在创新创业、资本运作、生产服务等领域不断拓展业务范围，广泛吸引国内外高层次人才参与知识技能共享，切实解决经济发展急需人才和智力短缺问题，带动江西创新型省份建设。

三要建立适应分享经济要求的基本公共服务体系。分享经济促进了隐形就业和自由职业者的规模化发展，解决了大量就业问题，但在分享经济这种新兴劳动关系下，共享平台与提供服务的供方个体不是传统的雇佣关系，很难享受传统雇佣模式下的多种社会保障。因此，面对当前分享经济发展的"黄金期"，江西应尽快制定相关战略规划，探索建立适应分享经济要求的劳动就业和医保计划，有效保障供需双方共享服务中的财产损坏或身体伤害。同时，在医疗、养老、教育等民生反应较大的领域，积极开展分享经济试点，不断增加基本公共产品和服务供给，让包括分享经济参与主体在内的全体居民共享发展成果。

（四）以分享经济发展模式为支撑，着力降低实体经济企业成本

一要通过数据共享推动业务流程再造，降低企业制度性交易成本。近年来，各项行政审批制度改革不断加速，中小企业制度性负担切实减轻，但行政审批中介服务仍存在环节多、耗时长等突出问题。因此，有必要借助分享经济发展模式，推动"互联网 + 政务服务平台"平台建设，在审核、评估、检测、质检等环节打通部门行政边界，利用闲置部门资源提高业务执行效率，实现政府业务流程再造和共享。同时，加强大数据的整合和共享工作，按照统一采集、统一整理、统一运用的要求，将目前分散在各个部门的大数据统一起来，由相关职能部门管理，实现共享。

二要采用网络众包模式，降低企业人工成本。任务众包，是分享经济的一种表现形式。当你需要完成一件事情，便可以将任务发到任务众包平台上，请其他人帮你来完成，然后付给对方相应的报酬，这样既可以节省时间成本，还可以节约人工成本。因此，就实体企业而言，面对劳动力成本的不断攀升，用众包代替专职，用外包代替全职，通过服务外包、人力派遣服务等形式，面向社会采购非核心业务人力资源，解决企业财务核算、法律服务、员工培训等周期性管理事务，便可精简企业管理人员降低企业人工成本。

三要打造互联网车货匹配平台，降低企业物流成本。2016 年，江西社会物流总费用 3112 亿元，与 GDP 比率为 16.9%，比全国高出 2 个百分点，其中运输费用 1973 亿元，占江西社会物流总费用达 63.4%，如果能够以江西公路港为基础、物流园区为载体，打造一个基于货车司机用户的移动互联网平台，为货车司机提供一体化的综合服务，将大大降低企业物流成本。就江西而言，应大力发展线上物流信息平台，整合线下物流资源，打造线上线下联动公路港网络，促进车货高效匹配。这样一来，企业可以在互联网车货匹配平台上发布货运需求，直接面向物流企业进行运力竞价直采，进而降低企业运输成本。

四要大力发展共享金融，降低企业融资成本。在共享金融的发展趋势下，现有金融体系往往难以满足其日益复杂的金融需求，金融产品的定制化、个性化与标准化、简单化倾向并存。对此，应围绕破解江西实体经济融资难题，加快构建企业融资大数据平台，收集企业融资需求，进而为中小企业提供更加提供多样化、个性化、精准化的信贷产品。同时，通过大数据技术手段推动金融产品及服务创新，在更广泛地区提供便利的存贷款、支付结算、金融租赁、信用中介平台等金融服务，为实体经济发展提供有效支撑。

第二节 从分享经济中挖掘培育新的经济增长点

作为互联网时代的"新经济"形态，分享经济先后被写入十八届五中全会公报、"十三五"规划纲要及 2017 年政府工作报告，成为助力供给侧改革、扩大消费需求和新一轮经济增长的新动能。因此，加快培育和发展分享经济，有助于深化供给侧结构性改革，推动资源合理配置和高效利用，打造新的经济增长点，助推新旧动能转换。

一、江西分享经济发展现状及存在的主要问题

近年来，随着"互联网＋"行动计划和"大众创业、万众创新"的深入推进，江西分享经济初步孕育、快速成长，对培育经济发展新动能、引领创新、扩大就业做出了重要贡献。交通分享方面，以南昌为例，截至2016 年底，"滴滴出行"APP 用户注册人数超过 100 万人，"永安行""ofo"共享单车数量达到 3 万辆；空间分享方面，截至 2016 年底，经认定的省级以上众创空间达 99 家，房屋短租、长租公寓、联合办公悄然兴起，民宿客栈成为旅游行业的新兴"酒店"；资金分享方面，2016 年江西 P2P 网贷成交额达 57. 56 亿元，位列全国第 17；创新资源分享方面，截至 2016年底，省大型仪器协作共用网已有入网单位 250 家，入网仪器 5060 台；生活服务分享方面，餐饮、家政、家装、社区配送等领域分享平台大量涌现，医疗分享逐步从挂号、问诊向慢病管理、大健康拓展；生产能力分享方面，江西航天云网搭建了国内首个"互联网＋家具制造"行业云平台——康居网，实现云端众包设计、异地生产和实时组装。

但是与沿海及周边省份相比，江西分享经济发展起步晚、规模小、层次低，整体实力和竞争力较弱，发展形态、平台建设、监管体系等存在诸

多问题，主要体现在四个方面：

第一，跨界融合发展不足，分享领域亟须拓展。从江西实际看，分享经济主要集中在交通出行、房屋短租、P2P网贷、生活服务领域，创新资源、生产能力等领域有待进一步拓展。同时，分享经济如何与各行业、各企业进行深度融合，还缺少成功的案例，致使一些企业对分享经济的认识还有待深入，分享经济与农业、制造业、旅游业等跨界融合尚显不足，需求众包、定制开发、以租代买、会员服务等共享模式有待开发。

第二，业务模式相对单一，整体发展尚不成熟。江西分享经济的业务模式相对单一，多数企业并未找到有效的商业模式，同质化竞争较为普遍。例如，P2P网贷行业，江西形成了以房产、车辆等资产抵押质押借款为主的业务模式，对于P2P行业的信用借款、消费借款等业务模式开展极少。截至2016年底，发生停止经营、提现困难、失联跑路等情况的平台达到22家，问题平台率28.57%。例如，众创空间，由于缺乏完整的运维体系，大多仅提供场地、水电补贴等比较基本的生产要素，没有能力提供人才、资金、孵化等创业要素，发展较为缓慢。

第三，配套设施支撑不足，直接影响分享经济的用户体验。随着分享经济的深入发展，对移动互联网、云计算、大数据、物联网等设施需求增强。目前，江西共有11个县（市、区）正在建设智慧城市，但由于没有建设标准和规范，"信息孤岛"问题较为突出，直接影响分享经济的用户体验。2016年，江西光缆线路总长度达到67.9万公里，互联网宽带接入端口达到2152万个，分别仅为江苏的33.1%和67.3%。此外，道路交通等基础设施也呈现支撑不足现象，不少地方的交通主干道没有划出专门的自行车道，限制了共享单车的投放和正常使用。

第四，平台企业缺乏监管，政策规范难以及时跟上。分享经济游走在监管的"灰色地带"，主要依靠市场和信任约束，供需双方缺乏直接接触和有效约束。从供给方来看，江西餐饮、家政、房屋短租等领域准入门槛低，名不副实、无证经营的现象屡见不鲜，消费者一旦在分享过程中权益受到侵害，维权往往比较困难。从需求方来看，以共享单车为例，损害共享产品、共享变私享的情况时有发生，肆意破坏、违章停放、随意改造、扫码骗局等乱象频出。

二、江西分享经济发展的重点领域

（一）大力推进生产能力分享

一是加大分享经济在江西制造业的推广应用。依托江西航天云网、中华工业云等大型工业云服务平台，以具备一定优势的制造业企业为基础，大力推广"智能工厂""机联网""厂联网"等试点示范，开展基于大数据的反向定制和基于客户需求的个性定制柔性生产等新型生产模式，实现制造需求和社会化制造资源的高质高效对接。支持制造业行业龙头企业通过融资租赁、经营租赁等手段，积极分享优势生产设备和生产能力，提高产能利用率。打造过剩产能一体化共享平台，鼓励钢铁、煤炭、水泥、船舶、平板玻璃等产能过剩行业通过闲置设备分享化解过剩产能。

二是促进分享经济与农业产业链融合对接。依托江西农业数据云、农产品安全追溯监管平台，以土地托管、农机分享为切入点，围绕耕、种、管、收、加、贮、销等农业生产环节进行垂直整合，提高农村闲置土地、闲置生产设备利用率，增加农村富余劳动力收入，逐步改变江西农产品原料基地和加工企业、加工企业和销售市场之间的链接关系不够紧密的格局。探索"云农场＋乡间货"的双向农村物流共享模式，减少县到村物流车辆空载率，降低村镇物流平均成本。

三是发展以众包为主的生产技能分享。以引进猪八戒网江西总部园区落户赣江新区为契机，建立"互联网＋"众包项目示范基地，发挥新区内高校创新资源优势，优先在周边高校电子信息和文化创意类专业探索众包项目实习、众包项目学分抵扣制度，鼓励在校师生、中小微企业和个人通过承接多品类众包任务分享技能，促进生产力资源的末端整合。加快在研发、设计和制造端落户一批配套企业，积极推进园区企业与沈阳机床 i 平台、阿里巴巴"淘工厂"等生产能力分享平台开展合作，减少生产线空闲档期。

（二）加快推动创新资源分享

一是构建创新资源分享网络服务体系。依托江西现有科技资源基础，联合各大院校、实验室、科研院所、企业研发中心等各界社会力量的技术、信息、数据等资源，进一步扩充和升级现有大型仪器协作共用网功能，加快建成集仪器共享、基地租用、专家问答和文献查阅等功能于一体，跨部门、跨领域、跨区域的江西科技创新服务大数据平台。以推广应用创新券为载体，对纳入到江西开放共享体系的基地、专家和大型仪器设备给予补贴，向企业、用户和创业者在线发放创新券，促进高校、高新技术企业、特色产业园区、科研院所开放分享大型科技仪器、实验室环境、检验检测能力等软硬件资源。

二是打造专业化知识分享生态圈。积极引进 Comodel、农技宝、云种养等制造业、农业专业知识分享平台设立江西服务站，加强平台与创业孵化中心、小微企业、农业合作社的对接，增加制造业、农业领域专业技术服务供给。支持高等院校、科研院所与国外知名高校、研发中心共建知识分享平台，推动龙头企业、孵化基地与慕课中国、Coursera、腾讯课堂等在线教育分享平台建立合作关系，针对企业需求开展定制化课程培训，鼓励家政、厨师、会计师等专业技术从业人员通过互联网实现专业技能分享和增值。

三是推动建立紧缺人才分享机制。加快建设以"虚拟人才"模式为主的互联网紧缺人才分享平台，打造跨区域、跨部门、远近结合的人才分享体系，鼓励科研院所、重点院校加强对口合作，依托人才分享平台在线发布、双向匹配紧缺人才供需信息，推动高校科研力量和专业紧缺人才的分享。依托"柔性"人才政策，重点在装备制造业、新能源、新材料、现代农业等领域，通过人才分享平台以顾问指导、短期兼职、候鸟服务、退休返聘、对口支援、人才租赁等形式柔性引进一批国内外高端人才。

（三）积极促进空间分享

一是拓展以联合办公为主的办公空间分享。鼓励万科、绿地等房企将库存工业、商业地产改造为联合办公场所、科技企业孵化器、众创空间，将一线城市先进联合办公运营理念带入南昌。依托中青数媒 APP 创客之家、星火众创空间、江西省科学院科创空间、网易（有道）国信众创空间、清华梦工场、泰豪众创空间、共青国家众创空间 APP 产业园等，打造大众创新创业为载体、"政产学研用"协同创新资源为主体的分享经济示范基地。

二是推广以民宿客栈为代表的居住空间分享。推动旅游资源丰富的贫困县、乡与途家网等 B2C 短租平台建立合作关系，以井冈山、龙虎山、三清山等名山风景区为试点，探索农民出宅基地，企业出资统一装修、统一管理，房租收入按比例分成的专业化经营模式。鼓励拥有一定条件的个人，以小猪短租、蚂蚁短租、airbnb 短租平台为载体，通过空置房屋共享的方式为国内外游客提供短租公寓、民宿和度假别墅。以"Weshare 我享度假"为代表，将"产权共享 + 换住共享"的二维房屋共享模式与旅游度假、健康养老相结合，探索分权度假屋、分权养老房产等旅游度假、健康养老分享经济模式。

三是发展以共享仓储为核心的共享物流模式。充分利用南昌、九江城市物流标准化试点城市优势，推动现有物流零担平台、城市配送平台创新发展，打造物流分享平台。推动本地物流企业加入"菜鸟联盟"为代表的共享物流联盟或建立合作关系，通过配送渠道共享、周转箱循环共享、货运信息共享、物流仓库共享、物流信息共享等共享方式，提高周转效率，降低运营成本。在南昌、赣州综合保税区按照绿色仓储设施标准建设一批绿色物流示范仓库，通过进出口货物拼柜、拼库、拼车等共享方式开展综合保税区绿色物流试点示范。

（四）全面推广生活服务分享

一是推进交通出行共享服务升级。以江西省与滴滴出行建立全面合作伙伴关系为契机，依托滴滴平台大数据挖掘、分析及资源整合等方面的优势，以南昌为合作试点城市，鼓励滴滴出行、掌上公交、摩拜单车、ofo 单车等共享平台间完善信息对接，落实"互联网 +"信号灯、交通诱导屏、交通度量体系、拥堵研判等智慧交通项目，加快形成一套完整的共享交通出行解决方案。推动"互联网＋公车改革"，与滴滴出行、神州租车、易到租车等共享交通领域行业龙头开展合作，以上饶为试点，通过网络综合调度，将部分闲置公车纳入民用租车服务，共享共用，进一步降低公务用车成本。

二是加快分享经济向社区服务渗透。实施"分享服务入社区"计划，开发基于社区O2O模式的社区技能服务分享平台，通过整合社区内家政、家装、餐饮、美容、配送等技能提供方，实现社区内生活服务需求与供给的快速对接。建立江西智慧养老一站式平台，自建或众包模式打造养老服务团队，通过线上对接养老供给和需求，将分散的养老护理资源与社区老年人对接。实施"互联网＋商贸"计划，积极引进58同城、百度、美团、大众点评等分享型新兴商贸企业，支持网优科技、土巴兔等本土或赣籍分享经济企业在赣发展，鼓励江西家庭服务业公共平台引进战略投资，提升平台知名度和业务能力。

三是挖掘健康医疗领域分享经济发展潜力。积极推动与好大夫、春雨医生、医护网等互联网健康医疗服务平台建立合作关系，构建包括在线预约、在线问诊、医护上门、家庭医生签约、医疗设施分享等功能在内的互联网健康医疗服务体系。引导符合条件的公立医院医师和中级以上职称的退休临床医师在各大平台注册并提供健康咨询服务。探索区域医疗信息互认制度，通过构建统一医疗卫生信息平台，实现就诊居民健康档案、电子病历、检验报告等信息共享和业务协同。鼓励三级以上医院开设微信公众号，为患者提供在线预约诊疗、缴费、诊疗报告查询、药品配送和健康信息收集等服务。

（五）积极探索资金分享

一是推动分享金融与企业融资需求充分对接。积极探索B2B、P2B等共享金融领域，支持江西银行、九江银行、赣州银行、上饶银行等江西银行构建企业融资大数据平台，收集企业融资需求，以企业贷款项目形式在各银行平台开展B2B、P2B等模式的共享金融服务，为中小企业提供更加多样化、个性化、精准化的信贷产品，提高资金、资源利用率，使合作性金融交易、信任型和信用保障型金融创新、消费者主动式金融服务与共享金融有机结合。

二是支持 P2P 网贷平台拓展业务范围。鼓励以博金贷、融通资产为代表的本土国资控股 P2P 平台创新金融产品与服务方式,在现有基础上进一步拓宽业务范围,开展基于共享金融的供应链金融、消费金融、产业链融资、商业圈融资、企业圈融资等融资项目。支持合格的金融机构依法依规建设互联网金融平台,开展网络银行、网络证券、网络保险、网络信托及网络基金销售等业务。支持依法合规设立网络借贷平台和网络金融产品销售平台。

三是推进众筹模式与双创有机结合。积极与京东众筹、淘宝众筹、点名时间、大家众等省外运营良好的知名众筹平台建立合作关系,开设江西双创众筹专区,开展产品众筹。加快建设江西双创众筹服务平台,鼓励和引导传统股权投资机构开展面向创新创业企业的股权众筹服务,支持投资机构向国家、省、市有关部门申请财政引导基金或跟进投资参股众筹领导基金。鼓励银行业金融机构或有资质的第三方支付机构为众筹平台开立资金托管账户引导金融机构加大对各试点平台及其众筹项目的融资支持,提供多元化的金融产品和服务。

三、江西重点分享工程的推进实施

(一)分享企业培育工程

以装备制造、电子信息、新材料等领域为重点,支持第三方生产制造网络分享平台建设,实现供需对接和外包服务的线下执行,提升江西工业分享企业快速响应和柔性高效的供给能力。整合社会闲置房屋、闲置车辆、知识技能、生活物品,鼓励创办共享交通、房屋短租、众创空间、知识分享、餐饮分享等服务分享企业,鼓励蚂蚁短租、途家网、好大夫在线、慕课、猪八戒网等分享企业来赣发展业务。

(二)分享基地创建工程

依托领军企业、高等院校、科研院所、重点产业集聚区,全力推进创新资源分享工程，不断完善创新资源分享运营服务体系，着力打造特色创新资源分享示范基地。大力推进大学科技园、工程（技术）研究中心、重点实验室、企业技术中心等创新载体的分享利用，鼓励社会资本兴办"互联网＋创新创业园"等创新型孵化器。建设以科技人员为核心、以发明专利等知识产权为目标、以成果转移转化为主要内容的众创空间，形成一批市场化、专业化、集成化、网络化的共享基地。

（三）分享城市试点工程

以智慧城市建设为先导，以通信、计算机及信息资源网络化为基础，以南昌、九江、上饶、新余、萍乡等城市为试点，广泛利用互联网、云技术、大数据等现代信息技术和网络通信技术，打造"互联网＋物业管理"生活圈和O2O智能社区服务平台。鼓励国有企事业单位和社会组织向市民开放闲置空间和资源，提升市民、社会组织享用公共空间的数量和质量，推动传统城市管理逐渐向网络化和虚拟化的现代城市管理转变。

（四）分享平台创建工程

依托江西国家级研发平台、高新技术产业特色基地、科技创新服务平台、江西大数据平台，鼓励行业应用软件和平台开发应用，努力搭建各类极强辐射力和影响力的新型共享经济平台，引导广大社会组织、居民把自己闲置或多余的物品通过平台进行交易互换、互帮互助。以赣江新区为试点，推进基于"互联网＋"的物流综合信息服务平台、科技资源共享平台、交通分享平台、金融创新服务平台、家庭服务业公共平台、大型仪器设备共享平台、装修平台建设，促进赣江新区在发展分享经济上先行先试。

（五）分享模式推广工程

以"互助互利"为原则，瞄准江西丰富的农产品、文化产品、旅游资源、优质产能以及社会闲置资源，创新推广有偿分享、对等分享、劳务分享和众筹分享等分享模式。重点鼓励创建和推广个人与个人之间通过移动互联技术去中介化的"协同消费"模式、个人与企业之间通过众包满足临时性劳动力需求的"知识技能共享"模式、个人—企业—个人借助移动互联网技术整合碎片化过剩产能的"重资产分享"模式、企业与个人之间满足机械仪器设备分享的"以租代购"模式、企业与企业之间分享闲置产能、资产、人员的"利益共享、风险共担"模式。

（六）分享人才培育工程

加强与国家"千人计划""万人计划"等计划对接，灵活采取顾问指导、短期兼职、候鸟服务、退休返聘、对口支援、人才租赁等方式"柔性"引进国内外高端人才。整合高等院校、企业专家、知名教育机构等教育培训资源，利用慕课、微课、翻转课等模式强化分享经济理念和知识的开放共享，开展分享人才培养。鼓励分享经济领域的猪八戒网、茵曼等赣籍创始人通过总部回迁、项目回移、资金回流、技术回乡等方式回乡投资创业。

四、江西加快分享经济发展的对策建议

（一）强化信息网络技术普及应用，实现供需双方精准高效匹配

一是优化提升信息基础设施建设。以建光网、提速度、促普及、扩应用为目标，深入推进"宽带中国"江西工程，加快全光网城市、无线城市建设，大力实施"宽带乡村"、宽带网络光纤化改造工程，促进多种网络无缝对接，消除数字鸿沟，使更多人融入共享经济平台，参与分享经济发展。二是持续推进大数据示范应用。以应用促发展，形成可以推广的大数据发展与应用模式，充分利用大数据，带动大数据产业链发展，优先解决与分享经济相关的问题，推进互联网数据中心（IDC）、大数据处理分析中心、后台呼叫中心、云计算中心等重点平台建设。三是促进民生服务领域数据资源共享交换。加快人力社保、工商、卫生计生、消防等部门民生服务领域数据资源共享交换、开放利用，带动分享经济快速渗透到各领域，为分享经济运营过程中的资质审核、经营许可、劳动保障等环节提供便利化支撑。

（二）针对分享经济平台企业特点，构建新型投融资体系

一是加大对分享经济项目投资力度。设立分享经济发展基金，鼓励社

会投资人和基金管理团队共同参股设立分享经济发展基金，引导天使投资、风险投资、私募基金等投资机构加大对江西分享经济项目投资力度，满足分享经济不同类别及不同发展阶段企业需求。二是探索设立政策性融资担保机构。设立分享经济中小微企业信用担保基金，组建政策性融资担保机构，进一步优化完善有利于分享经济型中小企业和小微企业创业创新发展的融资担保服务体系，通过融资担保、再担保和股权投资等形式，为分享经济型中小企业提供增信服务。三是创新金融产品和服务方式。鼓励金融机构针对分享经济平台企业特点创新金融产品和服务方式，开展产业链融资、商业圈融资、企业圈融资等创新实践，引导商业银行积极稳妥开展分享经济平台企业并购贷款业务，积极开展小微企业转贷方式创新试点，适当加大信贷投放力度，适度降低小微分享经济企业贷款准入门槛。

（三）加强社会信用体系建设，夯实分享经济的信息基础

一是开展分享平台诚信体系建设。推进江西各类信用信息平台无缝对接，建立政府和企业互动的信息分享合作机制，推动将分享经济交易中的诚信记录和欺诈记录纳入信用体系建设目录，实施守信联合激励和失信联合惩戒。二是强化政府监管平台与行业信用管理平台的互动。加快政府信用监管平台的升级改造，建设内容丰富、多元互动的企业信用监管，推动监管平台与行业信用管理平台的联动应用，进一步强化共享交换、信息查询、统计分析等基础功能，促进企业信用信息的集中公示。三是建立分享经济企业信用"黑名单"制度。积极引导共享经济企业利用大数据监测、用户双向评价、第三方认证、第三方信用评级等手段和机制，将严重失信行为的企业列入黑名单，对列入"黑名单"的主体采取行业禁入等措施，通报相关部门并进行公开曝光，以强化对资源提供者信用评级和信用管理，提升源头治理能力。

（四）制定适应分享经济的政策体系，促进分享经济推广与发展

一是建立分享经济重点项目滚动库。围绕生产能力分享、创新资源分享、空间分享、生活服务分享、资金分享五大领域，建立灵敏滚动的项目库，完善项目运作机制，支撑分享经济快速发展。二是探索建立分享经济

负面清单。以清单方式列出禁止和限制分享经济企业投资经营的行业、领域、业务等，彻底清除市场准入的各种门槛，同时在不同阶段动态调整分享经济禁止类、限制类负面清单目录。三是加大财税政策引导支持力度。对初创期的分享型企业，政府应加大财税支持力度，开辟绿色通道，提供资金支持、减免税费等；对于态势好、有潜力的龙头企业和标杆企业，有关部门应积极奖励，同时扶持其做大做强，支持其跨地区、跨行业、跨所有制整合资源；对属于重点产业内的分享企业，政府可通过联合设立产业基金等方式提供支持。

（五）创新分享经济监管方式，打造开放包容的发展环境

一是建立适应分享经济要求的基本公共服务体系。在医疗、养老、教育等民生反应较大的领域，积极开展分享经济试点，探索建立适应分享经济要求的劳动就业和医保计划，不断增加基本公共产品和服务供给，让包括分享经济参与主体在内的全体居民分享发展成果。二是提升分享经济参与者、使用者的素质。尽快完善法治环境、强化执法，倒逼分享经济的参与者、使用者提高自身素质，同时在告知式教育的基础上逐步向启发式转变，并将分享经济参与者和使用者的信用信息纳入分享平台诚信体系。三是推进行业组织和标准体系建设。推动成立分享经济的相关行业组织，制定行规行约，加强行业自律，提高行业的自我监督管理能力。推动分享经济企业按国家标准开展技术服务，在重点行业领域深入推动分享经济商业模式和技术标准应用。四是大力培育分享文化。通过多种宣传方式提高百姓分享私有物品、辨识过剩产能、有效利用资源的意识，从民众最熟知的交通分享和房屋分享入手培养分享文化，引导更多的民众成为分享经济的提供者和消费者。

（六）打破传统的产业边界、行政边界，建立分享经济联合推进机制

一是将分享经济纳入互联网经济运行监测体系。运用大数据、云计算等信息技术手段收集数据，完善符合分享经济发展模式的统计体系，适时将分享经济纳入互联网经济运行监测体系，及时发布平台型企业就业吸纳、劳动状况、收入水平、工作时间、劳动纠纷等数据。二是推动政府业

务流程再造和共享。通过"互联网＋政务服务"模式，推行跨部门协同办理改革，推动政府系统工作理念转变和工作流程再造，搭建江西统一的政府系统办公协同平台，实现通用办公、核心业务应用、辅助决策及移动办公等功能，畅通政府各部门和地方的数据共享交换渠道。三是加大引导和工作推进力度。分享经济的监督管理并非单由一个部门即可完成，相关部门应依托"互联网＋"建立联合推进机制，加强部门协同，围绕解决影响分享经济发展的瓶颈难题和制约因素，共同制定促进分享经济发展的政策措施，同时引导各部门建立上下无缝对接、区域高效联动的工作机制，加大引导和工作推进力度，推动分享经济健康有序发展。

第七章　构建新旧动能转换保障体系

以研发新技术、培育新产业、创造新业态、探索新模式为导向，着力强化有利于新旧动能转换的要素支撑，努力营造有利于新旧动能转换的政策环境，切实把新旧动能转换落实到具体产业、具体企业、具体项目上。

第一节　打好降低科技创新成本的"组合拳"

科技创新成本是科技创新过程中发生的资金、时间、精力等有形和无形资源投入，包括制度性成本、研发成本、成果转化成本、融资成本等。自"降成本、优环境"专项行动开展以来，江西在实施企业研发费用加计扣除、推广企业"旧装备换资金"计划、构建创业创新投融资新平台等降低科技创新成本方面，做了初步探索并取得一定成效，但仍面临创新制度性成本、新产品与新技术研发成本、科技成果转化成本、科技型中小企业融资成本居高不下的问题。如何降低科技创新成本，打通创新创业要素对接通道，推动"双创"进入更高层次、迈上更高水平，是当前江西推进新旧动能转换面临的关键问题。

一、江西科技创新面临五大"成本困局"

（一）科技资源分散化、碎片化，企业多头申请、跑经费的负担较重

一是科技经费面临"多头管理"。当前，江西科技资金分散在科技、财政、发改、工信、农业、林业、水利等多个部门，各部门科技计划之间缺乏有效的协调机制。特别是作为科技主管部门的省科技厅直接安排管理的科技经费占整个财政科技经费投入的比重偏小，统筹牵头作用不明显。现行管理体制带来了科技资源的分散管理，为争取更多的科技经费支持，企业必须多头申请，花费大量时间精力跑经费，不仅无形中增加了企业成本，而且会限制企业科技创新的积极性。

二是科技资金使用较为分散。多部门参与分配和管理财政科技资金，造成江西科技资源配置碎片化，重复资助、重复投入等问题较为突出。例如，支持企业研发中心建设方面，江西省科技厅的重大研发专项资金、江西省发改委的工程研究中心（工程实验室）专项资金、江西省工信委的企业技术中心专项资金都可以扶持。同时，有限的资金被分割和分散使用，虽然照顾到方方面面，但由于资助金额较小，项目聚焦不够，难以有效对企业起到支持和引导科技创新的作用。

（二）大型仪器设备开放共享程度低，重复购置与闲置浪费的现象并存

一是大型仪器设备利用率偏低。根据 2015 年 10 月省科技厅对 109 台大型科学仪器的绩效考评，江西仪器设备平均使用率为 82.8%，平均闲置率接近 20%，一些仪器设备虽已使用但远没有达到额定机时数。如果将江西范围的大型仪器设备都纳入考评，那么平均闲置率远不止 20%。另外，仪器设备的使用效益也不高，利用这些仪器设备获得的发明专利仅 108 项，平均每台不到 1 项。

二是"重购置、轻管理"现象较为普遍。一些科研院所、科技支撑单位，对大型仪器设备购置前的论证不充分，盲目追求高性能、高精尖的设备。2015 年末，江西 147.5 亿元研发经费内部支出中，仪器和设备采购支

出超过 20 亿元,占 13.8%,高于江苏 2.3 个百分点。同时,由于大型仪器设备维修费用、配件购置费用、升级改造费用偏高,加之使用单位普遍缺乏专门的维护管理费用,一旦仪器设备出现故障后,得不到及时维修,很可能造成搁置甚至报废。

三是大型仪器设备开放共享不足。江西在 2004 年建立了大型仪器协作共用网,经过十多年的发展,已有入网单位 250 家,入网仪器 5060 台。但是,由于江西大型仪器协作共用平台建设经费明显不足,同时大型仪器协作共用发生后的补贴及奖励资金未能及时到位,导致江西拥有大型仪器的机构共享积极性不高,入网单位仍然十分有限,入网仪器数量整体偏少。另外,入网仪器共享的功能较为单一,主要以检测、培训为主。

(三) 中试基地与技术市场建设滞后,科技成果转化成本居高不下

一是中试基地布局和建设薄弱。由于中试环节风险高、成本大,且中试环节的资金支持力度远低于科研环节,致使江西大多数科研院所重科研、轻推广,仅将成果停留在实验室阶段,而企业在资金受限的情况下,也往往不愿意承担中试环节。江西中试基地建设主体为国家级工程技术研究中心,分布在铜冶炼及加工、稀土永磁材料、钨材料、硅基 LED、中药制剂、日用陶瓷、化学合成材料等领域,这些已建成的中试基地普遍存在投入低、设施不完善、产品开发能力弱等问题。

二是技术市场体系建设亟须加强。近年来,江西大力推进技术转移和成果转化,截至 2016 年底,累计建成 27 家国家级和省级技术转移示范机构。但是,江西没有一家在国内成规模的技术产权交易市场,网上和基层技术市场建设明显滞后,管理机构和中介机构仍不健全,缺少稳定的专项工作经费,科技成果与市场结合度较低。2016 年,江西签订技术合同 1985 项,仅为湖北的 8.2% 和安徽的 15.3%,技术市场合同成交金额 34.1 亿元,仅为湖北的 3.7% 和安徽的 15.7%,均位列中部倒数第二。

(四) 科技孵化平台和载体不完善,降成本作用尚未得到充分发挥

一是企业技术中心覆盖率偏低。企业技术中心是重点企业技术创新的策源地。从调查的结果看,2016 年江西规模以上工业企业 10071 家,省级

及以上企业技术中心311家，工业企业技术中心对规模以上工业企业的覆盖率仅为3.1%。特别是国家级企业技术中心数量偏少，江西仅有15家，占全国的比重仅为1.1%，位列全国第23、中部省份排名倒数第一，不仅远低于山东的179家、浙江的107家、江苏的104家，而且与河南的84家、安徽的69家、湖北的53家、湖南的44家、山西的26家相比差距也非常明显。

二是科技企业孵化器功能有待拓展。截至2015年底，江西拥有省级及以上科技企业孵化器21家，在孵企业1033家。但是与周边省份相比，无论是孵化器的数量，还是在孵企业的数量，均明显偏少。湖北、安徽、湖南省级及以上科技企业孵化器分别为64家、58家和39家，在孵企业数量分别为4398家、3365家和2689家。另外，部分孵化器以提供入驻空间为主，技术转移、科技融资等功能发展缓慢，专业孵化管理人才缺乏，生活配套服务设施不完善，孵化能力整体不强。

三是新型孵化器体量小且运作困难。截至2016年底，在国家科技部公布的三批众创空间名单中，江西为11家，占全国比重仅为0.8%，不仅远低于江苏、广东、浙江等发达省份，而且与中部省份相比，处于明显劣势，湖北、湖南、安徽、河南分别为40家、30家、24家和14家，仅高于山西的10家。同时通过走访发现，未纳入国家级孵化器管理体系的机构无法享受相应的优惠，基本处于商业化运作阶段，后续发展存在很大的不确定性。尽管各地已提出有关补贴标准，但是相当数量孵化器仍认为支持力度有限。

（五）创业投资与知识产权质押处于起步阶段，科技型中小企业面临融资难题

一是创业投资起步晚、规模小。截至2015年底，江西已备案的创业投资企业仅为10家，创业投资管理的资本总量仅为46.96亿元，占全国的比重分别为0.56%和0.7%。特别是风险投资主要以政府资本为主，未能有效吸引民间资本介入，相关配套政策仍不完善，复合型的投资人才匮乏，较难吸引省外风险投资机构进入江西开展业务。

二是知识产权质押融资规模低。为解决科技型企业创新发展、融资难的问题，江西出台了一系列政策推动知识产权资本化与产业化。但是，江西知识产权质押融资规模仍然非常低，2016 年，知识产权质押融资额仅为 3.3 亿元，与 55 亿元的授信额度相去甚远，与广东、江苏、浙江、湖北、上海、北京、天津等质押融资总额均超过 10 亿元的省份相比也存在较大差距。

三是尚未建立专门的科技信贷制度。江西科技型中小企业融资渠道比较单一，主要是向银行申请贷款。科技型中小企业大多数处于初创期，缺乏可用于抵押的资产，生产经营的不确定性也较大，很难从银行获得贷款。同时，由于受《证券法》的限制以及最低资本规模、经营年限的要求，对刚起步的科技型中小企业来说，债券融资与股权融资的可能性也比较低。

二、降低江西科技创新成本亟须打好四大"组合拳"

（一）推动科技资源、科技资金、科技项目"三个统筹"，降低创新制度性成本

一要大力推进科技资源整合。加快建立由科技部门牵头，财政、发改、工信、农业、林业、水利等相关部门参加的联席会议制度，打破条块分割，统筹安排和使用江西科技资源。对江西现有各类科技计划（专项）进行梳理，通过撤、并、转等方式，将定位不清、交叉重复、实施效果不好的，逐步进行调整和整合，使之更加符合江西实际。

二要促进科技资金进一步聚焦。聚焦重点产业、重点园区、重点企业，优先保障重大创新功能型平台建设，以及江西重大战略项目实施和重大基础工程布局，避免资金安排"撒胡椒面"。对市场需求明确的技术创新活动，通过风险补偿、后补助、创业投资引导基金、天使投资引导基金等引导性为主的方式，支持企业自主决策、先行投入。

三要改革科技项目管理方式。进一步加强政府事中、事后监管，推动项目经费由事前立项、事前补助向事前立项、事后补助和事后奖励转变，

项目管理由重项目、立项轻项目管理向项目立项与过程管理并重转变。积极发挥中介组织作用，逐步实现由专业机构通过统一的科技管理信息系统受理项目申请，组织评审、立项、过程管理和结题验收。进一步落实科研项目预算调整审批权下放，放开科技成果使用、处置和收益权，提高科研项目人员经费比例，解决简单套用行政预算和财务管理的方法管理科技资源等问题。

（二）促进大型仪器设备共建、共享、共管"三位一体"，降低新产品新技术研发成本

一要引导企业与高校、科研机构共建大型仪器设备平台。在钢铁、石化、有色、建材、食品等优势传统产业以及新一代信息技术、生物医药、新型光电、航空制造、新能源、新材料等战略性新兴产业领域，支持龙头骨干企业以多种方式引入高校、科研院所的科技资源，合作建立大型仪器设备平台，尽量减少仪器设备的重复购置。选择国家高新区、国家级科技企业孵化器内的高新技术企业和科技型小微企业作为"需"方，南昌大学、江西师范大学、江西理工大学、江西省科学院等一批高校和科研院所作为"供"方，大力开展大型仪器设备共建试点工作。

二要推进大型仪器设备向社会开放共享。将江西行政区域内国有资产管理的科研设施仪器，纳入到大型仪器设备开放共享体系中，避免部门分割、单位独占。以推广应用创新券为载体，对纳入到江西开放共享体系的大型仪器设备给予补贴，向企业和创业者在线发放创新券，促进大型仪器设备开放共享。打破管理单位的界限，按不同专业领域或功能类型，推动形成专业化、网络化的大型科学仪器服务机构群。

三要建立江西统一的大型仪器设备管理平台。按照国家科技部制定的标准规范，建立江西科研设施与仪器数据库和统一开放的服务平台，重点将财政购置的科研设施与仪器的基本信息、运行状态和开放共享情况等及时上报服务平台，鼓励社会购置的科研设施与仪器相关信息上报服务平台，实现科研设施与仪器的统一规划管理。建立大型仪器设置购置论证、日常管理和共享管理制度，设立大型仪器设备维护、维修基金，确保大型

仪器设备的正常稳定运转。

（三）强化技术市场、中试基地、众创空间"三大支撑"，降低科技成果转化成本

一要加快建设线上线下融合、江西统一的技术市场体系。大力开发基于专有云的网上技术市场平台，推动创新型示范企业、创新型试点企业、高新技术企业在网上技术市场平台实名注册，逐步形成江西统一的网上技术市场平台。以国家级和省级高新区、科技城和省直管县为重点，着力建设一批与网上技术市场功能互补的线下实体技术市场，吸引高校、科研院所及龙头骨干企业入驻。依托技术市场，瞄准江西优势主导产业，加快培育一批从事技术咨询评估、成果转化、知识产权代理、科技金融等专业服务的技术交易中介服务机构。

二要完善中试基地规划、布局与建设。以有色金属、硅基 LED、中药制剂、日用陶瓷等领域的国家级中试基地为引领，推动组建以企业为主体的中试协作联合体，共同承担中试风险，分享中试成果。建立市场化的中试技术服务机制，将中试服务产业化，完善利益分配机制，使中试成果的价值在交易中得到体现，切实保障中试基地的利益。多渠道强化中试投入，强化中试服务的市场化运作，推动中试基地由国家投资逐步转向企业投资，使中试基地发展进入良性循环。

三要大力扶持众创空间发展。在创客空间、创新工厂等孵化模式的基础上，大力发展市场化、专业化、集成化、网络化的众创空间，为小微创新企业成长和个人创业提供低成本、便利化、全要素的开放式综合服务平台。优先支持高校、科研院所的科技人员在众创空间创办科技型企业，盘活闲置的商业用房、工业厂房、企业库房、物流设施和家庭住所、租赁房等资源，为创业者提供低成本办公场所和居住条件。吸引省内外高校、科研机构为众创空间提供人才、技术、研发、检测等资源，提供创业培训、创业咨询、产品检测、融资、资质认定、知识产权保护等孵化服务，推进创新创业联动发展。

（四）补齐创业投资、知识产权质押、融资担保"三大短板"，降低科技型中小企业融资成本

一要加大对创业投资的支持力度。大力发展 PE、VC、天使投资等创业投资，扩大政府创业投资引导基金规模，强化对创新成果在种子期、初创期的投入，由政府支持发起各类创投母基金，引导社会资本进入创投领域。建立对创业投资的风险补偿机制，对创投机构投资种子期、初创期科技型企业发生的实际投资损失，给予一定的风险补偿。推动有条件的互联网众筹平台开展公募众筹业务，探索股权和债权相结合的融资方式，与创业投资、股权投资机构实现投贷联动。

二要大力推进知识产权质押融资。依托国家级和省级知识产权质押融资试点单位，面向江西知识产权试点培育企业、高新技术企业、专利申请大户，大力开展知识产权质押融资，促进科技创新成果知识产权化、资本化。支持各类金融机构利用互联网等新技术、新工具，丰富和创新知识产权融资方式，推动银行业金融机构开发和完善知识产权质押融资产品，开展知识产权质押融资保证保险。

三要探索设立大型政策性融资担保机构。设立中小微企业信用担保基金，组建大型政策性融资担保机构，按照政策性主导、专业化运作、基金式管理的原则，进一步优化完善有利于科技型中小企业和小微企业创业创新发展的融资担保服务体系，推进科技保险补贴、科技信贷风险补偿、助保贷等科技金融产品和服务，通过融资担保、再担保和股权投资等形式，为科技型中小企业提供增信服务。

第二节　强化人才对新旧动能转换的支撑作用

党的十八大以来，习近平总书记指出发展是第一要务，人才是第一资

源，创新是第一动力，并对人才工作作出一系列重要指示。2016 年 3 月，国家出台了《关于深化人才发展体制机制改革的意见》。为贯彻落实中央精神，各省市纷纷把人才工作列为"一把手工程"，以更加开放的姿态广纳天下英才。自 2017 年武汉、成都、西安等二线城市出台"送户口""送房补""送项目"等人才新政后，北京、上海、广州、深圳等一线城市也相继加入，"人才争夺战"愈演愈烈。"人才争夺战"的背后是全国各个城市对人力资本红利的争夺，需要利用人力资本的创新性和创造性保障经济长期稳定增长。从某种意义上说，没有高质量的人力资源支撑，就难以实现新旧动能转换。

一、"人才争夺战"的掀起及各地人才新政

2017 年 2 月，武汉在全国率先打响人才大战。随后，各大城市竞相加入，优惠程度也不断加码。截至 2017 年底，全国已经有超过 50 个城市参与本次人才大战，推出的优惠政策主要包括五个方面。

（一）户籍政策

在各地的人才政策中，落户是不少城市引进人才的标配。例如，天津在满足基本人才条件的同时，符合有房、有工作单位、调入档案中任一条件可直接落户；海南大专以上学历、中级以上职称、技师以上职业资格均可落户；郑州中专学历即可落户；长沙、成都等将本科以上学历落户年龄不同程度放宽，硕士以上学历人员不设年龄限制；西安开通"掌上户籍"绿色通道，半小时即可实现成功在线落户。特别是在西安通过学历、人才、投资纳税落户的，即便是落在集体户上，也可同步完成举家迁入，真正实现一人落户、举家随迁。

（二）购房租房补贴政策

各地在吸引人才在本地就业的同时，也不忘在"安居"上下功夫。在购房租房上，按照学历高低实行差异化货币补贴是最常见的政策。例如，合肥对新落户的博士、35 岁以下的硕士、毕业 3 年内的全日制本科和大专、高等职业院校毕业生，三年内按每人每年 2 万元、1.5 万元、1 万元

和 0.6 万元的标准发放租房补贴；长沙对新落户并在市域内工作的全日制博士、硕士毕业生，年龄 35 周岁以下，首次购房可分别申请 6 万元、3 万元的购房补贴；在武汉就业大学生可以低于市场 20% 的价格买到安居房、租到租赁房。相比直接给钱，成都给出的"先租后买，以五年前的价格买房"政策则充满新意，即对急需紧缺人才提供人才公寓租赁服务，租住政府提供的人才公寓满 5 年按其贡献可以不高于入住时市场价格购买该公寓。

（三）创新创业资助政策

一是对创业资金贷款进行免息或者担保贷款。例如，成都对毕业 5 年内在蓉创业大学生贷款给予全额贴息支持；石家庄毕业 5 年内高校毕业生合伙创业可申请最高 80 万元的创业担保贷款。二是给予创新团队项目资助。例如，海口给予经过评审通过的科技创新创业团队一次性启动资金 30 万元；珠海围绕本市重点发展的产业给予创新创业团队最高 1 亿元资助。同时，多地的引才行动不仅放眼国内，杭州对外国人才携项目来杭创办企业可最高给予 1 亿元资助。

（四）基本公共服务补助政策

各地在被引进人才的子女教育、医疗健康、配偶就业等方面，按人才层次高低给予对应政策。例如，成都发放蓉城人才绿卡，根据积分对持卡人分层分类提供配偶就业、子女入园入学、医疗、出入境和停居留便利等服务保障；沈阳开通高层次人才就医"绿色通道"，并为顶尖人才、杰出人才、领军人才开展免费体检工作；西安对 A、B、C、D 类人才，实行优质生活服务"绿卡通"制度，在医疗、子女就学、落户等方面实现"一卡在手、处处绿灯"；长沙对高层次人才配偶原在机关事业单位工作的，按对口部门予以安排，其他类型的由有关部门优先推荐就业。

（五）其他优惠政策

随着"人才争夺战"的不断升温，各地不断尝试创新吸引人才的方式方法。例如，武汉设立招才局，与市委人才工作领导小组办公室合署办公，实现一个窗口对外，一张政策清单，专项基金"一个口子报，一个口子出";沈阳首创"订单式"契约,即对两年内毕业的全日制在读博士研究生,可与用人单位签订就业意向协议,毕业后直接录用;南京和成都提供青年驿站,外地毕业生来应聘可免费入住7天,南京还发放面试补贴1000元;深圳对离校未就业的新落户高校毕业生提供1500元临时生活补助;珠海对机关事业单位引进的高层次人才在聘用期满考核优秀表现特别突出的,博士可提拔为机关副处级、事业单位6级岗或国企领导班子副职,硕士可提拔为机关正科级、事业单位7级岗或国企中层正职。

二、江西现有人才政策及其存在的差距

(一)现有人才政策情况

1. 省级层面

2017年1月,江西出台了《关于深化人才发展体制机制改革的实施意见》,并先后制定了加强新形势下引进外国人才工作、进一步做好招才引资促进创新发展等41个重要文件,吹响了人才体制改革和招才引智的集结号。江西启动实施的人才"双千计划",5年将投入20亿元引进培养高层次人才和团队,重点引进1000名左右"高精尖缺"人才,培养1000名左右高端人才。由省委组织部牵头发起设立了总规模7.5亿元的省人才创新创业引导基金。省人社厅从人才引进、培养、激励等方面出台了20条具体改革措施。

2. 地市层面

江西共有9个设区市推出了力度较大的引才新政和改革举措。南昌实施"天下英雄城,聚天下英才"行动计划,5年安排100亿元人才发展经费,对各类人才实施"零门槛"落户,并限三个工作日办结;赣州出台人才新政30条,5年内市级财政每年按不低于1000万元安排人才工作经费预算;景德镇对该市"3+1+X"产业发展领军人才,给予最高200万元的人才经费资助和最高2000万元的项目产业化配套支持;萍乡对全职引进人才提供免费入住人才公寓或最高50万元购房补贴;新余给予重点产业人才最高2000万元的资金扶持;宜春对高层次人才最高给予200万元

购房补贴和 72 万元生活津贴；鹰潭对引进的创业人员提供最高 1500 万元的项目扶持资金；上饶对大数据人才在该市成果转化、开办企业的，给予最高 60 万元资助和三年企业所得税、增值税奖励；抚州对刚性引进人才提供最高 100 万元奖励补贴和最高 100 万元的购房补贴；等等。

3. 开发区层面

南昌发布的人才新政中提出，支持开发区、新区自主制定人才政策，给予 1∶1 比例配套的财政支持资金。南昌高新技术产业园区对重点产业的重点企业新引进的紧缺专业高校毕业生提供安家补助和房租补助。赣江新区推出 7 大类 35 条措施，重点实施"赣江海智""赣江创新""赣江创业"三大计划，最高可享受 1 亿元的项目资助。赣州经济技术开发区针对开发区新引进大学生，含 7 项就业补贴、6 项创业扶持资助政策和 3 项创新奖补激励。

（二）江西人才新政存在的差距

1. 从政策覆盖面看，基础性人才重视程度不够

江西地市层面出台的人才政策主要偏向于高端人才，对社会事业人才和企业管理人才尚未制定专门的扶持计划，可享受的优惠政策较少。具体来看，南昌人才政策分类只针对高级人才以上人群，赣州市级高层次以上人才可享受 8 个以上政策包，而青年英才、产业工匠分别只有 1 个政策包。相比之下，郑州人才新政专门设立了社会事业人才荟萃计划和优秀企业家领航计划，提出在教育、文化、医疗、人文社科、网络传媒、城规设计、市政管理、环境工程等方面汇聚一批领军人才和骨干人才，培育壮大优秀企业家队伍。

2. 从政策优惠力度看，相比同级城市仍有较大提升空间

生活补贴、住房补贴、安家补助等现金补助是江西各城市吸引人才的"标配"。购房补贴方面，南昌对国家级和地方级领军人才给予 50% 的购房补贴，最高补贴分别为 200 万元和 100 万元，而长沙同类人才可分别享受 150 平方米和 100 平方米的全额购房补贴。租房补贴方面，赣州采用分摊制，个人需承担 50%，在南昌工作的博士生、硕士生、本科生每年分别

可领取1.8万元、1.2万元、0.6万元的补贴，而合肥的补贴标准分别为2万元、1.5万元、1万元，且针对高等职业院校毕业生，每年发放0.6万元补贴，受益群体大于南昌。对于实习、见习毕业生，江西仅南昌提出给予见习补贴，而合肥在给予见习补贴的基础上，还对见习基地按吸纳人数给予人均1000元的一次性奖励。

3. 从政策实施操作看，配套细则需要进一步明确

虽然江西各城市通过新闻发布会、电视和报纸报道、微信公众号推送对人才政策进行了宣传，但大多数中小企业等用人单位和毕业生还不了解申请条件、申请流程等。主要存在以下问题：一是在具体操作上，一些市县政策的实施细则仍不明确，有的还未出台各档次人才分类目录。二是在资金使用上，涉及大额资助资金的，由于缺乏明确操作规程，资金的使用、发放还存在诸多需要沟通的细节。三是在工作衔接上，省级层面虽然发布了一些政策，但具体操作多在市级层面，省市之间以及市级部门之间都需要建立具体的评价标准和协调落实机制。特别是一些政策涉及政府、市场与经营者的关系，更需要严谨对待。例如，赣州规定人才租房财政拨款25%、企业承担25%的政策，在一定程度上增加了企业运营成本，博士学历可每年免费在赣州、新余指定宾馆住宿三天的政策，对宾馆正常接待可能带来的影响，财政如何对接也需要进一步明确。

三、导致江西人才处境的主要原因

第六次全国人口普查数据显示，江西10年间流失近700万人，占全国跨省流动人口比重高达8%。2017年全国流动人口大数据显示，江西人口净流出数量位居全国第五。除人才政策支持力度外，导致江西人才处境现状的原因还包括以下五个方面。

（一）省会南昌在周边城市中的竞争力不足、吸引力不够

地区的人才吸引力与经济发展水平以及现代服务业发达程度等密切相关。2017年，南昌地区生产总值和规模以上工业增加值在中部六大省会城市中均位列第五，服务业增加值占GDP的比重为42.9%，为中部省会最

低。根据 2017 年中国城市综合竞争力排行榜，中部省会城市武汉、郑州、长沙均进入前 30 强，且武汉、郑州位列国家中心城市，而南昌均未列席。《2018 旺季人才趋势报告》显示，在所有的二线城市中，杭州、武汉、成都、郑州、西安五个城市人才吸引力最高，2018 年离开北上广深的求职者，有 35.5％的人选择这五所城市。

（二）产业转型升级支撑不足且收入薪酬缺乏优势

江西产业层次不高，国内知名的行业、龙头企业不多，对各类人才的吸引力不强。江西产业结构中资源型、高耗能的传统产业仍占主导地位，以智能制造、数字经济为代表的高新技术产业和现代服务业发展不足。截至 2017 年底，江西拥有高新技术企业 2295 家，实现增加值 2508 亿元，而湖南、湖北高新技术企业分别突破 3000 家和 5000 家，高新技术产业实现增加值分别达到 8119 亿元和 5841 亿元；在江西落户的世界 500 强企业有 66 家，而在湖北、湖南落户的世界 500 强企业分别为 267 家和 193 家。此外，江西收入薪酬水平与外省存在一定差距。2017 年，江西在岗职工月平均工资为 4678 元，在中部六省中排名第四，仅高于山西和河南。

（三）大学生就业观念与现实需求不匹配

一方面，大学毕业生就业期望与现实需求存在一定程度的脱节，年轻人择业过程中存在"眼高手低""好高骛远"等主观心态，盲目追求所谓的"热门职业""高大上"岗位，从事基层工作、技术型工种的意愿较低。另一方面，缺乏敢闯敢拼的精神，来赣就业的毕业生更加偏向在党政机关及国企等体制内单位就业，而现实中新增就业岗位绝大部分来自民营经济。

（四）"重商"文化氛围不浓

江西地处内陆，自古为农业大省，"重官轻商"观念比较浓厚，"崇企重商"意识相对淡薄。2017 年中国民营企业 500 强榜单中，江西上榜企业仅 7 家，而湖北、河南分别有 19 家和 15 家。《江西省 2017 届高校毕业生就业质量报告》显示，江西高校的硕士毕业生和本、专科毕业生均为净流出，主要就业流向地域为广东、浙江和上海等沿海发达地区。

（五）政策落实力度不够

现有人才政策大多散布在各相关部门和各地，也没有列出优惠政策清单，在一定程度上造成人才政策效应没有得到充分发挥。各设区市在与国内外知名企业和科研机构对接合作方面的主动作为也还不够。对政策落实情况没有形成有效的跟踪督查机制。

四、对江西进一步做好人才工作的政策建议

综合以上分析，为进一步做好新时代的人才工作，江西应强化以下六个方面的措施。

（一）出台更优更开放的人才引进政策

省级层面要借鉴兄弟省市的经验做法，大力推进人才特区建设，在人事管理、经费使用、税收、股权激励、成果转化等方面进行创新试点。深化实施引进人才"绿卡"制度，为持有绿卡的人才提供全方位便利化服务。建立人才经费稳定增长机制，统筹安排产业、科技等项目与人才开发培养经费。地市和开发区层面要通过提供免费人才公寓、公租房、共有产权房或发放住房补贴等方式多渠道解决人才居住需求，优化人才就医、配偶随迁、子女入学等方面政策，解决各类人才创新创业的后顾之忧。

（二）扩大政策对各类人才的覆盖面

树立争夺优质人力资源、形成新的人口红利的理念，既要争夺高层次的"顶天"人才，更要结合江西实际，争夺服务地方经济发展的"立地"人才。一方面，以重点战略性新兴产业为重点，每年发布紧缺人才需求目录，聚焦紧缺人才需求类型、需求数量、需求地域，面向海内外招硕引博，引进一批能够突破关键技术、引领创新发展的高层次人才。另一方面，加大相关专业本科生和取得中级以上专业技术资格人员的引进力度，全面放宽毕业年限、首次就业落户等条件，对"立地"人才同样予以享受绿色通道，吸引各类人才特别是青年人才"扎根"。

（三）为人才引进提供干事创业的舞台

聚焦战略性新兴产业、数字经济、现代服务业，深入实施央企入赣、招大引强等战略，吸引一批中字头、世界 500 强企业来赣设立分支机构，提升江西产业对各类人才的吸引力。发挥江西高校、科研机构、国有企业等对人才有较强吸引力的优势，支持通过特设岗位、协议工资、技术项目入股等方式放活体制机制，为引进人才留住人才提供优越环境。积极推进企业与高校院所建立人才、产业技术联盟，支持江西各类国家级和省级科技创新平台建设，为引进人才留住人才提供事业发展舞台。

（四）创新人才引进方式

实行"招商＋引才"模式，将招才引智融入招商引资活动，同步引进一批创业创新人才。注重项目引才、团队引才、以才引才，采取挂职、兼职、技术合作、短期聘用等柔性灵活方式，引进一批重点产业急需紧缺人才。借助国内外知名猎头公司，面向海内外引进一批高级经营管理人才和投融资人才。发挥省市驻外机构的窗口作用，鼓励江西企业"走出去"招聘人才，大力实施"联合引智"行动，组织有关企事业单位定期分批赴高校密集的省市和香港定向引进高校毕业生。

（五）提升招才引才工作水平

借鉴招商引资服务模式，鼓励有条件的地市设立招才局，对企业人才需求实行动态管理，做好人才引进过程中的协调服务。建立人才引进限时办理和人才服务专员制度，设立"一站式"人才引进服务窗口，实行一对一"保姆式"服务，打通人才服务"最后 1 公里"。为各类人才来赣创新创业在政策咨询、项目申报、工商注册、子女入学等方面提供点对点服务，提升人才工作生活满意度。完善各类人才在不同地区、不同行业、不同单位之间流动的社会保障关系转移和接续办法。

（六）强化人才政策落实与督查制度

发挥江西省委人才工作领导小组的牵头作用，在政府部门网站列出优惠政策清单，增强政策系统性和透明度，方便各类人才查询咨询。健全人才引进协商会商制度，定期调度解决人才引进过程中遇到的问题。建立人才政策落实督查制度，对政策推进落实情况进行专项督办，确保省市各项人才政策落到实处。

第三节　供给侧结构性改革的"江西路径"

随着中央"三去一降一补"五大任务的深入落实，推进供给侧结构性改革已成为全国各地抢抓机遇、创新发展的共同行动。江西作为中部欠发达省份，总量性问题和结构性问题并存，但深层次矛盾是结构性问题。必须持续从供需两端推进结构性改革，以创新供给带动需求扩展，以扩大有效需求倒逼供给升级。总的来看，江西供给侧结构性改革应着力在以下六个方面进行突破。

一、坚持创新驱动"一条主线"，着力提升供给质量和效率

（一）以科技创新为核心带动全面创新

创新投入不足、科研成果转化不高，已成为江西发展的软肋和薄弱环节。2016 年，江西研发经费支出占 GDP 比重仅为 1.13%，规模以上工业新产品开发经费占主营业务收入的比重仅为 0.61%，新产品产值占工业总产值的比重仅为 9.2%，新产品销售收入占主营业务收入的比重仅为 8.6%，均低于全国平均水平。必须以创新驱动"5511"工程为引领，突出重点领域创新，引进和发展智能制造、绿色制造、高端装备制造技术，推进以设施农业和农产品精深加工为重点的技术研发，加强物联网、云计算、大数据、移动互联等关键应用技术推广，全面提升科技进步对经济发展的贡献度。同时，以科技协同创新计划为抓手，突出企业的创新主体地位，鼓励大企业、大集团开展基础性前沿性创新研究，引导骨干企业与省内外高校、科研院所紧密对接，突破一批产业关键、核心和共性技术，建

设一批产学研用协同创新体、产业技术创新战略联盟。

（二）以全面深化改革激发创新活力

截至2016年底，通过"简、放、改、建、管"五方面深化行政审批制度改革，省级项目核准权限取消和下放比例达到64%，非行政许可审批类别全部取消。下一步，应深入推进"三单一网"建设，完善行政权责清单动态调整机制，进一步深化商事制度改革，完善"三证合一""一照一码"配套制度，探索以信用监管为核心的事中事后监管新模式。深化重点领域价格改革，以降低企业生产要素成本为重点，推动放开水、电、油、气、运等领域竞争性价格环节。加快社会信用体系建设，全面推进设区市公共信用信息平台建设，实现市级平台全覆盖，探索在重点领域开展信用试点，着力打造"信用江西"。积极推进财政金融、国资国企等领域改革，充分激发市场活力，调动民营企业积极性。

（三）以"大众创业、万众创新"助推创新型省份建设

自江西出台推进大众创业、万众创新28条政策措施以来，政策效益逐步显现，市场主体增长较快，"双创"活力不断增强。2016年，江西新登记市场主体40.9万户，同比增长17.7%，其中新登记企业11.8万户，同比增长25.4%。与此同时，江西仍面临创业人群单一、创业模式不够多样、创新创业氛围不浓等问题。应围绕深入实施创新驱动发展战略、推进创新型省份建设，发挥政策集成和协同效应，支持各类工业园区、产业基地、科技企业孵化器、大学科技园等，打造一批众创、众包、众扶、众筹平台，大力推广创客空间、创业咖啡、创新工场等新型孵化模式，实现创新与创业相结合、线上与线下相结合、孵化与投资相结合。落实和完善鼓励劳动者自主创业的扶持政策，研究设立省级创业投资引导基金，支持社会资本发展天使投资、创业投资等风险投资，积极探索创业券、创新券等公共服务新模式。

二、强化供给侧与需求侧"双向发力"，积极培育新供给新动力

（一）推动有效投资向有效供给转化

经过多年高强度、大规模开发建设，江西固定资产投资增速放缓，传

统产业相对饱和,新的投资增长点发育不足。2016 年,江西固定资产投资完成 19378.69 亿元,同比增长 14.0%,增速较上年回落 2.0 个百分点。其中,工业投资 10284.95 亿元,占全部投资的比重为 53.1%;基础设施投资 3707.51 亿元,占全部投资的比重为 19.1%。应全面对接 11 大类重大工程包、六大领域消费工程、三大战略布局、国际产能和装备制造合作重点项目,在进一步加大基础设施、生态环境、民生领域投资的同时,大力支持和引导更多的社会资金投向新技术、新产品、新业态和新模式,启动实施一批具有全局性、基础性、战略性的重大工程。大力支持和鼓励符合国内外消费需求趋势、具有市场竞争力的投资项目尽快投产见效,转化为有效供给能力,形成发展新动能。进一步发挥政府投资的杠杆作用,积极争取国家专项建设资金、企业债券等支持,设立产业发展引导基金,做大做强政府投融资平台,积极推广 PPP 模式。

(二)发挥新消费对新供给的引领作用

受经济下行压力加大、居民收入水平偏低等不利因素影响,江西传统衣食住行类消费仍占据主导,教育、文化、娱乐、旅游、养老、医疗保健、信息等新兴消费带动作用不强,农村消费领域基础设施薄弱。对此,应适应消费结构、消费理念和消费方式的深刻变化,聚焦信息、绿色、汽车、旅游休闲、教育文体、养老健康、家政等重点领域和薄弱环节,推进实施一批重点领域消费促进工程,加大培育新兴消费和新型服务业态的支持力度。围绕产品和服务供给创新,进一步挖掘消费潜力大、前景好的消费热点,大力开发个性化、多样化时尚消费,积极培育品质化、品牌化消费,不断提升农村消费层次和水平。加快融入全国统一大市场,建立健全质量监管体系,改善市场信用环境,实现消费者自由选择、自主消费、安全消费。

(三)"引进来"与"走出去"并举带动供给水平提升

江西大企业集团偏少,在 2017 中国制造业企业 500 强榜单中,江西仅有 6 家企业入围,分别是江西铜业集团公司(位列第 76)、江铃汽车集团公司(位列第 227)、正邦集团有限公司(位列第 238)、双胞胎(集团)

股份有限公司（位列第347）、江西省建工集团有限责任公司（位列第390）、新余钢铁集团有限公司（位列第463）。应紧扣重点产业的关键环节、缺失环节和薄弱环节，推进"引资、引技、引智"三位一体招商，着力引进一批世界和国内500强企业、跨国公司、行业领军企业，进一步壮大产业规模、丰富产品门类、提高企业竞争力。同时，根据2016年第四季度规模以上工业企业生产经营景气状况调研，江西工业企业主要产品产能利用率仅为77%，88.6%的企业产能发挥高于和处于正常水平。应以推进国际产能和装备制造合作为重点，推动矿产资源、轻工纺织、有色金属、光伏新能源等领域的企业到境外建设生产、加工、组装基地，支持对外承包工程企业抱团参与国家重大产能国际合作项目以及铁路、核电等重大装备"走出去"建设项目，深度融入全球产业链、价值链、物流链。

三、实施融合、对接、提速"三大行动"，加快形成高质量的供给体系

（一）促进农业"接二连三"融合发展

从农产品市场看，存在不同程度的"卖难买贵"现象。一方面，一些农产品连年丰收，却面临"价低卖难"困局。2016年，江西粮食总产427.6亿斤、蔬菜1800万吨、水果397.6万吨、肉类357万吨、水产品271.6万吨，但市场价格呈现不同程度的下跌。另一方面，绿色有机农产品比重偏低，"私人订制"农产品"高价不愁销"。现有"三品一标"产品3657个，其中，绿色食品590个、有机产品1024个、农产品地理标志74个。对此，应深入推进以"百县百园"为重点的现代农业示范园区建设，大力发展绿色生态农业、设施农业、智慧农业和休闲农业，进一步打响"生态鄱阳湖、绿色农产品"品牌。培育引进一批上规模、有实力、带动力强的农产品加工龙头企业，支持种养大户、家庭农场、农民合作社等新型经营主体发展，加快大型农产品批发市场、农产品冷链物流设施和农业物联网建设。规划建设一批全国知名的绿色有机农产品生产基地，实行严格的农业投入品生产使用和监管制度，建立全程可追溯、互联共享的农

产品质量和食品安全信息平台。

（二）加速对接"中国制造2025"

2016年，江西规模以上装备制造业实现增加值1925.6亿元，远低于湖北的5110.6亿元、湖南的3126.7亿元和安徽的3755.1亿元。其中，计算机、通信和其他电子设备制造业实现增加值占江西装备制造业的比重不到30%，中高端装备制造产品供给明显不足。应瞄准国际产业前沿方向，实施新一轮传统产业技术改造升级工程，着力推进钢铁产品制造升级，铜精深加工、建材节能环保、石化产业综合利用转型和服装家纺品牌提升。以高端化、集约化、特色化为导向，实施战略性新兴产业倍增计划，进一步培育壮大电子信息和新型光电、生物医药、节能环保、新能源、新材料、航空、先进装备制造等新兴产业。加快大数据、云计算的开发应用，实施"互联网＋智能制造"行动计划，培育发展高档数控机床、工业机器人、3D打印、北斗导航等产业，促进新一代信息技术与制造业融合。

（三）深入实施服务业发展提速三年行动计划

近年来，江西服务业发展提质增速，但传统服务业仍占据主导，生产性服务业和新兴服务业发展明显不足。2016年，作为传统服务业代表的交通运输、仓储和邮政业，企业数和营业收入分别占江西规模以上服务业的43.2和52.1%，而互联网、软件业、信息技术服务业的企业数和营业收入占江西规模以上服务业的比重分别仅为4.5%和4.7%。因此，应以制造业需求为导向，重点发展金融服务、现代物流、电子商务、服务外包等产业，积极培育信息服务、工业设计、管理咨询等新兴产业，推进制造业企业分离发展生产性服务业，支持具有研发、设计和品牌、营销网络优势的企业，从制造主导型向服务主导型转变。顺应生活消费方式向发展型、现代型、服务型转变趋势，重点发展旅游休闲、商贸流通、文化创意等产业，加快发展养老服务、健康服务、家庭服务等产业，打造一批全国和区域性服务业品牌，推动生活性服务业便利化、精细化、品质化发展。

四、推进"僵尸"企业、房地产库存、不良贷款、闲置土地"四项清理"，逐步减少无效和低端供给

（一）积极稳妥处置"僵尸"企业

截至 2015 年底，江西登记在册的中型以上工业企业 2295 家，经初步摸底调查，符合条件的特困企业共有 123 家，42 家企业处于停产状态。其中，水泥、玻璃、船舶等产能过剩行业和有色金属、化工等行业居多，占 69%。应以钢铁、煤炭、水泥、船舶、平板玻璃等行业为重点，更加注重运用市场机制、经济手段、法治办法，加快处置"僵尸"企业、长期亏损企业和低效无效资产，有针对性地采取主动关停一批、兼并重组一批、破产清算一批等不同方式进行精准处置。对钢铁、煤炭等行业的高负债型"僵尸"企业，制定债务重组方案和时间路线图，尤其对持续亏损且不符合结构调整方向的"僵尸"企业，采取关闭破产等方式予以"出清"。探索出台安置分流人员和鼓励职工创业闯市场的相关政策，妥善解决职工安置问题。

（二）着力化解房地产库存

当前，江西住房供给面临"商品房去库存压力较大"与"保障性住房供给不足"的双重矛盾。一方面，截至 2016 年底，江西商品房库存面积为 5725 万平方米，去化时间为 9.7 个月，其中，新建商品住宅的库存量仅为 5.3 个月，去库存压力主要集中在非住宅商品房方面，去化时间保持在 34.6 个月的高位。另一方面，"十二五"期间，江西保障性安居工程累计开工建设 143 万套，覆盖率仅为 22%，困难群众住房需求难以得到充分保障。对此，应继续深化户籍制度改革，落实户籍制度改革方案，全面实施居住证制度，抓紧建立"人、地、钱"三挂钩机制，有序推进农民转移落户，有效释放农业转移人口城镇购房需求。以满足新市民住房需求为主要出发点，建立购租并举的住房制度，逐步将公租房保障范围扩大到非户籍常住人口，加大棚改安置和住房保障货币化力度，大力推进住房租赁市场发展，打通供需通道。合理控制房地产开发规模，鼓励房地产开发企业

将库存商业地产改造为科技企业孵化器、众创空间，将库存商品房改造为旅游地产、养老地产、文化地产等。

（三）加大不良贷款处置力度

不良贷款方面，截至 2015 年底，江西不良贷款余额 455.4 亿元，比年初增加 159.9 亿元，不良贷款率 2.45%，比年初上升 0.57 个百分点。政府债务方面，2016 年江西债务付息支出 48.4 亿元，同比增长 136.8%，主要是地方政府债券规模扩大，承担的利息相应增加，局部地区的偿债压力比较大。应引导金融机构通过多种方式加大不良贷款核销力度，支持资产管理公司通过拍卖、转让等方式处置不良贷款，采取增资扩股、资产重组、破产清算等方式处置资不抵债企业。积极推进贷款结构优化，大力发展信用贷款，严控高杠杆、高风险融资项目，提高融资项目自有资金或保证金比率。同时，严格落实政府性债务管理有关规定，完善全口径政府债务管理，对政府债务余额实行限额控制，确保适度借债。

（四）依法处置闲置土地

江西土地供应紧张与闲置并存，一方面，每年建设用地指标缺口在 15 万亩左右；另一方面，国家土地专项督查和土地审计清理出闲置土地 6.79 万亩，江西被列为全国 9 个闲置用地整改省之一。应全面清查批而未供土地和闲置低效土地情况，切实加大批而未供土地消化利用和闲置低效土地分类处置力度。进一步完善土地利用动态巡查制度，监督管理土地批后开发利用情况，坚决防止低水平重复建设。严格执行土地使用标准，提高土地利用强度和效率，全面落实建设用地使用权"净地"出让制度，从源头上防止产生新的土地闲置及低效利用现象。加大对闲置土地的盘活再利用力度，着力形成"腾笼换鸟"长效机制，推动产业结构优化升级和企业竞争力提升。

五、补齐区域发展、基础设施、高端人才、脱贫攻坚、公共服务"五个短板"，不断增强供给的精准性

（一）提升区域融合发展水平

近年来，江西深入实施重大区域发展战略，已基本形成覆盖全域的区

域规划和政策支持体系。但长期以来，区域错位发展的分工协作不足，从而弱化了区域发展战略的整体效能。为此，应以区域承载力为基础，以沪昆高铁和规划中的京九高铁为牵引，以对接融入"一带一路"、长江经济带等国家战略为重点，加快昌九、昌抚深度融合，推进赣浙省际生态产业合作示范区、赣西跨行政区转型合作试验区建设，集聚发展吉泰走廊"四化"协调发展示范区、"瑞兴于"经济振兴试验区、"三南"承接加工贸易转移示范地，推动形成各具优势、融合互动、多点支撑、竞相发展的经济板块。

（二）补齐软硬基础设施短板

江西仍处在工业化和城镇化加速发展的阶段，基础设施仍存在很大发展空间，特别是铁路建设方面，2016 年底全国高铁运营里程 2.2 万公里以上，而江西运营里程只有 870 公里，占全国的比重不到 4%，亟待加快发展。应按照中央关于补齐软硬基础设施短板的部署，加快构建"五纵五横"铁路网、"四纵六横八射十七联"高速公路网、"两横一纵"航运网和"一干九支"的机场布局，加大新一代信息基础设施、新能源汽车基础设施、城市地下综合管廊、城际交通基础设施互联互通、水利基础设施建设力度。围绕打造美丽中国"江西样板"，继续抓好燃煤电厂脱硫脱硝、除尘设施改造升级、机动车尾气污染防治等工程，加强城镇生活污水、工业园区污水处理设施及配套管网建设和管理，推进农村和集镇垃圾无害化处理设施县级全覆盖。

（三）构建新型人才供给体系

2015 年，江西大专及以上人口占总人口的比重为 8.88%，比全国平均水平低 2.1 个百分点，特别是高层次创新型人才缺乏，依然是制约江西发展的"瓶颈"。应围绕加快人才强省建设，以具有比较优势的项目、学科、基地、园区、产业等为依托，突出"高精尖缺"导向，加大力度引进培养一批高端创新人才，形成能够突破关键技术、带动新兴产业、建设新兴学科的高端创新人才队伍，切实解决经济发展急需人才和智力短缺问题，带动产业创新发展。加强人才环境建设，完善人才激励机制，健全人才服务保障体系，营造人才发展的良好环境，最大限度地释放人才红利。

（四）推进精准扶贫、精准脱贫

江西贫困群众数量较多，增收途径少，抵抗风险的能力较弱，返贫情况较为突出。截至 2016 年底，江西仍有贫困人口 155 万人，占全国贫困人口比重为 3.6%，其中，重点扶贫县贫困人口为 103 万人，占江西贫困人口比重为 66.5%。应把脱贫攻坚工程作为"第一民生工程"，突出"精准"和"领跑"，以打造全国脱贫攻坚样板区为目标，以罗霄山集中连片特困地区、革命老区贫困县为主战场，积极争取国家以工代赈、易地扶贫搬迁、农村危旧房改造等项目资金支持，统筹打好产业扶贫、保障扶贫、安居扶贫三大攻坚战，推动政策、项目和资金向贫困地区倾斜，努力实现贫困人口提前两年脱贫、贫困村提前两年退出、贫困县提前两年摘帽等目标。

（五）促进基本公共服务均等化

2016 年，江西学前教育毛入园率 75.24%，高中阶段毛入学率 88.5%，教育普及程度有待于进一步提升；每万人医疗卫生机构床位数为 45.5 张，每万人医生数 17.3 人，每千名老人拥有养老床位数 35.5 张，均低于全国平均水平。应大力推动义务教育均衡优质发展，加快城乡义务教育公办学校标准化建设，全面改善义务教育薄弱学校办学条件。着力推进"健康江西"建设，实行医疗、医保、医药联动，建立健全覆盖城乡居民的基本医疗卫生制度，提高医疗卫生服务能力和水平，努力满足人民群众健康需求。不断完善以养老、医疗、工伤和生育、失业保险为重点的社会保障体系，全力构筑社会保障"安全网"，逐步实现城乡社会保障的全覆盖，让城乡居民共享经济社会发展的成果。

六、降低企业交易、人工、税费、融资、用能、物流"六大成本"，进一步改善供给环境

（一）显著降低企业交易成本

近年来，各项行政审批制度改革不断加速，中小企业制度性负担切实

减轻，但行政审批中介服务仍存在环节多、耗时长、收费乱等突出问题。应严格落实国家清理规范涉企收费措施，进一步加大清理涉企收费工作力度，减少审批中介服务项目，降低行政审批中介服务收费标准。同时，实行涉企收费目录清单管理，对国家和省公布的行政事业性收费、政府性基金和政府定价的经营服务收费及政府部门行政许可中介服务收费目录清单，建立常态化公示机制和跟踪监督机制。

（二）合理降低企业人工成本

近年来，江西劳动力成本上升较快，与全国的比较优势不断缩小，且企业"招工难""稳工难"现象较为普遍。应建立健全与经济发展水平相适应的最低工资标准调整机制，推动收入水平增长幅度与劳动生产率提高相适应。进一步加大"机器换人"力度，不断提高劳动生产率，逐步降低工资总额在企业成本或销售收入中的比重。支持企业通过转岗培训等方式稳定职工队伍，扩大失业保险基金支持企业稳岗政策实施范围，鼓励符合条件的企业申请稳岗补贴。

（三）着力降低企业税费成本

就增值税而言，小微企业和大中型企业的税收负担比例大致相当，而所得税率方面，小微企业的税收负担明显高于大中型企业。为此，应按照国家统一部署，将建筑业、房地产业、金融业和生活服务业纳入"营改增"试点范围，落实国家降低制造业增值税税率政策，落实小微企业、高新技术企业、企业研发费用税前加计扣除等国家税收优惠政策。按规定精简归并"五险一金"，在一定期限内适当降低社会保险费率。

（四）切实降低企业融资成本

工业企业景气抽样调查结果显示，2016年第四季度，在被调查的2569家规模以上工业企业中，25.9%的企业认为资金周转紧张，仅有3.5%的企业认为资金周转充裕。应进一步整顿规范金融服务收费行为，引导金融机构合理确定利率水平和收费项目，加大对不合理收费的查处力度。进一步扩大"财园信贷通"政策支持范围，尽快实现倒贷制度县级全覆盖、担保机构业务工业园区全覆盖，鼓励引导保险公司在试点设立小微企业发展成长基金。加快推进企业进入多层次资本市场上市挂牌，大力发展支持小微企业、个体工商户、"三农"发展、大中专毕业生创新创业的金融产品和服务。

（五）进一步降低企业用能成本

江西是一个"缺油少煤乏气"的省份，50%的能源需要从外部调入，每年电力供应"硬缺口"在200万千瓦左右，存在季节性电价不合理、直供电改革试点企业少等问题。以列入国家输配电价改革试点范围为契机，抓紧开展输配电成本调查，稳慎推进上网电价与销售电价市场化。继续扩大"大用户直购电"试点范围，降低大工业综合用电价格，下调燃煤发电机组上网标杆电价和非居民用气价格。加快智能电网建设，支持有条件的企业建设新能源微电网示范项目。

（六）有效降低企业物流成本

2016年，江西社会物流总费用3112亿元，与GDP比率为16.9%，比全国高出2个百分点，其中，运输费用1973亿元，占社会物流总费用达63.4%。应全面清理除高速公路外的所有公路收费，具备取消收费条件的予以取消。调整完善高速公路收费标准，出台国际标准集装箱运输车辆通行费优惠办法。大力推进大通关建设，全面建立关检合作"三个一"（一次申报、一次查验、一次放行）、"单一窗口"新型通关模式。完善物流标准化体系，推广物流管理、技术和服务标准，建立统一的物流信息平台。

第四节　促进"六大领域"消费扩大与升级

实施养老健康家政、信息、旅游、住房、绿色、教育文体等六大领域消费工程，是党中央、国务院审时度势、主动适应经济发展"新常态"作出的重大决策部署，是深入实施扩大内需战略、推动经济提质增效升级的根本性举措。对于经济欠发达的江西来说，紧紧抓住"六大领域"消费扩大与升级的战略机遇，充分挖掘释放消费潜力，培育新的消费增长点，对于增强经济发展新动力、促进经济平稳健康较快发展具有重要的现实意义。

一、江西促进"六大领域"消费扩大与升级面临的机遇

（一）实施"六大领域"消费是国家作出的一项重大决策部署

中国正处于居民消费升级和工业化、城镇化、农业现代化加快融合发展的阶段，消费是经济增长的重要"引擎"，是中国发展的巨大潜力所在。在稳增长的动力中，消费需求规模最大、和民生关系最直接。促进消费扩大和升级，带动新产业、新业态发展，推动发展向中高端水平迈进，对中国经济发展具有重要意义。2014 年 10 月 29 日召开的国务院常务会议，明确提出要推进消费扩大和升级，促进经济提质增效，重点是推进"六大领域"消费。一是扩大移动互联网、物联网等信息消费。二是促进绿色消费，推广节能产品，对建设城市停车、新能源汽车充电设施较多的给予奖励。三是稳定住房消费，加强保障房建设，放宽提取公积金支付房租条件。四是升级旅游休闲消费，落实职工带薪休假制度，实施乡村旅游富民等工程，建设自驾车、房车营地。五是提升教育文体消费，完善民办学校收费政策，扩大中外合作办学。六是鼓励养老健康家政消费，探索建立产业基金等发展养老服务，制定支持民间资本投资养老服务的税收政策，民办医疗机构用水用电用热与公办机构同价。实施"六大领域"消费是落实国务院这一重大决策、促进消费扩大和升级的重要内容。

（二）"六大领域"消费在新常态下迎来重大发展机遇

欧美发达国家消费结构升级的规律显示，居民消费结构主要按照"衣食—住行—康乐"的升级路径进行。第一阶段是"衣食"向"住行"升级，第二阶段是"衣食、住行"向"康乐"升级，目前，中国消费升级总体已经进入第一阶段。但从城镇及农村消费支出结构及主要耐用消费品的普及程度来看，呈现出明显的二元消费结构。城镇居民已逐渐完成第一阶

段消费升级的大部分过程，并逐渐进入第二阶段，而农村居民消费升级的第一阶段还仍未完成。与全国及发达省市相比，江西的消费水平还处于相对落后的阶段，制约江西消费结构升级、需求扩张的因素很多，但差距意味着江西消费需求还有很大的培育空间。特别是在新常态下，随着新型城镇化措施的陆续出台和政策的不断落实，城乡一体化稳步推进，消除城乡二元结构的政策效果逐步显现，农村消费潜力逐步释放，消费市场体系建设将不断完善，消费环境将持续优化，消费信心将持续提升，六大领域消费面临不断扩大的重要机遇。

从具体表现来看：一是发达国家人均信息消费支出为 3000 美元，全国平均水平为 600 美元，而江西 2016 年人均通过互联网购买的商品和服务支出仅为 200 元左右，江西信息消费市场蕴藏着巨大的发展潜力，信息消费进入快速成长期。二是以绿色消费倒逼绿色生产、以绿色生产推动绿色经济，是江西深入推进国家生态文明试验区建设，加快绿色崛起步伐，在新常态下实现经济转型升级的重要环节，绿色消费面临加速发展机遇。三是房地产市场步入平稳发展新常态，投资规模日益扩大，2013 年突破千亿元大关，特别是随着城镇化进程的加快以及居民收入和改善居住条件刚性需求的增加，江西居民消费重心逐渐向住房转移，住房消费将持续升温。四是旅游休闲消费存在的外需过旺、内需疲弱的结构矛盾问题成为新常态下着力解决的重要问题，当前正处于旅游休闲消费繁荣期，旅游消费的规模、层次、质量将不断提高。五是自 2004 年以来，江西文化产业平均增长速度保持在 20% 以上，成为江西经济发展中最具活力、最具发展潜力的重要产业之一，教育文体消费需求将持续增长，市场空间和发展潜力巨大。六是自 2005 年江西步入老龄化社会以来，江西老年抚养比保持在 10% ~ 14%，2016 年达到 14%，人口老龄化将成新常态，养老健康家政消费蕴藏巨大潜力。

（三）"六大领域"消费具有快速扩张的发展潜力

经过改革开放 30 多年的发展，中国综合国力和人民群众的生活水平有了显著提升，GDP 总量稳居世界第二，2016 年人均 GDP 已超过 8000 美元（按当年平均汇率计算），人均可支配收入平均为3584美元，对绿色消费、信息消费等需求容量不断提升，对住房养老、旅游休闲、教育文体消费提出更高质量需求。据国家统计局测算，中国人均消费到2020年将以每年10.8%的速度递增，居民消费将由实物消费为主走上实物消费和服务消费并重的轨道，"六大领域"消费具有迅速扩张的发展潜力。2016年，江西GDP达到18364.4亿元，社会消费品零售总额达到6634.6亿元，城镇居民人均可支配收入28673元，农村居民人均可支配收入12138元。在经济快速增长、城乡居民收入持续增加的背景下，居民在消费能力显著增强的支撑下消费意愿不断增强。近十年来，江西城乡居民八大类消费支出中，基本生存消费支出比重逐渐下降，其他类别尤其是享受和服务型消费比重明显上升。主要表现在住房消费快速升温、医疗保健费用开支快速增长、教育消费支出持续攀升，城乡居民的消费领域不断拓宽，住房、汽车、旅游等成为消费热点，近几年用于购置房产、汽车和支付教育类消费等个人消费贷款持续大幅上涨。大力推进"六大领域"消费升级，与江西经济社会发展趋势一致，符合江西居民消费需求，可有效促进消费结构升级，快速促进江西内需扩大。

二、江西"六大领域"消费的基本现状及其存在的主要问题

（一）基本现状

1. 养老健康家政服务消费市场日益旺盛

近年来，江西积极推出了医养结合、候鸟式养老等新型养老方式，养老健康工程成功被列入江西对接国家工程的重点投资领域，并在家政领域建立了覆盖全省的公益性家政服务平台。随着养老健康家政消费的软硬件环境不断优化，养老健康家政服务消费市场日益旺盛。截至2016年底，江西养老院有1824家，床位数达20.9万张，比2013年增长15.0%。同时居民对大健康消费的需求逐年增加，居民医疗保健费用开支快速增长，2005年江西城镇居民用于医疗保健的支出为326.52元，而2016年增加至887.4元，比2005年增长172%。随着老龄化社会的到来，江西养老健康

家政消费的潜力将进一步释放。

2. 信息消费规模呈快速扩张之势

伴随计算机和网络技术不断创新，江西居民对信息商品和服务的消费需求不断增加，现代化、高性能、高品质信息消费品的更新速度不断加快。2016年，江西居民每百户拥有家用计算机71.22台，比2005年增长22.3%，农村每百户拥有电脑30.72台；每百户拥有手机231.35部，比2005年增长69.8%。电商已成为经济增长新引擎，2014年交易额突破千亿元大关，2015年突破2800亿元，2016年突破4300亿元，逐年跨越一个千亿元台阶，江西居民人均通过互联网购买的商品和服务支出超过100元。

3. 旅游休闲消费对经济增长的贡献率不断提升

近年来，在旅游休闲三年行动计划的带动下，旅游消费在江西国民经济中的地位和作用日益突出。总的来看，江西旅游业近几年保持了持续高速发展，2016年江西旅游接待总人数4.7亿人次，同比增长22.11%，总量是2012年的2.8倍；旅游总收入4993.29亿元，同比增长37.27%，增幅连续3年超过35%。在旅游消费的有效带动下，江西娱乐、住宿、餐饮等消费的快速发展，2016年江西城镇居民人均文化娱乐服务消费887.81元，比2005年增长289.1%，年均增长14.6%；限额以上住宿业客房收入328813万元，比2005年增长307.4%，年均增长15.1%；限额以上餐饮法人企业餐费收入359851万元，比2005年增长122.35%，年均增长11.9%。

4. 住房消费呈现高位放缓态势

随着江西住房制度改革、公积金制度和住房消费信贷制度的实施、物业管理社会化、城镇化进程的加快、居民收入和改善居住条件刚性需求的增加，居民消费重心逐渐向住房转移，使住房消费持续升温。2010年，江西单位商品房面积销售均值3143.74元/平方米，销售面积达2469.67万平方米，销售额达776.40亿元；到2016年，江西单位商品房面积销售均值5708.6元/平方米，销售面积达4691.84万平方米，商品房销售额

2678.37 亿元，分别比 2010 年增长 89.98% 和 244.97%。同时，住房及家居类商品成为消费亮点，2016 年江西城镇住户和农村住户平均每人用于居住的消费支出达 3915.86 元和 2319.52 元，比 2005 年分别增长 289.13% 和 611.07%。但受宏观经济增速趋缓及调控政策影响，2014 年江西商品房销售额、销售面积增幅双双降低，分别下降 1.6% 和 3.2%，单位面积销售均值也趋于平缓。

表 7-1 2016 年中部各省旅游业发展情况

单位：亿元，%，亿人次

省份	旅游总收入	同比增长	接待总人数	同比增长
河南	5764	14.5	5.8	12.4
湖北	4870	13.0	5.7	12.0
安徽	4932	19.7	6.1	16.0
湖南	4707	26.8	5.7	19.5
山西	4247	23.2	4.4	23.1
江西	4993	32.3	4.7	22.1

表 7-2 2005~2016 年江西商品房竣工和销售情况

单位：万平方米，%，亿元

年份	商品房竣工面积	增长	商品房销售面积	增长	商品房销售额	增长
2005	1561.54	-6.3	1650.12	19.1	252.25	31.8
2006	1621.51	3.8	1777.19	7.7	303.54	20.3
2007	1626.06	0.3	2175.59	22.4	450.76	48.5
2008	1586.70	-2.4	1727.60	-20.6	368.96	-18.1
2009	1646.80	3.8	2280.91	32.0	602.80	63.4
2010	1822.20	10.7	2469.67	8.3	776.40	28.8
2011	1777.4	-2.2	2335.36	-5.4	953.57	22.8
2012	1747.5	-8.3	2397.10	-0.8	1137.35	13.5

年份	商品房竣工面积	增长	商品房销售面积	增长	商品房销售额	增长
2013	1790.30	2.4	3167.10	32.1	1647.90	44.9
2014	1871.79	4.9	3067.16	-3.2	1621.76	-1.6
2015	1907.89	1.9	3478.23	13.4	1863.67	14.92
2016	1635.61	-14.27	4691.84	34.89	2678.37	43.71

5. 绿色消费处于探索推广阶段

自1999年启动"开辟绿色通道、培育绿色市场、提倡绿色消费"为主要内容的"三绿工程"以来,江西积极采取补贴和减免税费措施开展高效照明产品、节能空调等产品的推广工作,并通过阶梯价格和差别定价推动节能减排、保护环境,安全高效、节能环保产品成为大多数人追求绿色消费的热点。截至2016年底,江西推广应用LED路灯、景观灯等LED户外照明产品超过10万盏,在政府、学校、医院大楼等公共场所安装LED室内照明灯具超300万只,推广紧凑型荧光灯、双端直管荧光灯和高压钠灯等高效照明产品2000万只,其中农村及边远地区占比50%以上。同时,江西专门下发了《关于加快新能源汽车推广应用的实施意见》,不限号行驶、停车费减半、免车购税等一系列优惠政策,进一步刺激了江西居民购买新能源汽车的偏好。2016年,仅南昌新能源汽车产销量就达到3.9万辆,同比增长144%。

6. 教育文体消费结构不断优化

近年来,特别是党的十八届三中全会以来,江西不断深化教育文体等领域改革,积极营造良好的软硬件环境,教育文体消费水平有了较大提升,消费结构不断优化。2008~2016年,江西城镇居民人均教育文化娱乐消费从945.99元增加至1963.93元,年均增长11.0%;农村居民人均教育文化娱乐消费从236.01元增加至922.24元,年均增长21.5%。从内部结构来看,2008年江西城镇居民教育文化娱乐消费中,教育消费占

41.1%，文化娱乐消费占58.9%，而到2016年，教育消费的比重上升为54.8%，文化娱乐消费所占比重下降至45.2%，教育消费比重明显增大。体育消费日益成为教育文体消费中的潜力点，居民在体育消费上投入的金钱和时间都有明显增加。根据全国第六次体育场地普查数据，2015年江西共有55种类型6.65万个体育用地，平均每2.51平方公里就有1个体育场地，平均每680人拥有1个体育场地，人均体育场地建设资金314元，人均体育场地面积1.42平方米。

（二）存在的主要问题

1. 养老健康家政服务市场起步较晚，社会化、市场化、组织化程度偏低

一方面，由于江西养老健康家政服务业市场起步相对较晚，养老健康家政市场仍然不够成熟，江西养老健康服务民营资本投资总量不高，民营资本进入养老健康服务业壁垒依然较高。截至2016年底，江西20.9万张养老床位中，民营养老机构占比不到两成，且民营医疗机构多为专科医院，综合性医院较少，社会资本的缺乏增加了政府"兜底"养老健康服务业的财政压力。另一方面，江西养老家政服务机构缺乏完善的组织模式，存在行业标准化缺失、行业秩序混乱、企业服务模式单一等突出问题。2016年，江西平均每个养老机构仅有7.24名工作人员，且1.29万名养老服务人员中，仅2083名护理人员取得了职业资格。

2. 信息消费基础设施有待升级，政策环境尚需进一步优化

由于历史和自然原因，江西光纤入户、无线网络和功能性服务设施建设相对滞后，对促进居民的信息通信消费需求的支撑作用有限。中国互联网络信息中心数据显示，2016年江西网民数量为2035万人，互联网普及率为44.6%，列全国31个省份倒数第9。同时，和全国大环境一样，江西存在网络购物、互联网、通信服务等投诉比较普遍以及个人信息泄露、网络支付安全等问题，究其原因主要是江西相关信息消费的法规不够完善，网络零售领域法规缺失、监管体系不完善，尤其是个人信息保护、网络信用、电子支付、信息服务消费监管等方面的相关制度法规不够完善。

3. 旅游品牌意识不强，创品牌、名牌进程缓慢，旅游空白点较多

江西旅游资源种类多、品位高、内涵丰富，旅游资源总体优势排位居全国前列，但品牌建设力度不够，特色旅游商品缺乏。2016 年，江西旅游总收入虽然位于中部第二，但旅游接待人数长期位于中部倒数第二，说明江西旅游人均消费较高，旅游收入存在"高价"现象。入境游客较少，2016 年入境旅游只有 164.8 万人次，与旅游业发达地区和周边省份仍有较大差距，同期浙江入境游客达到 1120.3 万人次、湖南 240.81 万人次、湖北 353.0 万人次。同时，江西旅游空白点较多，"山强水弱、乡强城弱、点强面弱、边强中弱"的问题依然严重。据统计，有 1500 余个观赏休闲价值很高、具有一定历史文化价值的景区景点没有打造出来，如桃花源、太乙村、铜钹山、古蜀地等景点。

4. 住房消费结构不够合理，商品房"去库存化"压力比较大

由于江西住房市场发育不成熟，二级市场落后，还没有形成与居民消费水平相适应的住房供应体系，致使城镇居民住房自有率偏高而住房商品化程度很低，存量房交易量比例偏低、住房供应结构比例失衡。同时，由于近年来江西各地区新城建设、新商品房建设呈现井喷式增长，房地产待售面积持续上涨。而近年来房地产市场调控却呈现趋紧状态，市场观望气氛较重，使得商品房去库存化压力增加。2016 年，在江西商品房销售面积、商品房销售额增同比分别增长 34.9% 和 43.7% 的情况下，商品房待售面积仅降低 4.1%。

5. 绿色消费政策执行不到位，公众绿色消费处于培育阶段

从政府层面看，江西绿色消费政策范围偏窄，一些消费的关键领域或关键环节仍为空白，对绿色服务性消费，如生态旅游、环境服务、绿色设计等缺乏政策性规范、支持和引导。尚未形成由法律法规、政策、标准、技术规范以及监督和责任追究制度等构成的完善政策体系，政策层次效力较低。从消费大众看，江西消费群体对绿色产品和服务的认知程度和接受程度总的来说不高，绿色消费模式还未成熟。一方面取决于绿色产品价格偏高与居民的可支配收入偏低之间的矛盾；另一方面源自消费者的环境保

护知识拥有量不足、绿色消费意识淡薄，部分消费者的"绿色消费行为"是带有盲目性和自私性的伪绿色消费。加之江西绿色消费市场机制不健全、不规范，导致消费者对于绿色产品产生不信任感，绿色产品市场化受阻。

6. 城乡居民教育文化娱乐消费水平差异较大，体育消费所占比重仍然偏小

江西农村教育文化娱乐消费需求远远落后于城镇，农村市场潜力有待进一步挖掘。江西城镇居民教育文化娱乐消费增长趋势明显高于农村居民增长幅度，2011～2014 年农村居民教育文化娱乐消费支出比重还出现下降情况。城镇居民人均教育文化娱乐消费占比由 2008 年的 10.85% 扩大到2016 年的 11.1%，仅增加 0.25 个百分点，而农村居民人均教育文化娱乐消费占总消费比重反而从 7.13% 减少至 6.66%，下降 0.47 个百分点。与此同时，在教育文体消费中，江西消费者对教育消费的投入较多，对丰富精神文化生活的文化消费和提高身体素质的体育消费重视不够，特别是农村居民大部分闲暇时间是在玩麻将牌中度过，体育消费并未得到应有重视。

表 7－3　江西城乡居民人均教育文化娱乐消费对比情况

单位：%

年份	城镇居民人均教育文化娱乐消费占总消费比重	农村居民人均教育文化娱乐消费占总消费比重
2008	10.85	7.13
2009	10.95	7.21
2010	11.11	7.29
2011	12.17	6.85
2012	11.64	6.68
2013	12.18	6.30
2014	10.92	5.88
2015	11.20	6.63
2016	11.10	6.66

三、江西促进"六大领域"消费扩大与升级的对策建议

（一）大力引入社会资本，鼓励养老健康家政消费

一要加强养老服务机构建设。大力推进供养型、养护型、医护型养老机构建设，提高护理性养老床位的数量和比重，保障老年人特别是失能老人对机构养老服务的需要，缓解机构养老供需矛盾。支持社会力量举办规模化、连锁化的养老机构，鼓励境外资本投资养老服务业，鼓励个人举办家庭化、小型化的养老机构。鼓励城市公办养老机构和大型民办养老机构与农村敬老（光荣）院建立长期稳定的对口支援和合作机制。

二要实现居家养老服务网络全覆盖。加快建设城乡社区居家养老服务设施，为居家老人上门提供助餐、助浴、助洁、助急、助医等定制服务，形成以社会力量为主体、社区养老服务场所为纽带、居家老人需求为接点，具有灵活便捷和个性化、多样化功能的服务网络。依托街道所在社区和较大社区，着力推进城市社区居家养老服务中心建设，加大社区居家养老服务网点由城市社区向农村社区推进力度，拓展社区健康养老服务，支持市场主体开发和提供专业化、多样化的家庭健康服务。大力发展居家养老服务组织，引入社会组织和家政、物业等企业，兴办或运营老年供餐、社区日间照料、老年活动中心等多种形式的养老服务项目。

三要繁荣养老服务消费市场。编制养老服务业发展指导目录，引导养老服务企业和机构优先满足老年人基本服务需求。加强老年产品用品开发，支持企业开发助行助听、康复保健、食品药品、服装服饰等老年用品，鼓励大中型商贸流通企业发展老年用品连锁销售，推动商场、超市、批发市场设立老年用品专区专柜。引导商业银行、证券公司、保险公司等金融机构，针对老年人需求开展老年综合金融服务，提供健康管理、财产保障专项增值服务。鼓励发展老年文化、体育健身活动，建设老年文化传播网络，开办养老服务网站、老年大学，支持老年广播电视栏目，在社区教育学院、学校、教学点建设老年教育活动场所。发挥江西的山水、温泉及生态优势，鼓励发展养老公寓和休闲娱乐、异地养生、候鸟式养老等符

合老年人身心特点的老年旅游业。

四要支持发展养老服务集聚区。鼓励各地结合本地实际，合理定位、科学规划，加快开展省级健康服务业集聚区试点，在土地规划、市政配套、机构准入、人才引进、执业环境等方面给予政策扶持和倾斜，打造一批健康服务产业集聚区。省级健康服务业集聚区参照省级开发区管理，以药品、医疗设备等研发生产为主，兼备健康休闲、运动养生、中医保健、运动康复等功能。结合江西产业发展实际和特色优势，积极扶持龙头企业，重点培育居家养老服务企业，打造一批带动力强的龙头企业和知名度高的养老服务业品牌，形成一批产业链长、覆盖领域广、经济社会效益显著的产业集群。鼓励企业参与国家标准、国际标准的研究制定，提高市场竞争能力。

五要积极推进医疗卫生与养老服务相结合。以养老服务体系为基础，以医疗卫生服务为支撑，统筹规划、合理布局医疗和养老服务资源，建立资源共享、优势互补的医养结合服务模式。支持有条件的二级以上综合医院开设老年病科，逐步推动有条件的医疗机构整体转型为医护型养老机构。支持养老机构完善医疗康复功能，鼓励有条件的养老机构设置康复医院、护理院或设立卫生所、医务室等。加强社区居家养老服务照料中心与社区医疗卫生服务中心（站）的合作，推进养医结合服务社区化。健全医疗保险机制，对于养老机构内设的医疗机构，符合城镇职工（居民）基本医疗保险和新型农村合作医疗定点条件的，可申请纳入定点范围。鼓励老年人投保健康保险、长期护理保险、意外伤害保险等人身保险产品，鼓励和引导商业保险公司开展相关业务。

（二）深入推进"宽带中国"江西工程，扩大信息消费

一要加快新一代信息网络建设。大力推进南昌国家下一代互联网示范城市和三网融合试点城市建设，引导支持互联网网络、商业网站、公共服务网站等改造，加快推进电信网、广播电视网、互联网融合发展。采用超高速智能光纤和同轴光缆传输技术建设下一代广播电视网（NGB），推进数字化整体转换和广播电视"户户通"。鼓励互联网数据中心（IDC）等

云计算基础设施建设，探索建立大数据基地、大数据产业园，做大做强信息系统集成与支持服务。

二要发展现代信息技术产业。以南昌、吉安、九江等地电子信息产业集群为重点，主动承接沿海电子信息产业转移，推动手机、新型显示器件、智能终端等产业上下游产业链整合。支持家用和车载数字视听等智能终端产品研发及产业化，鼓励整机企业与芯片、器件、软件等企业加强协作，大力提升集成电路设计、制造工艺技术水平。依托国家动漫产业基地、互联网创意产业基地等平台，重点实施动漫精品、文艺作品数字化、数字图书馆建设等项目，积极培育动漫游戏、数字出版、数字媒体、数字视听、数字创意等数字内容新兴产业。推动互联网金融创新，规范互联网金融服务，开展非金融机构支付业务设施认证，建设移动金融安全可信公共服务平台，推动多层次支付体系的发展。

三要创新信息服务业态模式。发挥骨干企业的引领示范作用，着力培育一批在中部地区具有重要影响力的区域物联网、移动电视、呼叫中心信息服务等服务业新业态，带动相关产业发展。鼓励社会力量参与互联网信息内容资源开发，依托互联网信息内容资源开发平台建设，促进数字内容与新型终端、互联网服务相结合，延伸信息消费数字内容产业链。完善地理信息公共服务平台和交换平台建设，整合城市信息和地理信息，形成多级互动的信息资源实时综合服务能力，拓宽地理信息服务市场。加快物联网、移动互联、3S 等现代信息技术和农业智能装备在农业生产经营领域应用，实施传统产业"触网"工程，推动具备一定集聚效应的特色电子商务平台建设，推进赣州、鹰潭、新余、萍乡等地资源产业开展 B2B（企业—企业）电商交易。

四要提升公共服务信息化水平。以南昌、鹰潭、新余等城镇化水平较高、辐射带动能力较强的城市为重点，以国家智慧城市试点和信息惠民国家试点城市为引领，着力实施"智慧教育""智慧医疗""智慧人保"等工程，超前布局"智慧城管""智慧照明""智能安防""智慧管网""智慧金融"等项目，不断提升公共服务的有效供给能力和信息化水平。积极推进应用居民健康卡与社会保障卡、金融 IC 卡、市民服务卡等公共服务卡的应用集成。加快拥堵信息、事件信息、气象信息、客流信息等道路交通相关信息资源的采集、处理和加工，完善交通信息发布系统。支持环境数据综合化应用与系统智能化运营，创建新型环境监控管理业务新模式、新领域。实施具有江西特色的惠农富农信息化工程建设，完善农村综合信息服务体系，构建全覆盖的基层阳光服务平台。

五要增强信息网络安全保障能力。建设和部署公共互联网网络安全平台，提高网络安全监测预警、危机控制、事件处置、失泄密管控等应对能力。拓展省电子交叉认证平台的应用和覆盖范围，推动国产密码、电子签名在金融、铁路、电力、电信等重点领域的应用。强化对互联网网站、地址、域名、信息内容和接入服务单位的管理和商用密码市场引导、政策扶持和行业监管，提高基础信息网络和重要信息系统的抗毁能力，形成对信息安全突发事件的应急处置能力。鼓励信息技术企业和高校科研机构进行信息安全技术研发，增强数据分析、及时预警、治本式网络安全环境治理、宏观监测及关键时刻技术反制能力。加强网络虚拟社会管理，完善网络信用体系，加强网络舆情研判，打击网络违法犯罪活动。

（三）适应多元化市场需求，促进旅游休闲消费

一要打造重要旅游目的地。围绕推动旅游消费由观光旅游为主向休闲度假观光并重转型，加快旅游休闲度假观光产品开发与项目建设，建设完善旅游目的地体系。做大做强南昌、景德镇、九江、上饶、赣州、鹰潭等旅游名城、旅游强市及环鄱阳湖、赣中南、赣西三大旅游经济区。加快推进环鄱阳湖五彩精华、赣中南红色经典、赣西绿色精粹 3 条精品旅游线和以南昌、庐山、三清山、龙虎山、井冈山、武功山、瑞金、三百山等为中心的 8 个旅游圈建设，组合形成一日游、二日游和多日游旅游线路。大力推进庐山、井冈山、三清山等经典旅游景区及瑞金、武功山、明月山、鄱阳湖国家湿地公园、星子温泉等精品旅游景区和灵山、南矶山湿地、梅岭、樟树等特色旅游景区建设，建设国内有重要影响力的旅游度假区、生态旅游示范区。

二要积极发展假日旅游经济。切实落实带薪休假制度，鼓励企业将安排职工旅游休闲作为奖励和福利措施，机关、团体、企事业单位在不影响生产、工作的情况下，根据职工本人意愿，可采取分批、分段等方式，统筹安排好工作与职工的休假。完善对民办非企业单位、有雇工的个体工商户等单位职工的休假保障措施，加强带薪年休假落实情况的监督检查，加强职工休息权益方面的法律援助。加快推进公益性城市公园、博物馆、纪念馆等免费开放，依托公共资源开发的旅游景区实行低票价制度。积极开展"江西人游江西"活动，鼓励景区、景点推行旅游年卡、季卡等特殊门票。大力完善假日期间旅游度假住宿设施建设，解决客流高峰住宿困难问题。

三要培育拓展旅游新业态。优先发展休闲度假旅游，加快打造一批度假城市、旅游度假区、度假酒店群、休闲社区、休闲农庄等，逐步将休闲度假旅游培育成为江西旅游的主打产品。实施乡村旅游富民等乡村旅游休闲工程，打造高铁、高速公路沿线等乡村旅游休闲产业带，发展休闲农庄、家庭农场、森林客栈、山地探险、温泉养生、徒步旅游、文化创意园等旅游休闲基地。创建水上旅游产业园区，实现景湖连通，把鄱阳湖、庐山西海、仙女湖、陡水湖、醉仙湖、军山湖等打造成展示江西水文化的重要平台。积极发展医疗养生旅游，加快岐黄国医书院、樟树东方古海养生旅游度假区、龙虎山道教养生中医园、武宁国际养生度假中心、星子杏林文化养生堂、三百山温泉养生中心等基地建设。加快开发适合不同群体的绿道旅游休闲精品线路，鼓励各地结合实际推进自驾汽车营地建设，支持保险企业开发面向自驾车旅游市场的专项保险产品。

四要提升旅游接待服务能力。逐步完善旅游目的地及周边公共交通运输网络，加大旅客运输保障力度，做好重大节假日免收小型客车通行费的有关疏导工作。加大旅游景区及各类旅游休闲场所交通指引标识、解说系统、无障碍设施、停车场以及公共卫生、生态环境保护设施建设力度，打造人性化、无污染的公共空间。加快研究制订旅游休闲服务地方标准，大力推动旅游休闲服务标准化试点工作，推进公共休闲设施与服务示范工程建设。建立完善旅游休闲市场准入、经营活动、服务质量等各个环节的监管标准，推广使用电子旅游合同，建立完善旅游业格式合同文本双备案机制，全面推进旅游诚信体系建设。加快打造江西旅游信息综合服务平台，完善江西旅游网站、微博集群、官方旅游微信集群、12301 服务热线等服务系统。

五要加快旅游休闲产品开发。创新文化旅游产品，大力开发红色旅游、山水文化旅游等具有江西特色旅游产品，加大对老字号纪念品的开发力度，激发具有江西地方特色的旅游品牌效应。加大旅游招商引资力度，引进建设一批旅游重大项目，重点引进休闲度假、商务会展、康体养生、文化演艺、主题游乐、游轮游艇等新兴旅游业态项目和产品，培育打造多元化、复合型的旅游综合体。加大高品位、高文化含量、高科技含量、管理先进的旅游产品开发，提升休闲旅游、宗教文化旅游、探险体验旅游、节庆旅游、农业生态旅游等旅游产品附加值。加快环湖、环江、环河、环溪等绿道骑游圈、休闲带、步行廊道、生态慢游系统等休闲区块的旅游产品建设，促进旅游产品多样化。积极引进大型企业集团从事旅游项目开发或设立分支机构，支持有条件的旅游企业到重要客源地投资旅游或设立分支机构，鼓励发展跨领域的大型旅游开发企业。强化旅游商品知识产权保护，对旅游商品的专利予以保护，切实保障好相关企业的利益，提高开发旅游商品的积极性。

（四）促进房地产市场平稳健康发展，稳定住房消费

一要加快多层次住房保障体系建设。坚持房子是用来住的、不是用来炒的定位，继续推行廉租住房、公共租赁住房、经济适用住房"三房合一"，统一建设公共租赁住房。按照先租后售、限定对象、自愿购买的原则，推行公共租赁住房"租售并举"。推行保障性住房"以购（租）代建"，支持购买或租赁符合条件的商品住房作为保障房房源，鼓励民营资本、企业及非营利机构参与保障性住房建设和运营管理。结合城市和国有工矿、林区、垦区、煤矿棚户区（危旧房）改造，通过新建、改建、购买、租赁等方式，多渠道筹集廉租住房、经济适用住房、公共租赁住房、

限价商品住房房源，同步发放廉租住房租赁补贴。逐步扩大保障范围，建立分层次、多渠道、多方式解决城市中等偏下收入住房困难家庭、新就业人员和外来务工人员住房困难的保障模式。

二要鼓励房地产开发多元化发展。引导房地产企业向科技、文化、商业、物流、旅游地产等多元化发展，积极发展与旅游业、当地特色产业及产业园区结合度高的度假酒店、疗养、康体养生等经营性房地产，适度发展酒店式公寓等规划建设标准高、生态环境好的高端旅居型产品，努力培育产权式酒店、分时度假酒店等各种特色经营投资型房地产。鼓励房地产企业新技术、新材料应用，加快发展康居示范工程和绿色、低碳、环保型建筑。积极推进住宅产业现代化，转变住宅发展方式，完善配套政策，扶持建设一批集设计、生产、施工于一体的住宅产业现代化基地。加强重点地区商业用房招商引资力度，通过吸引高端产业、发展楼宇经济，提高设施利用率。大力发展节能省地环保型住宅工程，引导建立科学合理的住宅建设模式。

三要提升居民住房消费品质。鼓励发展成品住宅，加快推进商品住宅全装修，逐步提高全装修住宅的供应比例。倡导工业化装修方式，鼓励采用菜单式集体委托方式进行装修，促进个性化装修和产业化装修相结合，引导住宅品质整体升级。引导消费者购买绿色住宅，鼓励金融机构对购买绿色住宅的消费者在贷款利率上给予适当优惠。严格落实工程建设各方主体和注册执业人员的质量责任，强化工程质量终身责任制。强化政府部门质量、安全生产的监管责任，规范和加强对工程质量、安全监管机构和人员的问责制。

四要加强房地产市场监管和风险防范。积极推行商品房和二手房网上签约，简化二手房交易结算资金托管程序，规范房屋交易行为。取消商品房项目工程预售评估制，推行工程形象进度勘察和清单式"一次性告知"制。对房地产开发项目收费，没有法律、政策规定的一律取消，对符合法律、政策规定的可按低限收取。积极推行预售资金监管制度，加强房地产开发项目风险管控。对在建或已预售房地产开发项目出现资金风险的，建立政府、房地产企业、银行、承建商的合作协调机制。协调金融机构提供融资支持，鼓励支持有实力的房地产开发企业及时收购，防止出现连锁反应，保持市场稳定。加强房地产市场分析监测，完善市场信息发布制度。加大房地产市场调控政策宣传力度，正确引导市场预期。

（五）加快推动消费绿色转型，推广绿色消费

一要继续实施节能产品惠民工程。通过市场引导、消费带动方式，大幅提升节能家电、节能汽车等产品的市场份额，逐步形成以节能环保产品带动消费需求的长效机制。加大财政补贴力度，有效降低节能产品推广扩大障碍，促进能效标准等行业技术环境完善升级，推动相关节能技术的研发和创新。提升家用电器、工业设备、办公设备、交通工具等领域节能产品的普及率，促进高效节能产品替代低效产品，挖掘社会节能潜力，促进节能减排，形成企业生产、消费者购买、全社会认同高效节能产品的良好社会氛围，建立资源节约、环境友好的生产方式和消费模式。积极落实国务院节能家电补贴政策，在国家补贴基础上，对本地企业产品再给予一定的补贴，对江西节能消费的重点产品，争取列入国家重点节能技术推广目录，享受相关优惠政策。

二要全面推行政府绿色采购。将通过清洁生产审计或通过环境管理体系标准认证的企业的产品列入优先采购计划，扩大政府采购节能环保产品范围，提升政府采购目录中节能环保产品比例。选择政府采购涉及的优先领域，分行业、分产品制定绿色采购标准和清单，完善政府绿色采购政策，优化节能环保清单调整机制。制定或完善采购过程的实施、监管、处罚等措施，加快出台与政府采购节能环保产品的具体操作办法，建立政府采购环境保护绩效考核制度，将绿色采购纳入各级政府的绩效评估范围。定期将政府节能环保产品采购清单向社会公布，提高政府绿色采购效率，拓宽政府采购信息流通渠道。及时公布产品相关环境信息规范及政府绿色采购实际执行情况，建立政府绿色采购社会监督机制。

三要鼓励使用节能和新能源汽车。大力推广新能源、小排量等环保型汽车，加快充电站、充电桩等配套设施建设，加大对纯电动、插电式混合动力和燃料电池等新能源汽车补贴政策落实力度。全面推进公交车、公务

223

车"油改气"，积极推进混合动力、纯电动、天然气等新能源和清洁燃料车辆在公共交通行业的示范应用，继续严格实行运营车辆燃料消耗量准入制度。提升绿色交通管理能力，完善绿色交通发展的体制机制，推进绿色交通标准化建设，在交通建设等技术规范中严格贯彻绿色、循环、低碳的要求。建立交通运输能耗统计监测平台，完善交通运输能耗统计监测体系。积极培育交通运输节能环保技术服务市场，积极引导交通运输企业碳排放交易试点。

四要大力推进绿色建筑发展。实施绿色建筑行动计划，建立完善的绿色建筑评价体系、技术标准体系，扩大强制执行范围。推进既有建筑供热计量和节能改造，新建建筑设计阶段全部达到节能标准、施工阶段节能标准执行率不低于95%，政府投资的公益性建筑、保障性住房和大型公共建筑全面执行绿色建筑标准和认证。城市新区、新批开发区、旧城改造和棚户区改造中，要以绿色、节能、环保为导向，参照绿色生态城区的条件进行规划设计，并落实到具体项目。公共建筑以推广可再生能源利用、热回收等节能技术为重点。鼓励采取合同能源管理模式进行改造。鼓励和推广太阳能光热利用、围护结构保温隔热、省柴节煤灶等农房节能技术。建立建筑垃圾处置机制，各地要实现建筑垃圾减量化。

五要推动绿色节能办公。倡导绿色办公、低碳节能理念，推行勤俭节约的文明风尚，推广应用节能新技术，提高办公设备节能效果。党政机关要优先采购节能、节水产品和节约型办公材料，带头使用绿色产品，逐步提高政府采购中可循环使用的产品、再生产品以及节能、节水、无污染的绿色产品的比例。加快推进电子政务，推进网上办公，减少办公用品消耗，促进办公"无纸化"，打造节约型、集约型、现代型绿色政府机关。大力开展公务用车节能，加强车辆管理，节约费用开支，倡导工作人员乘坐公共车、骑自行车或步行上下班。加强和规范办公电子废弃物的回收和无害化安全处置，同具有电子废弃物回收处置资质的专业单位签订回收协议，由专业处置单位定期上门回收。

（六）创新公共服务供给机制，提升教育文体消费

一要放开民办教育收费。加快放开民办教育收费、部分中介和专业服

务收费等一批收费，推进江西民办教育的学费管理由政府指导价管理向自主确定学费标准转变。各民办学校应根据不同地区、不同类型、不同办学条件和质量、生均教育培养成本，合理自主制定本年度民办学历教育学校学费标准。除按备案标准收取学费、住宿费和按省规定项目收取服务性收费及代收外，各民办学校不得随意增设收费项目，并严格执行收费公示制度，对经备案的收费项目、标准，通过多种形式及时向学生家长和社会进行公示，主动接受群众和社会的监督。价格主管部门要继续做好民办学校收费行为的监督工作，积极引导民办学校按市场机制的要求合理确定收费标准，维护民办学校收费秩序，保障学校、学生家长双方合法权益。各级各类民办学校要严格落实国家和省对家庭经济困难学生的奖励资助政策，采取有力措施为家庭困难学生顺利完成学业提供支持和制度保障。

二要扩大非学历教育消费。鼓励各类社会组织、公民个人开展民办非学历教育，探索公办民助、民办公助、集团化办学、股份制办学、合作办学等办学模式，逐步形成政府统筹下的多元办学主体并存的新格局。鼓励社会力量利用现有教育资源，举办各种形式的社会文化生活教育，广泛开展以提高职业技能为主的培训，以及各种层次的短期、中期培训和各种资格证书培训。引进教育认证考试机构，促进教育认证考试消费。放开社会力量举办的各类短期职业技能培训收费管理，由办学者自主定价并报有关部门备案。鼓励社会劳动者接受职业技能培训后参加职业技能鉴定，取得相应的职业资格证书。鼓励企事业单位开展职工岗位培训，根据工作岗位性质、要求等不同情况，制定培训计划，对职工进行轮训，并纳入年度或目标考核。鼓励与境外高校合作办学，扩大境外留学生培养规模。

三要大力发展文化创意产业。着力做大动漫产业，支持广播影视产业发展，做强新闻出版业，拓宽文化遗产开发，繁荣原创舞台剧目，鼓励发展创意设计业，培育新型文化创意业态。加快制定鼓励文化消费政策，支持文化创意企业建立新型文化产品连锁经营、电子商务、物流配送和电影、剧院院线等现代流通体系。创新文化成果转化模式，提供更有针对性的专业服务和中介服务，推动文化创作、成果转化、产业经营一体化运作。加快推进文化资源跨地区、跨行业、跨所有制兼并重组，支持文化设施运营单位与文化创作、服务机构开展多种形式的合作，提供"一站式"文化服务。支持江西日报传媒集团、江西出版集团等文化集团积极探索利用资本市场，加快公司制、股份制改造，努力发展成为文化创意产业的战略投资者，打造大型文化传媒集团。降低社会资本进入门槛，鼓励民间资本进入文化创意产业领域，支持非公有制文化创意企业发展。

四要丰富文化消费业态。依托赣鄱和红色文化，加快培育文化与科技、文化与休闲、文化与生态、文化与旅游、文化与电商融合等新型业态，释放文化消费的潜力。深入推动文化消费与信息消费融合，加快推进文化产品和服务生产、传播、消费的数字化、网络化进程，拓展新媒体文化消费。推进有条件的文化资源向旅游产品转化，支持旅游景区增设文化消费项目，开辟红色文化旅游新线路。提高农业领域的文化创意和设计水平，引入创意种植、科普教育、情景体验、家庭农艺等消费项目，以文化消费助推农业发展。引导大型商业购物中心、宾馆饭店、体育设施等引入特色文化资源，打造一批商业服务与休闲文化高度融合的综合消费场所。推动互联网金融与文化产业融合发展，鼓励文化类电子商务平台发挥技术、信息、资金优势，为文化消费提供服务。

五要推动公共体育设施向社会开放。整合体育场馆资源，充分发挥现有公共体育设施的服务功能，鼓励学校、企事业单位向社会开放自有体育场馆，提高资源利用率。进一步提高大型体育场馆运营管理水平，着力把省奥体中心、省全民健身中心等打造成全民健身项目培训基地、全民健身活动基地和体育产业开发利用基地。加强对广大中小学体育场馆的改建，将部分学校体育场馆改建成社区体育活动中心，既满足中小学体育教学需要又满足社区居民健身的需求。成立场馆运营公司或引入专业运营机构，建立市场化运营机制，对大型场馆的经营性业务进行开发和运营，借助企业制度设计的优势，提高市场运营能力。积极引入专业运营机构，采用招投标方式确定场馆运营机构，鼓励对场馆实施委托经营，实现场馆所有权与经营权的有效分离。

附件 推动出台的省级重大文件

中共江西省委 江西省人民政府
关于加快发展新经济培育新动能的意见

赣发〔2017〕6号

为抓住新经济发展时代机遇，大力推动我省新经济发展，着力培育发展新动能，加快决胜全面建成小康社会、建设富裕美丽幸福江西步伐，现提出如下意见。

一、把工作重点聚焦到加快发展新经济培育新动能上来

当前，新一轮科技革命和产业变革方兴未艾，大众创业、万众创新蓬勃兴起。以技术创新为引领，以新技术、新产业、新业态、新模式为核心，以知识、技术、信息、数据等新生产要素为支撑的新经济正在加速形成，呈现出生产要素高端化、社会生产智慧化、创新创业大众化、企业组织平台化、产业链结网络化等新特征，日益成为应对经济发展新常态、推进供给侧结构性改革、推动产业转型升级的重要途径和战略举措。

（一）重大意义

加快发展新经济培育新动能，是适应把握引领经济发展新常态的必然要求。经济发展进入新常态，发展条件发生深刻变化，传统的规模速度型粗放增长难以为继。培育发展新经济，有利于适应经济发展新常态的要

求，推动新动能加速成长和传统动能转型升级，构建技术先进、协调融合、优质高效的新型产业体系，实现质量效率型集约增长，从而推动经济持续平稳健康发展。

加快发展新经济培育新动能，是深入推进供给侧结构性改革的有效途径。深入推进供给侧结构性改革，核心是解决供需矛盾和结构失衡问题。培育发展新经济，有利于加快发展新技术、新产业、新业态、新模式，全面提升供给质量和水平，进而带动需求提质升级，实现供需在更高水平的平衡。

加快发展新经济培育新动能，是建设富裕美丽幸福江西的强力支撑。当前及今后一个时期，是我省决胜全面建成小康社会、建设富裕美丽幸福江西的关键时期。我省面临着既要加快发展又要保护生态的双重压力、既要扩大总量又要提升质量的双重任务、既要勇于变革又要防范风险的双重挑战。加快发展新经济，有利于保持经济中高速增长，促进产业迈向中高端，实现经济总量质量双提升；有利于发挥绿色生态优势，加快形成低能耗、低污染、高附加值的新发展模式，走出具有江西特色的绿色发展新路；有利于全面激发广大人民群众创新创业活力，真正实现富民强省、共享发展，切实提升人民群众的幸福感和获得感。

（二）总体要求

深入贯彻习近平总书记系列重要讲话精神特别是对江西工作的重要要求，牢固树立新发展理念，坚持以深入推进供给侧结构性改革为主线，以创新型省份建设为引领，以重大功能性平台为主要载体，以特色优势产业为突破口，着力培育新技术新产业新业态新模式，着力振兴实体经济，促进制度创新与技术创新融合互动、供给与需求有效衔接、新动能培育与传统动能改造提升协调并进，加快新旧动能转换步伐，为决胜全面建成小康社会、建设富裕美丽幸福江西提供强有力支撑。

坚持市场主导，政府服务。充分发挥市场在资源配置中的决定性作用，通过市场实现优胜劣汰，使企业真正成为新经济发展主体。更好发挥政府作用，坚持主动服务、效率优先，进一步提升行政审批、政策支持、标准规范、资源开放等方面服务的科学性、灵活性和针对性，减少直接干预，营造公平竞争环境。

坚持创新引领，激活要素。加快构建激发创新活力、推广创新成果、支持业态创新的体制机制，促进知识和智力资源尽快实现经济价值，努力建设创新型省份。把人才作为第一资源，更加注重完善激励机制，促进人才、知识、技术、信息、数据等生产要素合理流动、有效集聚，充分发挥其对社会生产力的高"乘数"效应。

坚持改革为先，开放包容。坚决破除一切制约新经济发展的思想障碍和制度藩篱，坚持从供给侧突破，进一步放宽政策、放开市场、放活主体，打破新经济企业进入市场的瓶颈。坚持开放共享发展，创新多主体、跨空间、泛资源合作机制，推动各类要素资源整合。以信用管理为基础，探索实行更具弹性和包容性的新型管理模式，更多采用事后监管、底线监管等手段，形成鼓励创新、宽容失败的良好氛围。

坚持突出特色，重点突破。坚持有所为有所不为，立足江西实际，向特色优势要竞争力。依托赣江新区、国家级开发区（高新区）、海关特殊监管区等重点平台，努力在发展新制造经济、新服务经济、绿色经济、智慧经济、分享经济等方面率先实现突破。突出向实体经济聚力发力，加快利用新技术、新业态改造提升传统产业，创造更多适应市场需求的新产品、新模式，促进覆盖第一、第二、第三产业的实体经济蓬勃发展。

（三）发展目标

力争到 2020 年，我省基本形成较为完备、竞争力强的新经济产业体系，新经济成为支持全省发展的新增长引擎，新旧动能实现平稳接续、协同发力，江西成为中部地区新经济发展重要聚集地。

新技术加速成长。新技术创新能力进一步增强，成果转化速度不断加快，对经济的贡献率显著提升。全省科技综合实力进入全国前 20 位，全社会研发经费投入占国内生产总值比重提升至 2%，全省专利申请总量、授权总量年均增长 25% 以上，科技进步贡献率提高到 60%。

新产业加速发展。培育一批主营业务收入过百亿元、过 50 亿元的新经济龙头企业，建成一批功能完备、配套完善的新经济示范基地，高新技术产业增加值占规模以上工业增加值比重提高到 35% 以上；新材料、大健康、电子商务产业主营业务收入（交易额）均突破 1 万亿元，新型电子、生物医药、航空产业主营业务收入分别突破 2500 亿元、2000 亿元、1000亿元，节能环保、新能源产业主营业务收入增长 1 倍以上。

新业态新模式加速涌现。互联网经济年均增长率达 25% 以上，规模以上企业电子商务应用率达到 98% 以上，制造业重点领域生产装备数控化率达到 60% 以上，"两化"融合发展水平指数达到 85 以上；分享经济规模显著增强，打造一批交易额过百亿元的示范平台；大数据应用更加广泛，社会服务更加便捷普惠。

新经济体制机制更加完善。支持、激励新经济发展的政策体系更加健全，适应新经济发展要求的治理体系和模式更加完善，知识产权保护制度得到严格落实，全社会创新创业生态持续优化，投身新经济发展、鼓励新经济发展的价值导向和社会氛围进一步浓厚。

到 2030 年，我省新经济规模和竞争力整体达到全国中上游水平，新经济发展体制机制更加完善，新经济成为引领全省经济转型升级的主动力，江西成为全国新经济发展的重要集聚区。

二、进一步明确主攻方向

（一）新制造经济

深入落实《江西省人民政府关于贯彻落实〈中国制造 2025〉的实施意见》（赣府发〔2016〕3 号），加快发展以智能制造为重点的新制造产业，提高制造业质量和效益，变"江西制造"为"江西智造"。

1. 大航空。航空制造。依托洪都、昌飞等整机制造龙头企业，发挥我省科研院所优势，进一步推进军民融合深度发展，着力打造南昌航空城，积极创建南昌国家军民融合创新示范区，加快机身大部件制造由前、中后机身向核心部件拓展，争取国产大飞机核心试飞基地落户南昌。加快景德镇直升机战略性新兴产业集聚区建设，着力引进、生产一批先进适航机型。加快引进、研制轻型公务机、超中型公务机、轻型涡桨飞机等通航飞机及各类无人机，积极创建一批通航小镇，加快推进南昌、景德镇国家通航产业综合示范区建设，努力打造全国通用航空发展示范省。航空服务。重点依托景德镇吕蒙、共青城、吉安桐坪等通航小镇，打造一批飞行俱乐部、通航飞行培训基地；积极争取在武功山、龙虎山、庐山西海、鄱阳湖国家湿地公园等地开展空中游览试点，探索开展观光游览、空中摄影、私人飞行等服务。

2. 新能源及智能汽车。新能源汽车。大力推进南昌、上饶、赣州等新能源汽车基地建设，着力发展小型乘用车、城市公交车、城市专用车等优势产品，努力突破电池、电机、电控关键零部件以及整车设计、动力总成、系统匹配等核心技术，加快建设全国新能源汽车发展示范区。智能汽车。鼓励江铃集团、昌河汽车等重点企业，联合福特、北汽等战略合作伙伴，开展智能车载终端、汽车进程服务人机交互系统、自动驾驶等关键技术攻关，加快推动传统汽车向智能化、网联化方向发展。

3. 新型电子。半导体照明及智慧照明。以硅衬底 LED 原创技术为引领，做大做强"南昌光谷"，推进产业链上下游配套联动，加快室外路灯、室内照明、导览应用等智慧照明产品的研发和产业化。智能通信终端及关键零配件。依托南昌临空经济区、吉泰走廊电子信息产业集群等，大力提升新型显示材料、触控屏模组、多层电路板等关键环节技术能力，积极探索生物识别、人工智能等前沿领域，加快发展智能手机、平板电脑、可穿戴设备等新型智能终端。虚拟现实。做大做强南昌 VR 产业基地，重点发展 VR/AR 硬件、内容制作、跨界服务等新业态。加快培育集成电路、北斗导航等重点产业，努力打造若干具有较强竞争力的新型电子产业基地。

4. 智能装备。新一代机器人。以南昌为核心区域，九江、吉安、赣州、新余等地为发展支点，加快引进、开发系统集成、导航控制、视觉定位、自主控制等核心技术，大力发展工业机器人、服务机器人、特殊机器人等新一代机器人。新型成套智能装备。积极培育 3D 打印、高档数控机床、智能测控装置、智能安防产品、先进轨道交通设备、新型医疗器械等新型成套智能装备，加快形成一批产业链条比较完善、辐射带动作用突出的特色智能装备产业集群。

5. 新材料。先进基础材料。依托江铜集团、中国南方稀土集团、九江石化等重点企业，加快突破新材料性能及成分控制、生产加工及应用等工艺技术，重点发展新型特种材料，加快打造全国重要的新材料研发生产基地。前沿新材料。加强与新材料重点领域国内外龙头企业的对接、引进与合作，加快推进科研成果在我省转化，超前谋划布局，积极引进超导材料、纳米材料、生物基材等一批战略前沿材料重大项目。

（二）新服务经济

积极顺应服务业迅猛发展势头，着力培育服务业新业态、新模式，推动生产性服务业向专业化和价值链高端延伸、生活性服务业向精细化和高品质转变。

1. 工业设计。鼓励重点行业龙头企业发展专业化设计，创建一批专业性、开放型的工业设计中心。支持工业设计企业发展众包设计、用户参与设计、云设计、协同设计等新型模式，加快推进集装备、软件、在线服务于一体的集成设计。积极引进"洛可可"集团等国家级工业设计企业，加快建设一批本省工业设计中心，促进工业设计产业在重点工业产业集群配套布局。

2. 现代物流。引导制造、商贸龙头企业围绕核心业务优化供应链管理，鼓励企业设立专门供应链管理部门，与上下游企业建立供应链联盟，加快与物流业联动发展。引进并培育一批大型第三方、第四方物流企业，高效提供信息咨询、订单管理、物料配送、仓储服务等服务。大力推进全省17个铁路物流基地建设，着力打造万佶、天合、物流团购等智慧物流服务平台，加快建设传化集团智能公路港等一批重大项目，实施南昌、九江物流标准化试点，推进赣州国家现代物流创新发展试点建设。

3. 总集成总承包。积极推动重大装备、航空制造、新能源、新型电子、工程建设等重点行业龙头企业开展产业链整合，大力发展成套设备、工程承建等领域的"交钥匙"工程。鼓励企业延伸服务链条，加快由单一的生产制造向综合性提供方案咨询、研发设计、技术服务、设备维护等全过程、全生命周期服务转变。支持我省企业"走出去"承揽国际产能合作重大工程项目，实施"投建营一体化"，支持有基础有潜力的企业打造国际级的总集成总承包服务商。

4. 现代金融。加快在赣江新区打造"全牌照"金融体系，积极创建绿色金融创新示范区。继续引进一批全国性股份制银行、外资银行，力争落户区域性股权登记托管平台。鼓励和吸引国内外金融机构在赣设立后台服务中心或业务机构，培育和引进专业化的金融服务外包企业，打造区域性金融后台服务中心。发挥好江西产权交易所、江西联合股权交易中心等地方金融交易市场作用，加快组建地方性民营银行等金融机构，探索开展股权融资、商业保理、融资租赁、信用服务等新型金融服务。

5. 全域旅游。按照"全域布局、全景覆盖、全局联动、全业融合、全民参与"的要求，加快推进18个国家级全域旅游示范区建设。打造一批体现江西特色、在全国具有较强竞争力的旅游精品路线，培育全域旅游核心产品。着力实施"旅游＋"融合工程，促进旅游与农工商、文化教育、体育、中医药、健康养老等领域互动融合发展，积极发展休闲农林渔业、乡村民宿游、工业观光游、商务考察游、研学游、养生养老游、自驾车营地游等全域旅游新业态。积极开展全域旅游整合营销，组织携程网旅行定制师、旅游"大Ｖ"等对我省全域旅游进行体验推广。

6. 文化创意。加快打造以南昌为核心、多点支撑、联动发展的文化创意产业带，着力培育一批特色创意基地、创意街区、创意小镇。大力发展时尚经济，加快推进中国（江西）服装创意产业园、九江珠贝城首饰产业基地等一批重点基地建设。切实激发陶瓷、雕刻、油画等传统文化产业新活力，着力推进景德镇陶瓷文化基地、鹰潭雕刻产业基地、上犹创意油画产业园、黎川油画产业园等一批重大项目。加快发展动漫游戏产业，创作一批具有江西特色的红色、绿色、古色动漫游戏及衍生品。鼓励发展文化娱乐产业，打造一批大型山水实景演出、都市灯光实景秀、现代舞台剧等演艺精品。

（三）绿色经济

坚持"生态＋"理念，切实把绿色生态优势转化为新经济发展优势。

1. 绿色智慧农业。以提高农业供给质量为主攻方向，以体制改革和机制创新为根本途径，深入推进农业供给侧结构性改革。实施农业"接二连三"工程，大力推进农业和健康养生、休闲娱乐、教育文化等领域深度融合，大力发展农产品个性化定制服务、市民农场等新型业态。着力培育一批农业产业化龙头企业，提高精深加工能力，大力推广"生产基地＋中央厨房＋餐饮门店""生产基地＋加工企业＋商超销售"等产销模式，壮大产业集群规模。深入实施绿色生态农业十大行动，加快打造一批绿色有机农产品生产基地，逐步建立农副产品质量安全追溯体系，全面打响"四绿一红"茶叶、鄱阳湖水产品、赣南脐橙等一批绿色有机农业品牌。深入推进全省"123＋N"智慧农业建设，大力实施"信息进村入户""智慧农场"工程，加快实现农业生产智能化、经营电商化、管理高效化、服务便捷化。

2. 大健康。依托我省生态资源和产业优势，着力构建综合大健康产业体系。中医药。着力打造江西国家级中医药综合改革试验区、南昌国家中医药健康产业示范区、上饶全国中医药健康旅游示范区、樟树"中国药都"，建设一批赣产道地优势中药材种植基地，大力支持中成药大品种剂型改造和二次开发，加快组建省中医康复（热敏灸）联盟集团，积极实施热敏灸海外发展计划。健康养老。大力培育中医药养生保健、健康休闲、特色健康管理等康养新业态，积极探索医保养结合、异地型养老、农家式养老、"虚拟养老"等新型康养模式，着力打造明月山硒温泉康疗中心、仙女湖国家疗养康体中心等一批康养产业综合体，在庐山西海等地加快建设一批养老小镇、养老庄园。运动健身。依托环鄱阳湖国际自行车赛、江西网球公开赛、玉山中式台球世锦赛、南昌马拉松等赛事品牌，加快发展体育赛事，打造一批体育健身俱乐部，加快发展健身休闲、体育培训、场馆服务、体育用品制造和销售及体育旅游等行业联动新业态。

3. 节能环保。重点打造南昌节能环保产业研发和服务核心集聚区、萍乡环保产业集聚区、赣州资源综合利用产业集聚区、新余节能装备和环保服务集聚区。高效节能。依托江特电机、江联重工、江西华电等重点企业，积极发展高效电机、节能锅炉（窑炉）、低温膨胀螺杆发电机组、地源热泵、环保仪器仪表等高效节能技术装备。特色环保。加大对土壤修复、污水处理、气体净化、固体废弃物综合利用等领域的研发投入力度，着力推进多孔陶瓷膜材料、新型环保滤料、脱硫脱硝催化剂、汽车尾气净化剂等产业化，加快构建有色金属、钢铁、石化、建材等行业的循环经济链和产业体系。节能环保服务。大力发展以合同能源管理、环境污染第三方治理、综合解决方案为主的节能环保服务，积极培育排污权交易、环境污染责任保险、再制造服务等新业态。

4. 新能源。光伏新能源。以晶科能源等企业为重点，进一步提升高光电转换率晶硅电池、薄膜太阳能电池及关键组件生产工艺和核心技术，大力发展居民住宅、商业楼宇、工业厂房等分布式光伏发电，打造具有全球竞争力的光伏产业基地。锂电新能源。依托锂资源及深加工技术优势，支持赣锋锂业、福斯特新能源、孚能科技等企业在正、负极材料及隔膜、动力电池等领域进行产业化技术创新，着力引进比亚迪、万向等动力电池领军企业，打造宜春、新余、赣州等锂电产业集聚区。

（四）智慧经济

发挥数据资源的要素作用，大力发展"互联网＋"，将数据资源转化为发展新动能。

1. 大数据及云计算。围绕打造全国性和区域性信息交换枢纽和信息存储中心，加快推进中国电信中部云计算基地、浪潮云计算大数据中心、上饶大数据中心、抚州大数据中心等项目建设。提升大数据服务能力，在电子政务、电子商务、交通物流、现代农业、工业生产等重点领域积极开展云服务发展行动，加快建设一批"云上江西"工程。

2. 物联网。积极实施物联网先行工程，强化物联网技术引进、创新、集成应用，大力发展射频识别、传感器等关键装备，加快培育一批物联网龙头企业、公共平台及示范基地，支持鹰潭创建国家窄带物联网试点城市。以智慧城市建设为抓手，着力推进工业、农业、交通、能源、生态、健康等领域一批物联网重大项目建设，加快形成集研发制造、系统集成、示范应用于一体的物联网产业体系。

3. 电子商务。突出特色和比较优势，加快推进铜、稀土、钨等大宗商品电商交易中心建设，在陶瓷、旅游、医药、农产品等领域集中扶持一批行业性和区域性电子商务平台，着力培育中兴电子商务城、中江国际商品交易中心、赣州电子商务总部基地等一批重点基地。推广线上线下互动融合、社区电子商务、移动电子商务等新模式，积极培育网上农贸市场、数字农家乐等农村电子商务服务。大力推进南昌、赣州国家电子商务示范城市建设，在赣州、南昌综保区规划建设跨境电子商务产业园区，积极争取国家跨境电子商务试点。

4. 移动互联网。重点依托南昌高新区国家软件产业基地等软件产业集群，支持飞尚科技、思创数码、贝谷科技等软件企业"外引内联"，着力突破移动互联网系统软件、人机交互、应用开发、虚拟化等技术，积极发展移动办公、移动娱乐、移动支付、移动阅读、移动社交、移动广告等触媒产业。

5. 数字视听。重点在南昌、吉安、赣州等地培育一批数字内容企业，积极发展数字出版、互动新媒体、数字音乐、数字阅读等数字内容及服务，布局建设新媒体版权阅读内容库和新媒体内容加工制作云平台，打造一批数字媒体、数字阅读、数字家庭等应用基地，努力实现数字视听内容、技术、产品、服务和运营全产业链一体化发展。

（五）分享经济

运用互联网等现代信息技术，整合、分享闲置资源，实现供需高效匹配。

1. 生产能力分享。积极推进与阿里巴巴"淘工厂"等一体化企业产能分享平台开展战略合作，大力推进标准厂房、关键设备、制造产能、信息基础设施、现代能源等分享工程，鼓励发展企业间业务协作、外协外包、众包生产、按时计费、柔性定制等产能分享新业态新模式，促进产业链协作和本地配套，搭建覆盖我省主要产业集群的产能分享平台，打造立足江西、面向全国的生产能力整合分享生态圈。

2. 创新资源分享。针对产业转型的关键、薄弱环节，加快组建基于互联网的市场化创新资源共享平台，重点推进科研仪器、紧缺人才、知识产权等创新资源分享工程，广泛提供"网络虚拟人才"、科研联合攻关、科技咨询与合作开发项目、知识产权交易运营等新型科技服务。着力打造一批特色创新资源分享示范基地，加快构建跨部门、跨领域、跨区域的创新资源共享网络服务体系，助推全省科技进步和产业升级。

3. 生活服务分享。积极引入好大夫在线、途家网等一批国内外领先的互联网分享企业在赣设立分支机构，加快推动滴滴出行、土巴兔等赣籍人士回赣创业，稳步推进知识技能、闲置空间、健康医疗、教育文化、交通出行等领域生活服务分享工程，重点开发一批家政服务、休闲度假、远程治疗等领域行业应用软件和公共服务平台。

三、着力强化要素支撑

（一）强化人才支撑

1. 实施高层次海外人才引进计划。坚持"不求所有、但求所在"，制定引进高层次海归人才的专门政策，加强与国家"千人计划""万人计划"等对接，重点引进一批带项目、带成果的人才团队。探索建立全球产业领军人才信息库和搜索引擎，定期制定并发布重点产业引才目录，开辟引进高层次人才及团队的专门通道，在重点行业和关键领域中引进一批能够突破关键技术、发展高新产业、带动新兴学科的高端外国专家和海外工程师。在赣江新区等重点区域，积极创建国家海外人才离岸创新创业中心。探索海外高层次人才担任新型科研机构事业单位法人代表的制度。

2. 完善柔性引进人才机制。研究制定我省柔性引进人才实施意见。完善省校（院）人才合作机制，积极搭建院士工作站、博士后科研工作（流动）站、海智工作站等载体。支持企业、高校和科研院所通过科技咨询、技术合作、技术入股、合作经营、投资兴办实业等合作方式，以及年薪工资、协议工资、项目工资等薪酬方式，柔性引进一批国内外原创性科技创新人才、高水平经营型管理人才。

3. 积极吸引赣籍人才回归创业。大力引进海内外赣籍优秀高层次人才、团队和企业家，鼓励海内外各类赣籍人才通过总部回迁、项目回移、资金回流、技术回乡、设立返乡创业联盟等方式回乡创新创业。研究制定对赣籍人才回归创新创业的专门奖励扶持政策，对全省新经济发展贡献较大的优秀人才精神上给予鼓励、政策上给予扶持。

4. 切实激发省内人才创新创业活力。深化体制机制改革，优化落实鼓励人才创新创业的政策措施，激发省内人才创新创业活力。深入推进"赣鄱英才555工程""百千万人才工程"、高校毕业生就业创业促进计划等人才培育计划，着力支持培养一批重点产业领域创新领军人才、创新创业投资者、草根创新创业者。建立符合创新创业需求的高校学科调整机制，建设符合新经济发展的特色专业点和专业群。建立大学生创业种子基金，对高校毕业生创办的小微型企业按规定减免税费，并对符合条件的企业给予创业担保贷款和社会保险补贴。完善各类灵活就业人员参加社会保险的办法和管理措施。

（二）强化科技支撑

1. 深入推进创新发展重大工程。重点实施创新驱动"5511"工程和重点创新产业化升级工程。"十三五"期间，新增建设50个国家级创新平台和载体，新增50个国家级创新人才和团队，实施100项重大科技专项，新增1000家高新技术企业；每年实施10个左右重大科技研发专项项目，推进20个左右重点产业创新成果产业化项目，确定5个左右重点产业骨干工程。对重大专项实行"一项一策"，集中资源予以全力支持。

2. 着力构建"四位一体"创新生态体系。重点打造"联盟+基地+融资+人才"创新生态系统，建立一批由龙头企业、中小企业、高等院校、科研院所和中介机构组成的产业联盟，培育创新团队和人才，构建创新全产业链孵化体系；依托国家级和省级各类园区及产业基地，按照放大一批、做优一批、做强一批、培育一批的原则，打造一批新经济示范基地，形成创新创业发展的策源地和集聚地；充分发挥省发展升级引导基金作用，吸引社会资本参与设立新经济重点领域的产业基金和并购基金，支持设立一批创投机构和新经济企业投融资平台，促进项目融资对接；联合行业协会、龙头企业、产业园区和相关教育机构，建设一批新经济高技能人才实训基地，强化人力资源支撑。

（三）强化平台支撑

1. 突出支持科技创新平台建设。借鉴深圳、苏州等地成功模式，与中科院、清华大学等国内外知名高校、科研院所开展合作办学、设立分院，共建高端产业技术研究院。在战略性新兴产业领域，重点建设若干共性技术研发支撑平台，打造一批国家级重点实验室、工程（技术）研究中心。出台专门政策，鼓励外资企业、本土跨国企业在赣设立全球研发中心、实验室、企业技术研究院等新型研发机构。

2. 大力促进众创平台专业化发展。鼓励企业、科研院所、高校等多方协同，围绕优势专业领域培育一批产学研用紧密结合的众创空间，推进南昌腾讯众创空间、景德镇"陶溪川"陶瓷文化创意园、上饶创梦空间创业园、九江中青数媒 APP 产业园等重点项目建设。鼓励发展混合所有制的孵化机构，支持有优势的民营科技企业搭建孵化器等创新平台。建立有利于国有企业在人力资源管理方面进行创客化、平台化改造的制度。支持创建创业大学、创客学院等新型平台，提供开放的创新创业载体。

3. 整合提升综合性平台。以南昌国家高新区为龙头，联合新余、景德镇、鹰潭、抚州等国家高新区，积极创建鄱阳湖国家自主创新示范区，推动创新研发、中试孵化、中介服务、人才资源和金融资本向园区集聚。支持赣江新区申报创建国家双创示范基地，推动赣江新区与北京中关村合作，力争设立北京中关村（江西）科技园，强化体制机制创新，引导高端要素聚集，形成新经济发展核心示范区。

（四）强化数据支撑

1. 建设高效泛在的信息基础设施体系。推进"全光网"城市和农村光纤宽带建设，加快实现城镇地区百兆光纤全覆盖和行政村光纤全通达。

着力提高 4G 网络覆盖率，推动 4G 无线宽带网络向重点行政村、风景区、高速铁路、产业园区等延伸覆盖，鼓励城镇热点公共场所提供免费无线宽带服务，在重点城市适时推进 5G 网络建设。加快布局下一代互联网，重点部署物联感知、云计算中心、大数据平台、内容分发网络等新基础设施。

2. 推进公共数据资源开放共享。根据数据安全属性，依据有关规定，实施数据开放"负面清单"制度，积极稳妥地向社会开放政府数据。建设全省公共数据共享平台和统一政务信息服务平台，先行开放宏观经济、交通、医疗、教育、资格资质、产品质量等数据，加快推进人口、法人单位、空间地理、档案等信息资源库共建共享。加强互联网数据与政务数据资源的配合应用，努力在产业互联、行业精细化、精准营销等方面催生更多的新经济形态。

（五）强化金融支撑

1. 完善创业投资体系。发挥省发展升级引导基金作用，设立一批创业投资基金，鼓励各级政府和园区设立各类引导基金，强化对创新成果在种子期、初创期的投入。鼓励社会投资人和基金管理团队共同参股设立各类基金，引导社会资本加大投入力度。建立国资创投管理机制，鼓励符合条件的国有创投企业建立跟投机制，并按照市场化方式确定考核目标及相应的薪酬水平。鼓励支持社会资本来赣发展天使投资、创业投资等风险投资。

2. 扩大直接融资规模。设立新经济企业上市储备库，积极推进高新技术企业挂牌交易。启动科技型中小微企业新三板和区域性股权交易市场挂牌培育计划，推动符合条件的企业在境内外资本市场首发上市，鼓励创新型企业增资扩股。完善企业上市挂牌融资奖励政策。支持新经济企业通过债券、票据、信托等方式融资。

3. 创新间接融资方式。积极发展政策性科技担保机构，支持保险机构开发科技企业创新产品研发责任保险、专利保险、小额贷款保证保险等险种。支持设立创新创业风险补偿基金，健全担保机构和商业银行的风险分担机制，引导银行扩大新经济企业贷款规模。支持商业银行设立科技型中小企业服务专营机构，实行投贷联动。建立健全知识产权质押登记公示系统，探索设立无形资产转让交易平台。积极稳妥发展互联网金融，引导和鼓励众筹融资平台规范发展，探索开展公开、小额股权众筹融资试点，加强风险控制和规范管理。

四、全力打造最优政策体系

（一）市场准入政策

按照既要规范、更要放活的治理理念，对现有规章制度进行全面清理，破除制约新经济发展的不合理束缚和"隐性壁垒"，切实解决"准入不准营"问题。探索建立市场准入负面清单制度，本着降低创业门槛的原则，新经济可不急于纳入负面清单管理。建立健全企业投资项目负面清单、权力清单和责任清单制度，在赣江新区等重点区域试点投资项目承诺制，探索对不需要新增建设用地的技术改造升级项目实行承诺备案管理制度。深化"宽入严管"的商事制度改革，加大企业"五证合一"、个体工商户"两证整合"改革实施力度，积极推动"一址多照""集群注册"等改革，优先探索对新业态实行"证照分离""多证合一"改革试点。研究制定针对新经济形态工商注册的具体办法。

（二）知识产权保护政策

研究完善在线创意、研发设计、众创众包等新形态创新成果的知识产权保护办法。探索建立一批专业领域知识产权快速维权中心，完善知识产权快速维权通道和救助网点。积极开展知识产权综合执法，探索建立知识产权专门法庭，强化行政执法与司法衔接，特别是加大网络知识产权执法力度，进一步提高知识产权侵权代价和违法成本。

（三）市场主体信用奖惩政策

推动出台我省信用领域的地方性法规。进一步完善省公共信用信息平台，积极运用企业信用信息公示系统，规范市场主体和个人信用信息采集、归集、公示、评价、应用和服务体系，加强信用记录、风险预警、违法失信行为等信息资源的在线披露和共享，高效提供信用信息查询、企业网上身份认证等服务。全面推进全过程信用管理，健全诚信"红黑榜"制度，对守信者实行优先办理、简化程序、提供信用融资等激励，对失信者按规定实行限制准入、融资、消费和政府采购等惩戒。

（四）人才吸引激励政策

切实落实《中共江西省委关于深化人才发展体制机制改革的实施意见》（赣发〔2017〕4号）及江西省院士后备人选支持计划、青年拔尖人才培养计划、支持优秀人才团队科研成果转化计划等一系列政策措施，研究制定更具竞争力的吸引激励人才政策。提高国内外高层次人才的创业启动资金、科研配套经费、安家补助、岗位津贴等奖励标准，完善户籍办理、家属安置、子女入学、医疗保障、社会保险等配套便利政策，对符合条件的外籍高层次人才及其随行家属给予签证和居留等便利。赋予创新人才充分的人财物支配权、技术路线决策权，支持科研人员在岗离岗创新创业和依法依规开展兼职兼薪。深化职称制度改革，开辟高层次人才、急需紧缺人才职称评审和聘任"绿色通道"，探索安排专项编制。用人主体引进高层次人才，人才薪酬不受单位工资总额限制；柔性引进人才所支付的奖励和劳务报酬，可按规定在单位成本中税前列支。企业引进高层次人才支付的一次性费用，可按规定据实在计算企业所得税前扣除，国有企业引才专项投入成本可视为当前利润考核。

（五）科技成果转化政策

切实贯彻国家以增加知识价值为导向的分配制度，完善贡献与所得相匹配的薪酬机制。落实《江西省人民政府办公厅关于印发〈江西省促进科技成果转移转化行动方案（2017～2020年）〉的通知》（赣府厅字〔2017〕11号），加快打开和拓展科技成果转移转化通道。进一步下放高校、科研院所科技成果使用、处置和收益管理自主权，成果收益全部归单位。探索对科研人员实施股权、期权和分红奖励，提高重要贡献人员和团队的成果转化收益分享比例，收益用于人才和团队激励的支出部分不纳入绩效工资管理。鼓励高等学校、科研院所的科技人员创办科技型企业并持有股权，对事业单位以科技成果作价入股的企业，放宽股权奖励、股权出售对企业设立年限和盈利水平的限制。探索建立市场化的国有技术类无形资产可协议转让制度，研究制定国有企业人才股权期权激励政策，鼓励国有企业实施股权、期权和员工持股激励，鼓励国有企业通过入股或并购方式购买中小企业创新成果并实现产业化。

（六）财税扶持政策

全面落实国家有关推广中关村国家自主创新示范区税收试点政策。在高新技术企业认定中，对新经济企业予以倾斜，狠抓高新技术企业税收优惠政策的落实。推动新经济企业发生的符合国家规定范围的研究开发费用，享受企业所得税前加计扣除政策。对符合条件的新经济非上市公司股票期权、股权期权、限制性股票和股权奖励实行个人所得税递延纳税政策，对符合规定的引进高层次人才科技奖励资金实行免征个人所得税政策。研究制定扶持省级新经济示范基地、示范企业和公共服务平台的具体政策。

（七）政府采购政策

强化政府采购支持创新的机制，加大对初创企业提供的新产品、新技术、新服务的采购力度。鼓励采用首购、订购等非招标方式以及政府购买服务，依法依规提高自主创新产品的应用比例，促进创新产品的研发和规模化应用。探索建立新技术新产品"首购首用"风险补偿机制，对经认定的首台（套）重大技术装备产业化示范应用项目进行奖补。在政府采购和国有企业采购招投标活动中，支持新经济中小企业参与招标采购，不得以企业经营年限、注册资金等资质要求变相歧视新创办企业。

（八）土地支持政策

针对新经济发展特点，探索实行弹性出让年限、长期租赁、先租后让、租让结合等供地方式。对制造企业在不改变用地主体和规划条件前提下，利用存量房产、土地资源发展与互联网融合新业务、新业态的，实行5年内保持土地原用途和权利类型不变的过渡期政策。在规划许可的前提下，鼓励各地积极盘活商业用房、工业厂房、企业库房、物流设施和家庭住所、租赁房等资源，为新经济主体提供低成本办公场所和居住条件。对符合新经济主攻方向的重大项目优先安排省预留新增建设用地计划指标。

五、为发展新经济培育新动能提供有力保障

（一）加强组织领导

成立省发展新经济培育新动能领导小组，由省长任组长，分管副省长任副组长，省直有关单位主要负责同志为成员。同时，下设新制造经济、分享经济、创新金融等重点领域专责推进小组。各地要参照成立相应组织机构，切实抓好贯彻落实工作。

（二）明确工作职责

省有关部门要按照责任分工要求，各司其职、各负其责，积极落实加快新经济发展的各项政策措施。牵头单位要加强组织协调，配合单位要按照职责分工主动担责。各地要结合实际制定具体实施方案，明确目标任务和工作进度，确保各项工作落到实处。

（三）形成社会合力

进一步强化企业在新经济发展中的主体地位，充分发挥行业协会、科技社团等对新经济规划、政策、标准制定及交流合作等方面的促进作用，探索建立跨行业技术人员、一线工作人员、专家的决策咨询机制。特别是针对新业态新模式带来的劳动者和消费者权益保护等问题，建立健全各方参与的规则协商、利益分配和权利保障机制，形成全社会共同参与、共享发展的良好格局。

（四）开展考核督导

探索建立新经济发展统计指标体系，适时研究制定新经济发展监测评价实施方案，动态掌握各地、各有关部门工作推进情况。适时将加快发展新经济的实施情况与成效纳入市县科学发展综合考核评价和省直单位绩效考核体系。加大督促检查力度，建立情况通报制度，及时通报各地、各有关部门工作落实情况，推动各项工作全面完成。

（五）营造良好氛围

进一步完善以创新发展为导向的考核机制，出台实施国有企业（国有

资本）新经济创业投资失败免责有关细则。加强政策解读和宣传引导，积极推广先进经验和典型案例，大力营造有利于发展新经济培育新动能的社会环境。

江西省人民政府关于加快绿色
金融发展的实施意见

赣府发〔2017〕37 号

为贯彻落实全国和全省金融工作会议精神及中国人民银行等七部委《关于构建绿色金融体系的指导意见》（银发〔2016〕228 号），加快绿色金融发展，构建具有江西特色的绿色金融体系，促进我省生态文明建设和经济社会可持续发展，现提出以下实施意见。

一、总体要求

（一）发展思路。以党的十九大精神为指引，深入贯彻新发展理念，坚持"创新引领、绿色崛起、担当实干、兴赣富民"工作方针，认真落实全国和全省金融工作会议精神，充分发挥我省国家生态文明试验区先行先试优势，按照"保障需要、适当超前、引领推动"的工作思路，突出服务实体经济、防控金融风险、深化金融改革的工作主题，以绿色金融发展推动产业结构转型升级为主线，深化金融体制机制改革，构建绿色金融组织体系、产品服务体系、配套政策体系，有效提升江西绿色金融服务覆盖率、可得性和满意度。

（二）工作目标。到 2020 年，赣江新区绿色金融改革创新试验区建设初具规模，赣江新区绿色信贷余额增速高于新区各项贷款增速，绿色信贷增量占各项贷款增量的比重逐年提高，绿色债券、绿色股权融资等直接融资规模不断扩大。2020 年末，力争全省绿色信贷余额达到 3000 亿元，占各项贷款的比重超过全国平均水平；绿色债券发行规模达到 300 亿元，绿色资产证券化规模快速提升；保险资金利用力争达到 300 亿元以上。

二、加大绿色信贷投放

（三）完善绿色信贷管理机制。各银行业金融机构要把绿色金融纳入长期发展战略规划，明确重点支持的行业和领域，严格执行名单制管理。支持有条件的银行业金融机构设立绿色金融事业部、绿色支行等，为绿色信贷提供特色化、专业化的金融服务。鼓励各银行业金融机构引入符合赤道原则的管理模式，积极拓展绿色信贷业务。（责任单位：省政府金融办、人行南昌中心支行、江西银监局）

（四）创新绿色信贷产品和服务。在风险可控和商业可持续的前提下，创新能效信贷担保方式，以特许经营权质押、林地经营权抵押、公益林和天然林收益权质押、应收账款质押、履约保函、知识产权质押、股权质押、合同能源管理项目未来收益权质押等方式，开展能效融资、碳排放权融资、排污权融资等信贷业务。加强动产融资登记工作，保障质权人的合法权益。大力推广"财园信贷通""财政惠农信贷通"，积极推进农村"两权"抵押贷款、林权抵押贷款，提高抵押率，推动特色信贷产品升级换代。大力推广网上支付、移动支付等非现金支付方式，促进电子商业汇票业务发展，提高绿色支付结算比例。（责任单位：省政府金融办、人行南昌中心支行、江西银监局、省委农工部、省财政厅、省农业厅、省林业厅、省国土资源厅）

（五）简化绿色信贷审批流程。开展绿色信贷流程再造，鼓励金融机构对绿色金融项目专列信贷计划、专项审批授信。简化审批程序，优化贷款的期限结构，提高审批效率。坚决取消不合理收费，降低绿色信贷融资成本。（责任单位：人行南昌中心支行、江西银监局、省环保厅）

（六）建立绿色信贷融资担保机制。整合省、市、县三级现有政策性担保资源，组建绿色专营担保机构，完善专业化的绿色担保机制，鼓励省信用担保公司、省融资担保公司、省再担保公司等制定绿色信贷专项审批政策，加大对绿色信贷和发债的增信支持。（责任单位：省政府金融办、省财政厅、江西银监局）

（七）积极开展绿色信贷资产流转和证券化工作。支持省内法人银行机构依法依规对绿色信贷资产进行流转和证券化，盘活存量信贷资源，为绿色信贷腾挪规模空间。鼓励驻赣银行业金融机构向总行申请开展专项绿色信贷资产证券化，利用总行绿色信贷资金支持我省绿色产业发展。（责任单位：人行南昌中心支行、江西银监局）

三、加快发展绿色投资

（八）支持绿色企业上市和再融资。加大绿色企业上市挂牌资源培育力度，建立和完善绿色企业上市挂牌后备资源库。加大对环保、节能、清洁能源等绿色企业赴境内外上市融资的支持力度。抢抓中国证监会服务国家脱贫攻坚战略的政策机遇，积极支持我省贫困地区挖掘、引入和培育绿色企业上市挂牌。鼓励已上市的绿色企业开展并购重组，通过增发、配股、发行债券等方式进行再融资。支持符合条件的绿色企业在"新三板"市场和区域性股权市场挂牌融资。充分发挥区域性股权市场作用，支持江西联合股权交易中心、省产权交易所设立绿色板块，研究发行绿色可转债。（责任单位：省政府金融办、省财政厅、江西证监局、省环保厅）

（九）支持银行和企业发行绿色债券。鼓励和支持江西银行、九江银行等地方法人金融机构发行绿色金融债券。支持符合条件的绿色企业发行企业债券和公司债券。探索发行绿色资产支持证券、绿色资产支持票据、绿色非公开定向融资工具等符合国家绿色产业政策的创新产品。积极推动绿色中小型企业发行绿色集合债。支持我省金融机构和企业到境外发行绿色债券。（责任单位：省政府金融办、省发改委、省环保厅、人行南昌中心支行、江西银监局、江西证监局）

（十）设立我省绿色发展基金。依托省发展升级引导基金，引入社会资本设立我省绿色发展基金。充分发挥绿色发展基金阶段参股、跟进投资、风险补偿、投资保障等作用，强化对种子期、初创期科技型绿色中小型企业的投入。通过放宽市场准入、完善公共服务定价、实施特许经营模式、落实财税和土地政策等措施，支持绿色发展基金做大做强。鼓励养老

基金、保险资金等长期性资金开展绿色投资。（责任单位：省财政厅、省发改委、省政府金融办、江西证监局、江西保监局）

（十一）利用政府和社会资本合作（PPP）等模式扩大绿色投资。支持垃圾处理、污水处理以及土地、水、大气等绿色治理项目引入 PPP 模式，采取捆绑打包、上下游联动等方式，建立公共物品绿色服务收费机制。鼓励各类绿色发展基金支持 PPP 项目，通过银行贷款、企业债、项目收益债券、资产证券化等方式拓宽融资渠道。（责任单位：省发改委、省财政厅、省环保厅、省住房城乡建设厅、省政府金融办、人行南昌中心支行、江西银监局、江西证监局）

四、建设环境资产交易市场

（十二）完善环境权益交易平台功能。加快增强省碳排放交易中心功能，探索推进在省产权交易所等公共资源平台设立排污权、用水权、节能量（用能权）等各类环境权益交易平台。开展物权、债权、股权、知识产权等环境权益交易服务，创新环境权益交易模式和交易制度。建立实现环境资源权益的市场化机制。（责任单位：省发改委、省财政厅、省环保厅、省政府金融办）

（十三）创新气候投融资机制。支持设立专项基金，扩大应对气候变化、温室气体减排、碳市场、新能源利用等领域资金投放。推动开展气候投融资试点工作，支持和鼓励非金融绿色企业法人主体发行碳债券。在碳交易现货市场稳定运行的基础上，研究碳金融发展模式，鼓励各金融机构有序开展碳金融产品创新。（责任单位：省发改委、省政府金融办、人行南昌中心支行、江西银监局、江西证监局）

（十四）开发环境权益融资工具。探索发展基于碳排放权、排污权、节能量（用能权）等各类环境权益的融资工具，拓宽绿色企业融资渠道。创新环境权益抵质押物价值测算方法及抵质押率参考范围，完善环境权益定价机制，建立高效的抵质押登记及公示系统。探索环境权益回购等模式解决抵质押物处置问题。积极发展环境权益回购、保理、托管等金融产

品。（责任单位：省政府金融办、人行南昌中心支行、江西银监局、省发改委、省环保厅）

（十五）建立绿色金融第三方评估机制。鼓励第三方认证机构对企业发行的绿色债券进行评估，出具评估意见并披露相关信息。鼓励信用评级机构在信用评级过程中专门评估发行人的绿色信用记录、募投项目绿色程度、环境成本对发行人及债项信用等级的影响，并在信用评级报告中进行单独披露。鼓励第三方专业机构参与采集、研究和发布企业环境信息与分析报告。鼓励有条件的第三方评级机构开发绿色评估产品，为企业提供增信服务，并将评估结果在金融机构中推广应用。（责任单位：省政府金融办、人行南昌中心支行、江西银监局、江西证监局）

五、大力发展绿色保险

（十六）鼓励开展环境污染强制责任保险。持续推进我省环境污染责任保险"承保机构、参保企业、承保模式"全面放开。在环境高风险领域依法实施环境污染强制责任保险。探索推行全省环境污染责任保险示范条款，鼓励保险机构降低费率，扩大保险覆盖面。鼓励保险机构对企业开展"环保体检"，为加强环境风险监督提供支持。定期开展风险评估，高效开展保险理赔。（责任单位：省环保厅、江西保监局、省政府法制办、省政府金融办）

（十七）创新发展环境保护商业保险。积极发展生态旅游、休闲旅行等相关保险产品，服务旅游强省战略。着力开发企业创新产品研发责任保险、专利保险、环保技术装备保险、船舶污染损害责任保险、绿色企业贷款保证保险、产品质量安全责任保险、风力（光伏）发电指数保险等新型产品，推广绿色企业"首台套"重大技术装备综合保险，服务产业结构优化升级。（责任单位：江西保监局、省政府金融办、省旅发委、省科技厅、省工信委）

（十八）大力发展农业保险。继续推动农业保险"增品、提标、扩面"，加大力度将农业直补改为保险的间接补贴，开发气象指数保险、产量保险、价格指数保险等创新产品，增加种植业保险、养殖业保险和林木保险的参保品种，制定合理费率，提高补偿标准，保险金额覆盖"直接物化成本＋地租"。在全省分蓄洪重点区域以及产粮大县试点农业大灾保险，并将因防洪安全需要承担行蓄洪任务导致农业灾害损失纳入保险范围。积极推动保险机构参与养殖业环境污染风险管理，完善农业保险理赔与病死牲畜无害化处理联动机制。（责任单位：省财政厅、省政府金融办、江西保监局、省农业厅、省林业厅、省水利厅）

（十九）积极引导保险资金投入生态环保项目。鼓励保险资金以股权、基金、债券等形式投资绿色环保项目，重点支持科技创新型、文化创意型、低碳环保型企业、健康养老及现代农牧业项目建设。进一步完善险资入赣项目库，纳入更多新经济企业和绿色企业。（责任单位：省政府金融办、省发改委、江西保监局）

六、加快推进赣江新区绿色金融改革创新试验区建设

（二十）加快打造绿色金融组织体系。支持各银行业金融机构加快在赣江新区设立绿色支行（绿色事业部）。积极设立民营银行、中外合资银行、直销银行、村镇银行、金融租赁公司、基金管理公司、财务公司。支持各类股权投资基金、创业投资基金等私募基金参与绿色投资。鼓励互联网金融公司、小额贷款公司、融资性担保公司和融资租赁公司等依法设立绿色专营机构。（责任单位：省政府金融办、省发改委、省环保厅、人行南昌中心支行、江西银监局、江西证监局、江西保监局、赣江新区管委会）

（二十一）推动一批重大平台建设。发展设立绿色保险公司或专营机构，提供特色保险服务。指导保险中介机构专业化发展，支持设立符合绿色产业发展需要的保险专业中介机构，鼓励提高专业运营水平，为绿色金融发展服务。积极创建保险创新综合试验区，研究组建江西健康保险交易中心。依托国内大型企业和金融机构，打造产学研一体化高端金融人才培训交流平台。建设赣江新区企业总部基地、基金小镇，为市场各方搭建绿

色金融的综合服务平台。建立和完善赣江新区国有资本运营公司，设立赣江新区建设发展引导基金，重点用于支持新区重点产业发展和基础设施建设。（责任单位：省政府金融办、省财政厅、赣江新区管委会、江西银监局、江西证监局、江西保监局）

七、加强绿色金融组织保障

（二十二）加强组织领导和考核评价。成立省绿色金融改革创新工作领导小组，由省政府领导任组长，省政府金融办、人行南昌中心支行、江西银监局、江西证监局、江西保监局、省发改委、省工信委、省财政厅、省环保厅、省住房城乡建设厅、省国土资源厅、省农业厅、省林业厅、省水利厅等部门负责同志为成员，加强对全省绿色金融发展工作的组织领导和统筹指导，办公室设在省政府金融办，协调解决绿色金融发展中的困难和问题。建立绿色金融发展考核评价机制，将各金融机构绿色信贷、绿色债券、绿色保险主要指标完成情况，纳入支持地方经济发展年度考核和金融监管部门监管评级指标体系。（责任单位：省政府金融办、人行南昌中心支行、江西银监局、江西证监局、江西保监局、省发改委、省工信委、省财政厅、省环保厅、省住房城乡建设厅、省国土资源厅、省农业厅、省林业厅、省水利厅）

（二十三）注重绿色金融融智。常态化组织绿色金融研讨会（高峰论坛），推进绿色金融开放合作交流。着力引进绿色金融人才，培养环保技术与金融管理知识兼备的复合型人才。建立党政领导干部绿色金融知识培训制度，定期举办市、县党政领导干部绿色金融知识培训班。加大绿色金融发展的宣传力度，面向全社会广泛开展绿色金融宣传教育和知识普及。发挥江西省金融学会绿色金融专业委员会作用，加强绿色金融研究。（责任单位：省政府金融办、省委组织部、省委宣传部、省人社厅、人行南昌中心支行）

（二十四）加大绿色金融政策扶持力度。鼓励有条件的地方探索设立绿色金融风险补偿基金。适时将绿色信贷纳入宏观审慎评估框架，积极运用再贷款、再贴现等货币政策工具促进绿色信贷。通过适当提高绿色信贷的风险容忍度、适度放宽市场准入、完善公共服务定价、差别化奖励补贴、落实土地政策等措施，建立绿色金融政策扶持机制。（责任单位：省财政厅、人行南昌中心支行、省发改委、省住房城乡建设厅、省国土资源厅）

（二十五）审慎防范绿色金融风险。加强金融基础设施的统筹监管和互联互通，推进金融业综合统计和监管信息共享。依法依规建立绿色企业环保信息强制性披露制度，实施重大环境污染事件黑名单制度，推动企业环境违法违规信息及环境信用评价信息纳入全省公共信用信息平台。健全绿色金融风险监测预警机制，依托全省区域金融稳定协调合作机制，充实绿色金融合作内容，分析研判绿色金融风险形势，形成风险防控合力，为经济社会可持续发展创造稳定的金融生态环境。（责任单位：省政府金融办、省环保厅、省发改委、省工信委、人行南昌中心支行、江西银监局、江西证监局、江西保监局）

江西省人民政府办公厅印发关于加快推进人工智能和智能制造发展若干措施的通知

赣府厅发〔2017〕83号

为贯彻落实《国务院关于印发〈中国制造2025〉的通知》（国发〔2015〕28号）、《国务院关于印发新一代人工智能发展规划的通知》（国发〔2017〕35号）、《工业和信息化部财政部关于印发智能制造发展规划（2016~2020年）的通知》（工信部联规〔2016〕349号）、《中共江西省委江西省人民政府关于加快发展新经济培育新动能的意见》（赣发〔2017〕6号）、《江西省人民政府关于贯彻落实〈中国制造2025〉的实施意见》（赣府发〔2016〕3号）等文件精神，加快推进我省人工智能和智能制造发展，培育壮大经济发展新动能，现提出如下措施：

一、明确人工智能和智能制造主攻领域

（1）人工智能产品。重点发展智能软硬件、智能机器人、智能运载工具、虚拟现实与增强现实、智能终端、物联网基础器件等。（2）智能制造装备。重点发展高档数控机床、3D 打印、智能仪器仪表、智能电网、智能工程机械、智能环保设备等智能化专用设备。（3）人工智能和智能装备应用。重点在生物医药、纺织服装、电子信息、汽车等领域建设智能工厂、数字化车间，在食品、机械、建材、有色、轻工等行业组织实施"机器代人"。推动人工智能与农业、旅游、物流、金融、商务、家居等行业融合创新，支持人工智能在教育、医疗、养老、城市管理、公共服务、公共安全等领域深度应用。（4）人工智能和智能制造服务。重点发展面向人工智能和智能制造的生产性服务业，提供智能系统的方案设计、工程实施和综合集成服务。

二、推动人工智能和智能制造重大项目建设

"十三五"期间，每年在全省范围内遴选一批人工智能和智能制造重大项目，优先列入省重点项目建设计划协调推进，优先安排省预留新增建设用地计划保障合理用地需求。扩大省级中国制造 2025 专项资金规模，加大对人工智能和智能制造的扶持。对人工智能和智能制造重大产业项目，优先在重点创新产业化升级工程中予以支持。（省工信委、省发改委、省财政厅、省科技厅、省商务厅、省国土资源厅按职责分工负责）

三、促进人工智能和智能制造产业集聚

在首批省级智能制造产业基地的基础上，"十三五"期间，重点打造 10 个人工智能和智能制造产业基地，支持打造南昌世界级 VR 中心、鹰潭全国物联网产业基地，由省级财政对每个产业基地安排 1000 万元用于公共平台建设。对入驻人工智能和智能制造产业基地的企业租用标准厂房，各产业基地应给予适当的租金补贴支持。（省工信委、省财政厅按职责分

工负责）

四、培育引进一批人工智能和智能制造骨干企业

大力引进国内外知名人工智能和智能制造企业，对新引进国内行业前十强、具有核心技术的龙头企业，实际到位资本金达到 1 亿元以上，企业所在地政府给予奖励。支持人工智能和智能制造企业向咨询设计、工程施工、设备租赁等服务型企业转型，成为总集成、总承包商。对符合条件的人工智能和智能制造企业，优先认定为高新技术企业。（省商务厅、省工信委、省科技厅按职责分工负责）

五、支持人工智能和智能制造推广应用

开展人工智能创新应用试点示范，持续推进智能制造试点示范，进一步扩大范围，到 2020 年累计建设 1000 个智能车间。深入实施"万台（套）"应用工程，选择部分重点行业，每年推广应用 2000 台（套）以上人工智能产品和智能制造装备，"十三五"期间，累计推广应用 1 万台（套）以上人工智能产品和智能制造装备。对企业购置达到国际先进水平的人工智能产品和智能制造装备，或者应用人工智能技术、数控技术等进行技术改造，省级财政给予购置总价或项目投资额 5% 的补助，单个企业最高不超过 300 万元。对企业购置本省生产的列入国家《首台（套）重大技术装备推广应用指导目录》的装备产品，按不超过实际购买价格的 10% 给予补助，最高不超过 200 万元。（省工信委、省财政厅按职责分工负责）

六、提升人工智能和智能制造研发创新能力

对承担国家智能制造和机器人、新一代人工智能等重大科技项目的企事业单位，按国家确定的比例给予配套扶持。优先支持人工智能和智能制造企事业单位申报国家级和省级重点实验室、工程技术研究中心（技术创新中心）、企业技术中心等，对获批单位给予一定的配套资金支持。对人工智能和智能制造企业试制列入国家《首台（套）重大技术装备推广应用

指导目录》的装备产品，按不超过市场销售价格的30%给予补助，最高不超过500万元。对人工智能和智能制造企事业单位主导制订的国际标准、国家标准和行业标准，以及获得授权的国内外发明专利，给予一定奖励。（省科技厅、省发改委、省工信委、省财政厅按职责分工负责）

七、支持人工智能和智能制造企业开拓市场

制定发布人工智能和智能装备产品推荐目录，鼓励本地公共服务人工智能和智能装备产品依法依规通过公开招标方式纳入协议采购目录。支持人工智能和智能制造企业并购国内外高端品牌，鼓励有关产业投资基金予以支持。支持有实力的企业参加境外大型人工智能和高端装备制造展览会、博览会，给予一定比例的展位费补贴。积极举办人工智能和智能制造领域的创新创业大赛、产业技术论坛、行业展会等。（省工信委、省财政厅、省商务厅、省发改委、省科技厅按职责分工负责）

八、进一步加大信贷倾斜力度

鼓励银行业金融机构对人工智能和智能制造企业给予信贷倾斜，支持省内政府出资的担保公司为人工智能和智能制造企业贷款提供担保，并适当放大担保倍数。将人工智能和智能制造企业纳入"财园信贷通""科贷通"优先支持对象。支持人工智能和智能制造企业通过融资租赁、信用贷款、知识产权质押、信保融资等方式进行融资。（省政府金融办、人行南昌中心支行、江西银监局、省财政厅、省科技厅按职责分工负责）

九、努力扩大直接融资

在省发展升级引导基金中，设立人工智能和智能制造子基金。引导各类天使基金、风险投资基金、并购基金等加大对人工智能和智能制造企业的投资力度。支持符合条件的人工智能和智能制造企业在境内外资本市场上市、在全国中小企业股份转让系统和江西联合股权交易中心挂牌融资，对成功上市和新三板成功挂牌的人工智能和智能制造企业，省级财政分别

给予 500 万元和 50 万元的补助，企业所在地政府也应给予适当补助。（省财政厅、省政府金融办、江西证监局按职责分工负责）

十、加大保险支持力度

鼓励保险公司创新产品，扩大保险范围，为人工智能和智能制造企业提供个性化、定制化的综合保险服务。积极推动首台（套）重大技术装备保险补偿机制试点，对列入国家《首台（套）重大技术装备推广应用指导目录》的装备产品首批次应用，且按规定投保的人工智能和智能制造企业，在中央财政给予保费补贴的基础上，差额部分由省级财政补贴。（江西保监局、省工信委、省财政厅按职责分工负责）

十一、全面落实税收优惠政策

对人工智能和智能制造高新技术企业，根据规定按 15% 的税率征收企业所得税。对人工智能和智能制造企业发生的符合国家规定范围的研发费用，落实税前加计扣除政策。对符合规定的人工智能和智能制造企业，落实固定资产加速折旧、专用设备投资税额抵免、重大技术装备进口等税收优惠政策。（省国税局、省地税局、省财政厅、省科技厅、省发改委、省工信委、南昌海关按职责分工负责）

十二、落实人才引进优惠政策

将高层次人工智能和智能制造人才纳入省人才工作重点，对柔性引进的"两院"院士、国家"千人计划"专家、教育部"长江学者"、国家杰出青年科学基金获得者、中科院"百人计划"入选者等，由省人才发展专项资金按规定给予项目经费支持。按照我省高层次人才引进实施办法，对新引进的高层次人工智能和智能制造人才及时落实相关优惠政策，对相关用人单位给予一次性奖励补贴。鼓励高层次人工智能和智能制造人才通过股权激励、技术成果转让、税后利润提成等多种方式，参与收益分配。（省委组织部、省人社厅按职责分工负责）

江西省工信委　江西省发改委关于印发江西省发展服务型制造专项行动实施方案的通知

赣工信产业字〔2017〕598 号

为贯彻落实《江西省人民政府关于贯彻落实〈中国制造 2025〉的实施意见》及工业和信息化部、国家发展改革委、中国工程院《发展服务型制造专项行动指南》要求，促进我省制造业由生产型制造向服务型制造转变，结合我省实际，制定《江西省发展服务型制造专项行动实施方案》。

一、重要意义

服务型制造，是制造与服务融合发展的新型产业形态，是制造业转型升级的重要方向，是制造业企业从主要提供产品向同时提供产品和服务转变，企业从生产加工向材料供应、研发设计、品牌建设、管理服务、营销推广等环节延伸。既是制造业企业应对资源环境约束的有效途径，更是产业链高端转型的主动作为。

发展服务型制造，重塑制造业价值链，是增强产业竞争力、推动制造业由大变强的必然要求，是顺应新一轮科技革命和产业变革的主动选择，是有效改善供给体系、适应消费结构升级的有效方式。发展服务型制造，是制造业调结构、转方式的主要抓手，是实施工业强省战略和落实"中国制造 2025"重要路径。

二、总体要求

（一）指导思想

贯彻落实省第十四次党代会精神，围绕制造业转型升级深刻把握经济发展的新常态，以新一代信息技术与制造业深度融合为主线，深化供给侧结构性改革，大力振兴实体经济，不断培育壮大新动能，强化服务型制造示范引领，构建低碳环保绿色工业体系，全面实施工业强省战略，确保江西工业平稳运行、提质增效、快速崛起。

（二）基本原则

市场主导，政府引导。充分发挥市场在资源配置中的决定性作用，鼓励企业不断增加服务要素在制造业中投入和产出的比重。发挥政府引导作用，完善政策措施，增强公共服务供给，为企业发展服务型制造创造良好环境。

创新驱动，融合发展。通过科技、制度等创新，激发企业发展服务型制造的活力和潜力。拓展新一代信息通信技术在创新服务方面的应用，深化制造业与"互联网+"融合发展，促进制造业与服务业资源整合、运营协同，以服务提升带动制造能力和制造水平提升。

突出特色，重点突破。坚持有所为有所不为，立足江西实际，向特色优势要竞争力。优选供应链管理、产品全生命周期管理、总集成总承包服务、信息增值服务、定制化服务和融资租赁服务等领域，率先发展服务型制造模式。

示范引领，整体推进。针对价值链延伸和提升的关键环节，在重点领域围绕企业、项目、平台，多层次开展试点示范和宣传推广。以点带面，全面发力，着力完善政策、搭建平台、制定标准、培育人才，形成合力，引领全面协同发展。

三、主要目标

贯彻落实国家《发展服务型制造专项行动指南》任务要求，以服务型制造示范激发创新驱动力，不断提升我省制造业与服务业协同融合水平，逐步实现与工业强省战略进程相适应的服务型制造发展格局。

——创新引领贯通发展。着力提升工业设计水平，建设一批设计服务能力强，服务模式新的工业设计中心、示范基地、示范城市。基本形成贯穿产业链的工业设计产业体系。

——示范成效显著提升。培育一批综合实力强、行业影响大的省级服务型制造示范企业、项目和平台。示范企业服务收入占企业总销售收入比例明显提升。

——支撑体系加速构建。服务型制造政策体系基本完善，产业发展环境持续改善，工业互联网基础设施体系初步建成。企业对服务型制造的认知和重视程度不断提升。

到 2020 年，力争培育 5 个国家级服务型制造示范企业、项目、平台；遴选 50 个省级服务型制造示范企业、项目、平台。其中，服务型制造示范企业服务收入占销售收入的比重达到 25% 左右。力争建成 2 个国家级工业设计中心、50 个省级工业设计中心、3 个省级工业设计示范基地。

四、主要任务

按照《发展服务型制造专项行动指南》要求，重点推进下面"十项任务"。

（一）加快制造业创新设计发展

发掘工业创新设计在制造业的先导作用，引导制造业企业在产品、系统、工艺流程、服务等领域不断增强设计理念和能力，创新定制化设计、用户参与设计、网络协同设计、云设计等服务模式，形成贯穿产业链的研发设计服务体系。

鼓励制造业企业积极组建工业设计中心；加快培育"第三方设计企业"和社会创客；鼓励省内高校、科研院所等单位成立面向制造业的工业设计专门机构；适时引进一批国内外知名设计公司。营造江西良好的工业设计环境，支持面向省内制造业开展共性关键技术研究，共享研发资源，促进成果转化。定期举办以工业设计为主题的发展论坛和工业设计大赛。围绕我省新制造、新服务、绿色、智慧、分享五大新经济领域，探索发展众包设计、用户参与设计、云设计等新型设计模式，增强企业自主创新设计能力。建设一批省级工业设计中心及国家级工业设计中心，创建一批工业设计基地、工业设计特色产业园区、工业设计专业化创客小镇、工业设计示范城市，不断完善工业设计产业在全省的集群配套布局。以科技创新引领产业升级，实施好江西创新驱动相关工程和重点创新产业升级工程，打造一批为节能环保、有色冶炼、中医药制造、新型建材、石化、航空航天、LED、电子信息、新能源汽车等领域服务的创新平台和载体。

（二）推广定制化服务

鼓励制造业企业建立与客户在线沟通信息体系，增强柔性制造能力，开展定制化服务。大力支持日用消费品、服装、家居等行业企业设立个性化定制平台、客户体验中心或在线设计中心，通过大数据采集分析用户个性化需求，开展对消费需求具有动态感知能力的个性化定制化服务。推动装备和汽车等制造业企业建立面向社会的专业设计平台，开放共享重点产品数据库，提升产品的模块化设计、柔性化制造、定制化服务能力。支持社会中介组织、产业园区和互联网企业等第三方企业通过采集服务信息，健全数据共享和协同制造机制，为制造业企业开展定制化服务提供信息支持。

（三）优化供应链管理

强化企业生产物流管理能力，鼓励制造业企业拓展信息通信技术在供应链管理领域的应用，采用供应链管理（SCM）等先进管理理念和组织方式，强化制造业企业在供应链中的主导地位，促进供应链中信息流、资金流和物流的协同整合，建立健全制造业物流数据采集、管理、开放、应用等标准规范，提高物流活动数据化程度。

鼓励建立以核心企业为龙头、配套企业为基础、战略合作为驱动的供应链联盟，支持高端装备、汽车制造、工程机械、家用电器等行业面向上游，纺织、轻工、钢铁、有色冶炼、石化、建材、医药等行业面向下游，开展供应与库存管理服务。积极推广互联网集中采购，上下游企业全流程仓储管理，智能化物流装备和仓储设施，提升计划、调度、运作、监控能力。针对产品生产过程中的原材料、在制品、半成品、产成品等生产物流活动，鼓励企业加强系统设计，应用互联网和物联网技术，建设面向客户订单的供应链管理模式。培育、壮大一批第三方和第四方物流企业，支持重点物流公共信息平台进园区行动，打造智慧物流服务平台，大力推进多式联运发展。

（四）推动网络化协同制造服务

实施网络化协同制造工程，支持软件和信息技术服务企业面向制造业提供信息化解决方案，开发低成本、高可靠的信息化软件系统，加大应用推广力度，促进两化深度融合。鼓励行业龙头企业增强信息化方案设计、系统开发和综合集成能力，充分利用现有的 CAAP 计算机辅助工艺设计、PDM 产品数据管理技术、CPC 协同产品商务技术，实现研发设计、生产组织、质量控制和运营管理等子系统互联互通，协同制造。

支持制造业企业、互联网企业、信息技术服务企业跨界联合，突破资源约束和空间约束，实现企业间协同和社会制造资源广泛共享与集成。大力推进关键设备、信息基础设施等分项工程，搭建立足江西、面向全国的云制造生态圈，加快制订面向工业互联网平台的协同制造技术标准及产业链上下游间的服务规范。

（五）支持服务外包发展

引导制造业企业通过业务流程再造和商业模式创新，在信息技术、研发设计、能源管理、财务管理、人力资源管理等领域广泛采用服务外包。支持企业购买专业化服务。关注国内外市场动态和政策信息，积极承接离岸和在岸服务外包业务。充分发挥省服务外包企业协会作用，推动制造业企业抱团发展，承接高端服务外包业务。组织企业"走出去"，参加国外重点展会，帮助企业对接国外客商，进一步支持企业拓展市场，创品牌扩规模。培育一批创新能力强、集成服务水平高的服务外包龙头企业。

（六）实施产品全生命周期管理

引导制造业企业从产品需求分析到淘汰报废或回收再处置实施全生命周期管理（PLM）。鼓励企业集成企业资源规划系统（ERP）、产品数据管理系统（PDM）、客户关系管理系统（CRM）、供应链管理系统（SCM）等，获取产品生命周期全过程的数据信息。重点支持工程机械、新型电子、数控机床、航空航天制造、医疗健康、通信设备等领域企业建立运行监测中心、不间断应答中心等服务体系，通过设备跟踪系统和网络服务平台进行远程监测、故障诊断、远程维修、趋势预测等在线支持服务；鼓励专用设备和消费品发展直接面向用户、按流量或时间计费的租赁服务模式；发展面向制造全过程的认证认可计量检测等服务，推动认证认可计量检测服务融入产品设计环节；完善家用电器、办公设备、医疗器械以及部分机电化工类（发动机、蓄电池、轮胎等）产品的售后维修体系和旧件回收体系。重点培育汽车发动机再制造生产企业，探索制定汽车、工程机械等再制造标准体系。

（七）总集成总承包

鼓励制造业企业通过业务流程再造和组织结构重构，集中整合资源优势，开展设施建设、检验检测、供应链管理、节能环保、专业维修等领域的总集成总承包。支持领军制造业企业及有相应资质的设计单位发挥专业优势，增强市场调研、产品设计、工程监理、工程施工、系统控制、成套装备、运营维护等业务的系统解决能力。推进取得资质的企业在新型电子、有色冶炼、航空航天制造、节能环保、光伏、矿山机械、先进电气装备等重点领域，提供工程总承包、建设—运营—移交（BOT）、建设—拥有—运营（BOO）等多种服务。围绕"一带一路"发展战略，深化国际产能和装备制造合作，努力打造国际级总集成总承包服务商，带动制造业关键核心技术创新和智能装备整体发展，发挥财政资金杠杆作用，充分利用保险服务功能，落实首台（套）重大技术装备保险补偿机制。

（八）合同能源管理

引导节能设备、通用设备制造企业实施合同能源管理，由设备制造商向综合节能服务提供商转变，加大节能技术和产品研发力度，创新合同能源管理融资模式，加强项目风险防控能力，提升综合节能服务水平。

重点支持节能服务公司在钢铁、有色冶炼、建材、石化、化工、电力等行业，开展节能咨询、诊断、设计、融资、改造、托管等"一站式"综合服务。鼓励高效电机、节能锅炉（窑炉）、LED、低温螺杆膨胀发电机组等高效节能产品的制造企业加强合同能源管理，创新融资模式，提升项目风险防控能力，提高综合节能服务水平。加快国家级或省级产业计量测试中心建设，提升全省能源计量服务能力。

（九）创新信息增值服务

鼓励企业开展基于工业大数据的产品和信息服务创新，为用户提供协同管理、资源管理、数据挖掘等信息服务；发展工业电子商务、线上线下等新模式，建立在线采购、产品销售和综合信息服务平台，拓展产品增值空间。

鼓励企业创新生产领域增值服务，提供设备状态监测、产品质量监测、生产运行分析等服务。推动信息技术融入产品设计研发、生产过程控制、产品营销和企业管理等重点环节，拓展工业生产信息增值服务。消费领域，支持服饰、家电、家居等行业企业，研发制造智能产品，提供医疗健康、生活服务、在线教育等信息服务。发展基于互联网的教育、健康、养老、旅游、文化、物流等领域的信息服务，积极依托物联网拓展信息服务领域、丰富服务内容。鼓励企业从单纯硬件竞争向应用服务竞争转变，推进服务业与信息业协同发展、融合发展。

发展基于安全管理服务为主的信息安全增值服务，为用户提供一站式服务，提供不间断安全监控、应急响应服务，提升信息增值服务的安全。

（十）发展相关金融服务

支持具备一定的产业基础和资金集中管理经验的制造业企业集团在依法合规、风险可控的前提下设立或参股财务公司、金融租赁公司、融资租赁公司，开发供应链融资、物流融资等金融服务产品，加强产融信息对接服务平台建设。鼓励省内工程承包企业及其他大型成套设备制造企业采用融资租赁方式进行工程建设。建立完善的设备售后管理方案和控制融资风险的管理制度。通过设备跟踪系统或网络服务平台进行远程监测，建立设备租赁后的维修服务保障体系。鼓励融资租赁公司发挥融资便利等优势，提供适合中小微企业特点的服务。鼓励融资租赁公司与创业园区、科技企业孵化器、中小企业公共服务平台等合作，更好地推进科技型、创新型和创业型中小微企业发展。

发展服务型制造，是顺应新一轮科技革命和产业变革的主动选择，是抢占价值链高端的有效途径。根据服务型发展的进程，切实把握智能服务新趋势，鼓励企业突破研发设计、生产制造、销售服务的资源边界和运营边界，推动生产和消费、制造和服务、产业链企业之间全面融合，促进产业、人力、技术、金融等资源高度协同。

五、主要举措

（一）加强组织实施

在江西制造强省推进工作领导小组的统一领导下，由省工信委、省发改委牵头，密切联系各相关部门分工协作，全面落实专项行动各项任务。各设区市工信委会同有关部门成立相关机构，结合当地的发展阶段及产业实际，按照本方案确定的重点任务，认真组织实施，完善并制定一系列推动服务型制造的相关政策及措施。积极发挥行业组织在建设公共服务平台、协调跨领域合作等方面的作用，广泛开展宣传培训活动，提高全社会对发展服务型制造的认识，调动社会各方面参与的主动性、积极性，为发展服务型制造创造良好社会环境和舆论氛围。

（二）强化政策引导

打造有利于服务型制造发展的政策体系，落实支持制造业企业进入生产性服务业领域的财政、税收、金融、土地、价格等政策。加大对企业创新设计和研发成果等知识产权保护力度。充分利用省级中国制造 2025 专项资金，鼓励制造业企业采购智能软硬件及相关设备对生产线进行改造，创新发展模式，提高服务性收入占比。加强政府、企业与金融机构的合作，鼓励金融机构创新适合服务型制造发展的金融产品和服务。鼓励社会资本参与制造业企业服务创新，健全完善市场化收益共享和风险共担机制。加快制度创新，探索建立用能权交易、节能量交易试点等系列制度，促进服务型制造模式创新。

（三）完善平台支撑

针对重点行业生产性服务需求，加快建设行业性公共服务平台，重点为节能环保、有色冶炼、中医药制造、新型建材、石化、航空航天、LED、电子信息、新能源汽车等领域的企业提供创新研发设计、系统总集成总承包、生产优化、供应链管理、技术咨询、检验检测等服务。在特色产业集聚区、重点工业园区建设一批区域性综合服务平台，有效提升重点区域、重要领域的公共服务水平。培育一批聚焦生产性服务领域的"双创"服务平台，支持制造企业、生产性服务企业建设服务于制造业需求的专业化众创空间，鼓励龙头和骨干企业开展内部众创，壮大多元化生产性服务主体。

（四）推动示范引领

实施服务型制造试点示范，建立服务型制造重点项目库，开展示范企业、项目、平台和创新模式案例总结及经验推广，发挥示范引领作用，增强产业支撑能力和辐射带动能力。支持行业龙头企业和大型企业通过互联网与产业链上下游紧密协作，推进生产制造、检验检测、数据管理、技术标准、工程服务的开放共享，向关联企业"溢出"技术优势、管理优势和资源优势。鼓励制造业企业实施技术标准战略，并积极参与服务型制造有关国家标准和行业标准制定。建立服务型制造专家库，深入产业园区和重点企业开展巡访、咨询和诊断服务，不断深化企业和社会对服务型制造的认识。

（五）深化国际合作

搭建多层次服务型制造国际交流平台，鼓励地方、园区、企业创新合作方式，推动国际交流合作。引导制造业企业增强核心服务能力，取得国际认可的服务资质，积极承揽国际合作项目。鼓励有竞争优势的企业扩大服务出口，鼓励有能力的企业到境外投资创业，通过在国外设立工业园区和物流、金融、商务等服务分支机构，提升与国外高端服务型制造供应商的合作水平，建立面向国内外开放式研发创新和服务网络，为我省服务型制造企业开拓国际市场提供支撑。

（六）加快人才队伍建设

实施服务型制造人才培养计划，建设"经营管理人才＋专业技术人才＋技能人才"的服务型制造人才发展体系。支持服务型制造企业设立培训机构，并与科研院所（校）合作建立教育实践基地。鼓励和引导高等学校和职业教育学校，围绕重点产业和市场需求设置相关专业，开展服务型制造学科体系建设，培养一批紧缺的跨学科、复合型、应用型人才。将高层次服务型制造业人才纳入省人才工作重点，鼓励服务型制造业人才参加各类高层次人才培养选拔计划，享受相应优惠政策。根据我省发展服务型制造需求，坚持以产业招揽人才、以项目对接人才，大力引进一批能引领和带动我省服务型制造技术进步和产业升级的高层次人才及团队，加强对各类创新人才在住房、子女就学、医疗等方面的服务保障。

参考文献

［1］李伟．加快新旧动能转换，推动经济转型升级［J］．中国发展观察，2017（18）：5－7．

［2］张文，张念明．供给侧结构性改革导向下我国新旧动能转换的路径选择［J］．东岳论丛，2017，38（12）：93－101．

［3］张德艳．山东新旧动能转换的实现路径［J］．发展改革理论与实践，2017（11）：55－57．

［4］余东华．以"创"促"转"：新常态下如何推动新旧动能转换［J］．天津社会科学，2018（1）：105－111．

［5］徐建伟．中部地区产业转型升级和新旧动能转换研究［J］．宏观经济管理，2018（3）：67－71，92．

［6］乔宝华，秦海林．我国工业新旧动能转换研究［J］．工业经济论坛，2018，5（1）：27－35．

［7］董彦岭．全面深刻把握新旧动能转换的内涵［J］．科学与管理，2018，38（1）：48－49．

［8］冯晶，王润北，汤健．新旧动能转换背景下中国现代产业体系的优化［J］．未来与发展，2018，42（4）：1－4．

［9］刘冰．准确把握新旧动能转换的关键任务和重要举措［J］．理论学习，2017（8）：25－28．

［10］李佐军．加快新旧动能转换　促进经济转型升级［J］．领导科学论坛，2017（18）：66－82．

［11］隆国强．新旧动能转换的意义、机遇和路径［J］．中国发展观

察，2017（21）：28－31.

[12] 王小广. 新旧动能转换：挑战与应对 [J]. 人民论坛，2015（35）：16－18.

[13] 顾彦. 硬科技：从跟踪向并跑进而领跑转变 [J]. 中国战略新兴产业，2018（1）：58－59.

[14] 王飞. 硬科技创新推动我国经济高质量发展 [J]. 中国经贸导刊，2018（1）：69－71.

[15] 王刚. 数千嘉宾齐聚古城　助力西安硬科技发展 [J]. 物联网技术，2017，7（11）：4－5.

[16] 杨斌鹄. 让硬科技成为西安的新标识 [N]. 西安日报，2017－12－04（003）.

[17] 杨斌鹄. 大西安全面启动"全球硬科技之都"建设 [N]. 西安日报，2018－01－11（006）.

[18] 张哲浩. "硬科技"打造创新硬实力 [N]. 光明日报，2017－11－17（012）.

[19] 沈慧. 硬科技成就发展硬实力 [N]. 经济日报，2017－11－13（013）.

[20] 王影，冷单. 我国智能制造装备产业的现存问题及发展思路 [J]. 经济纵横，2015（1）：72－76.

[21] 吕铁，韩娜. 智能制造：全球趋势与中国战略 [J]. 人民论坛·学术前沿，2015（11）：6－17.

[22] 周济. 智能制造——"中国制造2025"的主攻方向 [J]. 中国机械工程，2015，26（17）：2273－2284.

[23] 冷单，王影. 我国发展智能制造的案例研究 [J]. 经济纵横，2015（8）：78－81.

[24] 左世全. 我国智能制造发展战略与对策研究 [J]. 世界制造技术与装备市场，2014（3）：36－41，59.

[25] 杨华勇. 关于智能装备的思考和探索 [J]. 中国科技产业，

2017（1）：35.

［26］季凯文．做大做强智能装备产业的江西思路［J］．中国国情国力，2017（8）：16－18.

［27］黎宇科，刘宇．国外智能网联汽车发展现状及启示［J］．汽车工业研究，2016（10）：30－36.

［28］王兆，邓湘鸿，刘地．中国智能网联汽车标准体系研究［J］．汽车电器，2016（10）：15－18.

［29］黎宇科，刘宇．国内智能网联汽车发展现状及建议［J］．汽车与配件，2016（41）：56－59.

［30］孔垂颖，马恩海，门峰．智能网联汽车发展路径及机制研究［J］．汽车工业研究，2016（11）：26－31.

［31］刘天洋，余卓平，熊璐，张培志．智能网联汽车试验场发展现状与建设建议［J］．汽车技术，2017（1）：7－11，32.

［32］尚蛟，何鹏．推进我国智能网联汽车发展的建议［J］．汽车工业研究，2017（2）：16－20.

［33］吕义超，陆云．我国智能网联汽车产业发展规划与发展政策浅析［J］．时代汽车，2017（6）：6－8，11.

［34］郑波，汤文仙．全球无人机产业发展现状与趋势［J］．军民两用技术与产品，2014（8）：8－11.

［35］郑波，郭艳红，杨少鲜．我国无人机产业发展现状及趋势特点［J］．军民两用技术与产品，2014（8）：12－14.

［36］刘德红，刘昌东．植保无人机产业发展研究——以江西省为例［J］．中国高新技术企业，2016（6）：9－11.

［37］谢威．我国民用无人机产业发展对策研究［J］．科技资讯，2016，14（3）：99－100，102.

［38］宋福杰，肖强．无人机产业分析报告［J］．高科技与产业化，2016（8）：56－61.

［39］王术波，陈建，彭兵忠．我国农用无人机产业链分析［J］．中

国农业大学学报，2018，23（3）：131 – 139.

[40] 刘雯，马晓辉，刘武．中国大陆集成电路产业发展态势与建议[J]．中国软科学，2015（11）：186 – 192.

[41] 雷瑾亮，张剑，马晓辉．集成电路产业形态的演变和发展机遇[J]．中国科技论坛，2013（7）：34 – 39.

[42] 于宗光，黄伟．中国集成电路设计产业的发展趋势[J]．半导体技术，2014，39（10）：721 – 727.

[43] 于燮康．集成电路产业技术发展趋势与突破路径[J]．中国工业评论，2015（8）：52 – 60.

[44] 李育贤．中外汽车零部件再制造产业发展现状分析[J]．汽车工业研究，2012（3）：35 – 38.

[45] 王志远．汽车零部件再制造发展战略[J]．安徽科技，2013（1）：51 – 52.

[46] 陈铭，李玉杰．我国汽车零部件再制造发展现状与技术趋势[J]．汽车与配件，2013（11）：26 – 29.

[47] 周丹．我国汽车零部件再制造现状与发展研究——以发动机再制造为例[J]．质量与标准化，2013（7）：56 – 59.

[48] 卜新文．我国汽车零部件再制造发展环境分析[J]．汽车工业研究，2014（2）：41 – 44.

[49] 李恩重，史佩京，徐滨士，郑汉东，宋金鹏．我国汽车零部件再制造产业现状及其发展对策研究[J]．现代制造工程，2016（3）：151 – 156，109.

[50] 李昌浩，徐琪．基于平台经济的服务创新模式研究——上海"四新"产业平台经济发展的国际比较[J]．上海经济研究，2014（12）：69 – 77.

[51] 汪长柳．"十三五"时期江苏发展平台经济的政策建议[J]．价值工程，2016，35（1）：252 – 254.

[52] 叶秀敏．平台经济的特点分析[J]．河北师范大学学报（哲学

社会科学版），2016，39（2）：114－120.

［53］叶秀敏，姜奇平．北京市平台经济发展的现状、问题及政策建议［J］．城市发展研究，2016，23（5）：94－97，112.

［54］李子文．我国平台经济的发展现状和规制问题［J］．中国经贸导刊，2018（4）：64－67.

［55］季凯文，龙强．江西发展平台经济的战略思考与对策建议［J］．价格月刊，2018（1）：86－89.

［56］侯茂章，胡琳娜，阳志清，范群．我国工业设计创新现状、存在问题与对策［J］．中南林业科技大学学报（社会科学版），2014，8（1）：69－74.

［57］张明月．工业设计促进制造业转型与升级研究——以江苏常州为例［J］．常州大学学报（社会科学版），2014，15（3）：56－58，107.

［58］沈法，雷达，麦秀好．浙江省工业设计产业发展的问题与对策研究［J］．西北大学学报（自然科学版），2012，42（3）：509－514.

［59］王玉辉，原毅军．服务型制造带动制造业转型升级的阶段性特征及其效应［J］．经济学家，2016（11）：37－44.

［60］杨书群．服务型制造的实践、特点及成因探讨［J］．产经评论，2012，3（4）：46－55.

［61］冯泰文，孙林岩，何哲，张颖．制造与服务的融合：服务型制造［J］．科学学研究，2009，27（6）：837－845.

［62］李晓华．服务型制造与中国制造业转型升级［J］．当代经济管理，2017，39（12）：30－38.

［63］张伯礼，张俊华，陈士林，段金廒，黄璐琦，孙晓波，屠鹏飞，叶祖光，瞿海斌，魏建和，赵大庆，徐雅娟，薛晓娟．中药大健康产业发展机遇与战略思考［J］．中国工程科学，2017，19（2）：16－20.

［64］范月蕾，毛开云，陈大明，于建荣．我国大健康产业的发展现状及推进建议［J］．竞争情报，2017，13（3）：4－12.

［65］胡凡，杜小磊．中国大健康产业前景及趋势分析［J］．中国管

理信息化, 2015, 18 (22): 122.

[66] 马骏. 中国绿色金融的发展与前景 [J]. 经济社会体制比较, 2016 (6): 25 - 32.

[67] 葛察忠, 翁智雄, 段显明. 绿色金融政策与产品: 现状与建议 [J]. 环境保护, 2015, 43 (2): 32 - 37.

[68] 杨帆, 邵超峰, 鞠美庭. 我国绿色金融发展面临的机遇、挑战与对策分析 [J]. 生态经济, 2015, 31 (11): 85 - 87, 113.

[69] 天大研究院课题组, 王元龙, 马昀, 王思程, 刘宇婷, 叶敏. 中国绿色金融体系: 构建与发展战略 [J]. 财贸经济, 2011 (10): 38 - 46, 135.

[70] 李正图. 中国发展绿色经济新探索的总体思路 [J]. 中国人口·资源与环境, 2013, 23 (4): 11 - 17.

[71] 张莹, 刘波. 我国发展绿色经济的对策选择 [J]. 开放导报, 2011 (5): 73 - 76.

[72] 诸大建. 解读生态文明下的中国绿色经济 [J]. 环境保护科学, 2015, 41 (5): 16 - 21.

[73] 王金南, 李晓亮, 葛察忠. 中国绿色经济发展现状与展望 [J]. 环境保护, 2009 (5): 53 - 56.

[74] 杨美蓉. 循环经济、绿色经济、生态经济和低碳经济 [J]. 中国集体经济, 2009 (30): 72 - 73.

[75] 杨礼宪. 合作社: 田园综合体建设的主要载体 [J]. 中国农民合作社, 2017 (3): 27 - 28.

[76] 卢贵敏. 田园综合体试点: 理念、模式与推进思路 [J]. 地方财政研究, 2017 (7): 8 - 13.

[77] 李青海. 田园综合体建设的路径选择 [J]. 经济论坛, 2017 (9): 92 - 95.

[78] 陈李萍. 我国田园综合体发展模式探讨 [J]. 农村经济与科技, 2017, 28 (21): 219 - 220.

［79］何伯伟，潘慧锋．浙江铁皮石斛产业提升发展的实施措施与建议［J］．浙江农业科学，2014（2）：152－155．

［80］蔡湘佑．乐清地区铁皮石斛产业化发展现状及对策研究［D］．吉林大学，2017．

［81］马红梅．云南铁皮石斛产业发展思考［J］．林业建设，2016（3）：39－41．

［82］赵鹏，张四海，骆争荣，张龙．铁皮石斛产业发展现状与对策［J］．园艺与种苗，2016（6）：12－13，70．

［83］黄智聪．铁皮石斛产业调查与林下仿原生态种植推广可行性分析［D］．华南农业大学，2016．

［84］徐敏，孙海林．从"数字环保"到"智慧环保"［J］．环境监测管理与技术，2011，23（4）：5－7，26．

［85］潘腾，张弛，吴洽灏．推进数字环保向智慧环保升级的对策研究［J］．环境污染与防治，2014，36（11）：111．

［86］朱群．论智慧环保建设存在的问题与对策［J］．环境研究与监测，2017，30（1）：68－71．

［87］程扬．经济发展的新趋势：智慧经济［J］．岭南学刊，2010（3）：64－67．

［88］刘向荣，孙红英．智慧经济——知识经济时代的下一个经济形态［J］．商业时代，2010（31）：14－15，20．

［89］周雨萌．中国进入智慧经济时代［N］．深圳特区报，2017－11－29（B01）．

［90］季凯文．人工智能时代带来的机遇及应对策略［J］．中国国情国力，2017（12）：26－28．

［91］杨丹辉，邓洲．人工智能发展的重点领域和方向［J］．人民论坛，2018（2）：22－24．

［92］宁兆硕．中国人工智能产业发展分析及对策研究［J］．山东行政学院学报，2018（1）：69－75．

［93］钟海华．鹰潭：移动物联网产业领跑全国［N］．江西日报，2017－10－01（01）．

［94］苏鹏程．鹰潭市发展移动物联网　打造产业升级版［N］．中国工业报，2018－01－19（02）．

［95］韩迟，季凯文，刘飞仁．大数据时代下欠发达区域信息化后发优势转化的维度与路径——以江西省为例［J］．中国发展，2015，15（4）：83－87．

［96］徐新．大数据战略行动与贵州发展新路［J］．中共贵州省委党校学报，2016（1）：67－71．

［97］陈加友．国家大数据（贵州）综合试验区发展研究［J］．贵州社会科学，2017（12）：149－155．

［98］彭程，姚谦．我国大数据产业区域发展现状分析［J］．西安邮电大学学报，2014，19（6）：101－105．

［99］陈立枢．中国大数据产业发展态势及政策体系构建［J］．改革与战略，2015，31（6）：144－147．

［100］崔小委，吴新年．大数据应用促进大数据产业落地［J］．科技管理研究，2016，36（2）：203－207．

［101］秦海涛．共享经济商业模式探讨及在我国进一步发展的建议［J］．商业经济研究，2016（24）：124－126．

［102］马广奇，陈静．基于互联网的共享经济：理念、实践与出路［J］．电子政务，2017（3）：16－24．

［103］季凯文．以共享经济助推江西供给侧改革［J］．中国国情国力，2016（12）：55－58．

［104］陈健，龚晓莺．共享经济发展的困境与突破［J］．江西社会科学，2017，37（3）：47－54．

［105］李佳颖．共享经济的内涵、模式及创新监管的对策［J］．经济体制改革，2017（6）：27－31．

［106］王喜文．大众创业、万众创新与共享经济［J］．中国党政干

部论坛，2015（11）：12－15.

［107］冯志峰．供给侧结构性改革的理论逻辑与实践路径［J］．经济问题，2016（2）：12－17.

［108］李耀华．降低上海科技创新成本的探讨［J］．上海经济研究，2015（12）：71－78.

［109］季凯文，韩迟，刘飞仁．新常态下促进六大领域消费扩大与升级的实践与探索：以江西为例［J］．金融与经济，2016（1）：55－59.

［110］中国人民大学宏观经济分析与预测课题组，刘元春，闫衍，刘晓光．供给侧结构性改革下的中国宏观经济［J］．经济理论与经济管理，2016（8）：5－23.

［111］刘伟．经济新常态与供给侧结构性改革［J］．管理世界，2016（7）：1－9.

［112］洪银兴．准确认识供给侧结构性改革的目标和任务［J］．中国工业经济，2016（6）：14－21.

［113］季凯文，龙强，周吉．江西降低科技创新成本的障碍与策略［J］．中国国情国力，2017（4）：55－57.

［114］刘亦晴．供给侧结构性改革视角下江西高技能人才发展的思考［J］．教育与职业，2017（21）：73－77.

［115］马抗美．"人才争夺战"的理性思考［J］．中国党政干部论坛，2018（6）：17－21.

［116］淦祖轩．江西赣州：创新政策引导人才向基层集聚［N］．中国组织人事报，2017－08－18（003）.

［117］邬慧颖．江西出台"双千计划"引人才［N］．国际商报，2017－11－29（B04）.

［118］方烨．国务院重点推进六大领域消费［N］．经济参考报，2014－10－30（003）.

［119］李予阳．我国瞄准六大领域促进消费升级［N］．经济日报，2015－11－24（009）.

后　记

"半亩方塘一鉴开，天光云影共徘徊。"作为一名专职从事应用对策研究的社科工作者，近些年零零碎碎地开展了一些智库研究，但一直不成体系，也没有形成自己的特色。自2015年国家出台加强特色新型智库建设的意见后，笔者更加坚定了做好智库研究的信心和决心，萌发了聚焦某一主题系统开展智库研究的想法。在全身心开展智库研究的这段时间里，有过喜悦、有过失落、有过期待、有过彷徨。直至这本书稿完成后，才让笔者多年来的想法得以初步实现，也让笔者多年来的付出得到一丝心灵慰藉。

当"新动能"一词频繁出现在各级领导讲话中以及各类新闻媒体上时，笔者便开始思考能否围绕这一主题，撰写系列决策咨询报告，并形成系统性、整体性专著。多年来在政府部门研究机构的工作经历，让笔者对省情有了较为全面的把握，对应用对策研究有了较为清晰的认识，但从哪些领域着手研究以及先从哪些领域推进，成了当时很困惑并且棘手的问题。

一个偶然的机会，江西省社联《内部论坛》找笔者约稿，想让笔者围绕降低科技创新成本撰写一篇调研报告。由于调研不充分，完成的报告没有被采用，笔者便提供了另外一篇报告《以平台经济引领我省新经济发展的思考与建议》，刊发在《内部论坛》2017年第2期，并获时任省长刘奇的重要批示。随后，笔者便重新着手对降低科技创新成本进行深入研究，完成的报告《从五大"成本困局"看江西科技创新如何持续发力》，刊发在《江财智库专报》2017 年第 5 期，获时任省委书记鹿心社、时任省长刘奇、常务副省长毛伟明、时任副省长谢茹、副省长吴晓军的重要批示。江西省委办公厅启动了督查督办程序，江西省科技厅、江西省发改委、江西省工信委等部门在采纳报告所提政策建议的基础上，逐一对报告所反映的问题进行了部署安排。这一良好的开端，极大地激发了笔者深入开展新旧动能转换系列研究的热情。

又一个偶然的机会，笔者有幸成为江西省委办公厅信息决策咨询专家。在江西省委办公厅信息处领导们的大力鼓励和支持下，笔者围绕江西新旧动能转换问题撰写了多篇调研报告，均被采用并全部获得省领导的重要批示。例如，《我省打好"共抓大保护"攻坚战还需铺设"智慧环保"路》，刊发在《参阅信息》2018 年第 42 期，获省委书记刘奇，常务副省长毛伟明，省委常委、副省长刘强的重要批示；《补齐我省"硬科技"短板的思考与建议》，刊发在《参阅信息》2018 年第 7 期，获时任省长刘奇，省委常委、赣州市委书记李炳军，常务副省长毛伟明，省委常委、南昌市委书记殷美根，副省长吴晓军的重要批示；《加快我省服务型制造发展的思考与建议》，刊发在《参阅信息》2017 年第 74 期，获时任省长刘奇、副省长吴晓军的重要批示，并直接推动《江西省发展服务型制造专项行动实施方案》（赣工信产业字〔2017〕598 号）的出台；《以田园综合体推动我省美丽乡村建设再升级的实践与思考》，刊发在《参阅信息》2017 年第 58 期，获时任省长刘奇、时任副省长李利、副省长吴晓军的重要批示。

在具体研究过程中，还得到了江西师范大学、江西财经大学、江西省社科院等有关部门和领导的大力支持，部分调研报告得以顺利发表，并获省领导的重要批示。例如，《江西无人机产业发展热潮下的"冷思考"》，刊发在《专报》2017 年第 12 期，获时任省委书记鹿心社、副省长吴晓军的重要批示；《智能装备产业："江西制造"迈向"江西智造"的重要突破口》，刊发在《江西发展研究》2017 年第 4 期，获时任省长刘奇、常务副省长毛伟明的重要批示，并直接推动《加快推进人工智能和智能制造发展的若干措施》（赣府厅发〔2017〕83 号）的出台；《人工智能时代给江西带来的重大机遇及应对策略》，刊发在《江财智库专报》2017 年第 19 期，获时任省委副书记姚增科、常务副省长毛伟明的重要批示；《集成电路产业对江西电子信息产业的瓶颈制约及其破解之策》，刊发在《江财智库专报》2018 年第 4 期，获常务副省长毛伟明的重要批示。

此外，围绕新旧动能转换，与其他人员共同完成的调研报告，也均获得有关省领导的重要批示，并产生良好的社会影响。与郭苑合作完成的《绿色金融：江西生态文明试验区建设的"新动能"》，刊发在《江财智库专报》2017 年第 16 期，获时任省委书记鹿心社、常务副省长毛伟明的重要批示，并直接推动《关于加快绿色金融发展的实施意见》（赣府发〔2017〕37 号）的出台；与钟静婧合作完成的《推动我省铁皮石斛产业发展的理性思考与对策建议》，刊发在《参阅信息》2017 年第 94 期，获时任省长刘奇、副省长吴晓军的重要批示，合作完成的《以智能网联汽车驱动江西汽车产业创新崛起的思考与建议》，获常务副省长毛伟明的重要批示；与周国兰合作完成的《推动分享经济成为江西新增长点的思考与建议》，刊发在《江财智库专报》2017 年第 12 期，获分管副省长的重要批示；与龙强、周吉合作完成的《以健康产业激发江西经济发展新动能的思考与建议》，刊发在《江西发展参考》2017 年第 12 期，获副省长吴晓军的重要批示；与韩迟、刘飞仁合作完成的《大数据时代下江西加快推进信息化进程的思考与建议》，刊发在《发展改革研究》2014 年第 17 期，获原副省长孙刚的重要批示。

在围绕新旧动能转换开展系列的过程中，笔者还多次应邀为政府部门和企业作新旧动能转换的专题讲座，得到了普遍好评。例如，应江西省发改委邀请，在全省新服务经济工作培训班中，为各设区市发改委、各县（市、区）发改委同志作新服务经济专题讲座；应江西省工信委邀请，为各设区市工信委、部分工业园区及企业代表作新经济专题讲座；应九三学社南昌市委邀请，为相关行业人员及企业代表作新经济政策解读与新经济发展探讨专题讲座。

本书最后定稿时，恰逢笔者从江西省发展改革研究院调往江西师范大学江西经济发展研究院工作，衷心感谢江西省发展改革研究院领导们多年来的栽培，感谢江西师范大学提供的新平台。同时，感谢江西省委办公厅、江西省发改委、江西省工信委、江西省统计局、江西省社联、江西省社科院、江西财经大学、南昌大学等有关单位在调研及报告刊发过程中提供的帮助。特别值得一提的是，本书是在借鉴和吸收大量省外经验、部门资料以及前人研究成果的基础上完成的，在此一并致以最诚挚的谢意。另外，本书只是以江西为案例，从实践和操作层面对新旧动能转换问题进行了初步研究，希望本书能对有关部门推进新旧动能转换、有关学者研究新旧动能转换提供一些参考，也恳请同行专家学者多提宝贵意见。

季凯文

二〇一八年七月于师大瑶湖校区